# 中 1・2 復習ワーク５科

## この本の特色と使い方

①学習したことがらが 10 日間でしっかり身につくよう，
くふうをこらしてつくった主要５科の復習ワークです。

学期末・学年末ごとに基礎学力の総点検をして，次の学期・学年に進むようにしよう。

②その学年・教科で学習しなければならない，基礎・基本となる最もたいせつな学習内容と考え方を取り入れ，確実に力がつくように考えてあります。

「合格点」が示してあります。問題を解いたあと，答え合わせをして採点しましょう。

よく出る　定期テストや入試によく出る問題です。確実に解けるようにしましょう。

記述式　記述式の問題です。しっかりとした文章で書けるように慣れておきましょう。

最後にこれだけ確認！　その単元でこれだけは覚えてほしいという内容や用語をまとめています。

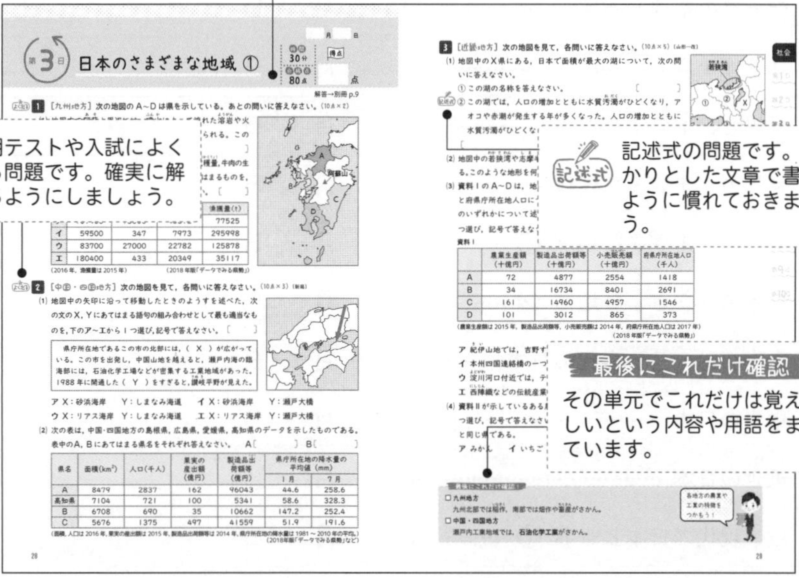

月　日

第3日 日本のさまざまな地域 ①

時間 30分　合格点 80点　得点　点

解答→別冊 p.9

よく出る **1** ［九州地方］次の地図のA～Dは県を示している。あとの問いに答えなさい。（10点×2）

…れた溶岩《ようがん》や火…られる。この…〔　　〕

…穫量，牛肉の生…はまるものを，…〔　　〕

| | | | | 漁獲量(t) |
|---|---|---|---|---|
| | | | | 77525 |
| イ | 59500 | 347 | 7973 | 295998 |
| ウ | 83700 | 27000 | 22782 | 125878 |
| エ | 180400 | 433 | 20349 | 35117 |

（2016年，漁獲量は2015年）　（2018年版「データでみる県勢」）



よく出る **2** ［中国・四国地方］次の地図を見て，各問いに答えなさい。（10点×3）（新潟）

(1) 地図中の矢印に沿って移動したときのようすを述べた，次の文のX，Yにあてはまる語句の組み合わせとして最も適当なものを，下のア～エから１つ選び，記号で答えなさい。〔　　〕

県庁所在地であるこの市の北部には，（ X ）が広がっている。この市を出発し，中国山地を越えると，瀬戸内海の臨海部には，石油化学工場などが密集する工業地域があった。1988年に開通した（ Y ）をすぎると，讃岐《さぬき》平野が見えた。

ア X：砂浜海岸　Y：しまなみ海道　イ X：砂浜海岸　Y：瀬戸大橋
ウ X：リアス海岸　Y：しまなみ海道　エ X：リアス海岸　Y：瀬戸大橋

(2) 次の表は，中国・四国地方の島根県，広島県，愛媛県，高知県のデータを示したものである。表中のA，Bにあてはまる県名をそれぞれ答えなさい。　A〔　　〕B〔　　〕

| 県名 | 面積(km²) | 人口(千人) | 果実の産出額(億円) | 製造品出荷額等(億円) | 県庁所在地の降水量の平均値(mm) | |
|---|---|---|---|---|---|---|
| | | | | | 1月 | 7月 |
| A | 8479 | 2837 | 162 | 96043 | 44.6 | 258.6 |
| 高知県 | 7104 | 721 | 100 | 5341 | 58.6 | 328.3 |
| B | 6708 | 690 | 35 | 10662 | 147.2 | 252.4 |
| C | 5676 | 1375 | 497 | 41559 | 51.9 | 191.6 |

（面積，人口は2016年，果実の産出額は2015年，製造品出荷額等は2014年，県庁所在地の降水量は1981～2010年の平均。）（2018年版「データでみる県勢」など）

28

社会

**3** ［近畿地方］次の地図を見て，各問いに答えなさい。（10点×5）（山形一改）

(1) 地図中のX県にある，日本で面積が最大の湖について，次の問いに答えなさい。

① この湖の名称を答えなさい。〔　　〕

記述式 ② この湖では，人口の増加とともに水質汚濁《おだく》がひどくなり，アオコや赤潮が発生する年が多くなった。人口の増加とともに水質汚濁がひどくな…

(2) 地図中の若狭湾《わかさわん》や志摩《しま》… る。このような地形を何…

(3) 資料ⅠのA～Dは，地… と府県庁所在地人口に… のいずれかについて述… つ選び，記号で答えな…

資料Ⅰ

| | 農業生産額(十億円) | 製造品出荷額等(十億円) | 小売《こうり》販売額(十億円) | 府県庁所在地人口(千人) |
|---|---|---|---|---|
| A | 72 | 4877 | 2554 | 1418 |
| B | 34 | 16734 | 8401 | 2691 |
| C | 161 | 14960 | 4957 | 1546 |
| D | 101 | 3012 | 865 | 373 |

（農業生産額は2015年，製造品出荷額等，小売販売額は2014年，府県庁所在地人口は2017年）（2018年版「データでみる県勢」）

ア 紀伊《きい》山地では，吉野す…
イ 本州四国連絡橋の一つ…
ウ 淀川《よどがわ》河口付近では，テ…
エ 西陣《にしじん》織などの伝統産業…

(4) 資料Ⅱが示しているある… つ選び，記号で答えなさい… と同じ県である。

ア みかん　イ いちご…



最後にこれだけ確認！
□ 九州地方
九州北部では稲作《いなさく》，南部では畑作や畜産《ちくさん》がさかん。
□ 中国・四国地方
瀬戸内工業地域では，石油化学工業がさかん。



29

●仕上げテスト…このページで各科目の知識がしっかりと定着しているかを確かめましょう。

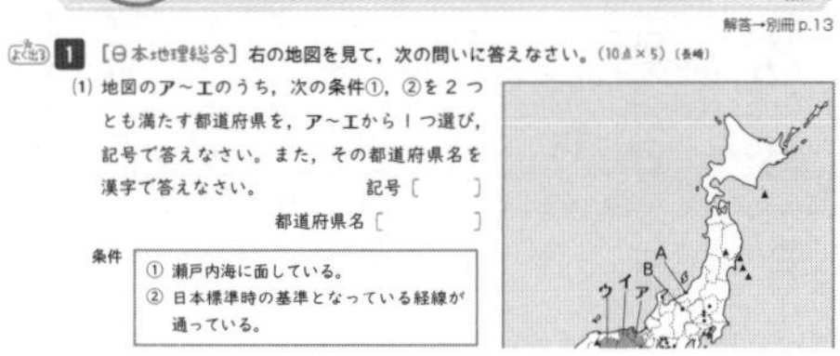

月　日

第10日 仕上げテスト

時間 30分　合格点 70点　得点　点

解答→別冊 p.13

よく出る **1** ［日本地理総合］右の地図を見て，次の問いに答えなさい。（10点×5）（長崎）

(1) 地図のア～エのうち，次の条件①，②を２つとも満たす都道府県を，ア～エから１つ選び，記号で答えなさい。また，その都道府県名を漢字で答えなさい。　記号〔　　〕
都道府県名〔　　〕

条件
① 瀬戸内海に面している。
② 日本標準時の基準となっている経線が通っている。



●解答編…解答編には解答と解説に加え，覚えておこう を入れています。まちがえたり解けなかったりしてつまずいたときの原因をさぐりやすくし，プラスαの知識が得られます。

解けなかった問題やまちがえた問題は，教科書や参考書を見て，もう一度復習するようにしよう。

本書に関する最新情報は，当社ホームページにある**本書の「サポート情報」**をご覧ください。（開設していない場合もございます。）

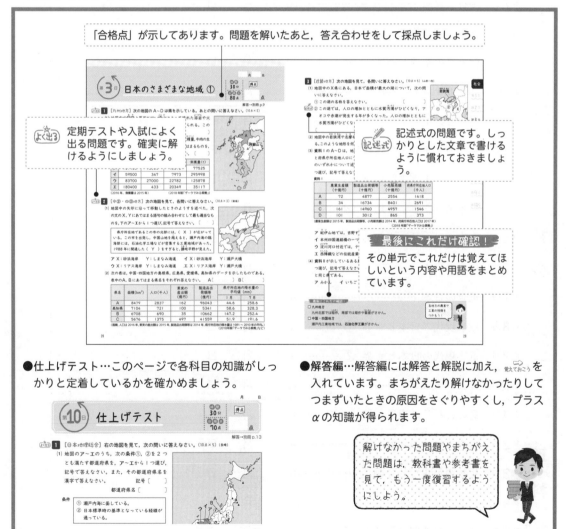

# 目次と学習記録表

中 1・2 復習ワーク５科

得点グラフを
有効に活用し
よう。

# 第1日 数と式の計算

月　日

時間 30分
合格点 80点
得点　点

解答→別冊 p.1

よく出る **1** [正負の数] 次の数の中から，(1)〜(4)にあてはまる数をすべて選びなさい。(4点×4)

$$-4,\ 3,\ 0.7,\ -\frac{25}{6},\ 0,\ -3.1,\ 1$$

(1) 最も大きい数

(2) 最も大きい負の数

(3) 自然数

(4) 絶対値が最も大きい数

よく出る **2** [正負の数の加法・減法] 次の計算をしなさい。(4点×4)

(1) $(+17)+(-25)$

(2) $(-3)-(-7)$

(3) $\frac{3}{8}-\frac{5}{6}$

(4) $-29+6-18+41$

**3** [正負の数の乗法・除法] 次の計算をしなさい。(4点×4)

(1) $(+6)\times(-7)$

(2) $\left(-\frac{1}{3}\right)\div\left(-\frac{5}{6}\right)$

(3) $(-25)\times(-9)\times4$

(4) $\frac{3}{8}\times\left(-\frac{2}{3}\right)^2\div\frac{1}{24}$

**4** [素数] 次の数を，素数の積の形に表しなさい。(4点×2)

(1) 24

(2) 180

よく出る **5** [正負の数の四則混合計算] 次の計算をしなさい。(4点×2)

(1) $\frac{1}{8}+\frac{5}{6}\times\left(-\frac{3}{10}\right)$

(2) $8\times(-3)^2+(-5^2)\times2$

**6** **［式の加法と減法］** 次の計算をしなさい。（4点×2）

(1) $3x^2-5x-2x^2+7x$

(2) $(5x+3y)-(2x-y)$ 〔沖縄〕

よく出る **7** **［単項式の乗法と除法］** 次の計算をしなさい。（4点×4）

(1) $3ab^3\times 8a^2b$ 〔栃木〕

(2) $5x^2y\div(-3xy^2)\times 9y^3$ 〔滝川高〕

(3) $\dfrac{1}{2}a^2b\times 6a\div\dfrac{1}{3}ab$ 〔熊本〕

(4) $x^2\times(-3xy)^2\div xy^2$ 〔鹿児島〕

よく出る **8** **［いろいろな計算］** 次の計算をしなさい。（4点×2）

(1) $4(2x-y)+3(x-2y)$ 〔山梨〕

(2) $\dfrac{3a-b}{4}-\dfrac{2a-b}{3}$ 〔石川〕

よく出る **9** **［式の値］** $a=-2$，$b=3$ のとき，次の式の値を求めなさい。（4点）

$2a^4\times 6b^2\div 3a^2b$

**最後にこれだけ確認！**

確認チェック

□ **正負の数の計算**

四則混合計算は，累乗→かっこの中→乗除→加減の順で計算する。

□ **式の加法と減法**

かっこをはずして，同類項をまとめる。

□ **単項式の乗法と除法**

**乗法**…係数どうしの積に文字どうしの積をかける。

**除法**…わる式の逆数をかける。

月　日

# 第2日 1次方程式

時間 30分
合格点 80点
得点　点

解答→別冊 p.1

よく出る **1** **[かっこのある方程式]** 次の方程式を解きなさい。(5点×2)

(1) $3(4x+9)=8x-5$

(2) $5(4-x)-3(x-7)=11$

よく出る **2** **[小数係数の方程式]** 次の方程式を解きなさい。(5点×4)

(1) $0.1x+0.4=0.3x-0.6$

(2) $0.02x-0.09=-0.06x+0.07$

(3) $0.17x+0.4=0.13x+2.2$

(4) $0.3(2x+8)=1.3x+1$

よく出る **3** **[分数係数の方程式]** 次の方程式を解きなさい。(5点×2)

(1) $\dfrac{x-7}{4}=\dfrac{2x+1}{5}$

(2) $\dfrac{1}{4}x=\dfrac{2}{3}x-5$

分数をふくむ方程式は，分母をはらい，整数にしてから解こう。

**4** **[比例式の性質]** 次の比例式を解きなさい。(5点×2)

(1) $x:6=3:9$

(2) $x:5=(x-6):2$

よく出る **5** **[文字をふくむ方程式]** $x$ についての1次方程式 $3x-a=2(a-x)-5$ の解が2のとき，$a$ の値を求めなさい。(10点)

**6** [整数の問題] 連続する3つの整数があり，その和は84である。この3つの整数を求めなさい。（10点）

**7** [過不足の問題] お楽しみ会の会費を集めるのに，1人250円ずつ集めると，1500円不足するので，1人300円ずつ集めたら，200円余った。参加人数と費用をそれぞれ求めなさい。（10点）

**8** [年齢の問題] 現在，母は45歳，子どもは13歳である。母の年齢が，子どもの年齢の3倍になるのは，今から何年後か，求めなさい。（10点）

**9** [比例式の応用] ジャムをつくるのに，いちご100gに対して砂糖40gの割合で混ぜることにする。いちごを650g使うとき，砂糖を何g混ぜればよいか，求めなさい。（10点）

最後にこれだけ確認！

□ いろいろな1次方程式の解き方

- **かっこがある**→かっこをはずし，整理してから解く。
- **係数に小数をふくむ**→両辺を10倍，100倍，…して，係数を整数にしてから解く。
- **係数に分数をふくむ**→両辺に分母の最小公倍数をかけて，分母をはらってから解く。

月　日

# 第3日 連立方程式

時間 30分

合格点 80点

得点　点

解答→別冊 p.2

よく出る **1** ［連立方程式の解き方］ 次の連立方程式を解きなさい。（8点×2）

(1) $\begin{cases} y=4x+5 \\ 5x-2y=2 \end{cases}$　　(2) $\begin{cases} 4x+3y=10 \\ 6x+5y=17 \end{cases}$

よく出る **2** ［いろいろな連立方程式］ 次の連立方程式を解きなさい。（8点×3）

(1) $\begin{cases} 3(x-2y)+5y=6 \\ 2x-3(3x-y)=-16 \end{cases}$　　(2) $\begin{cases} 0.3x-0.2y=1.9 \\ 0.2x+0.1y=0.8 \end{cases}$　　(3) $\begin{cases} \dfrac{x}{4}-\dfrac{y}{2}=\dfrac{1}{6} \\ \dfrac{x}{3}+\dfrac{y}{2}=1 \end{cases}$

**3** ［$A=B=C$の形の連立方程式］ 連立方程式 $2x+y=3x-y=x+2y+1$ を解きなさい。（10点）

**4** ［連立方程式の解と係数］ 連立方程式 $\begin{cases} -ax+by=-1 \\ bx+ay=7 \end{cases}$ の解が $x=2$，$y=-1$ であるとき，$a$，$b$ の値を求めなさい。（10点）

**5** **[金額の問題]** ある公園の入園料金には，通常料金と優待《ゆうたい》料金があり，大人と子どもの１人あたりの入園料金は，右の表のようになっている。この公園のある日の入園者は，大人と子どもを合わせて 158 人であり，入園料金の合計は 36000 円であった。入園者のうち，大人 26 人と子ども 30 人が通常料金で入園し，その他の者は優待料金で入園した。次の問いに答えなさい。（10点×2）〔山口―改〕

入園料金（１人あたり）

| | 通常料金 | 優待料金 |
|---|---|---|
| 大　人 | 500円 | 300円 |
| 子ども | 200円 | 100円 |

(1) 優待料金で入園した大人を $x$ 人，子どもを $y$ 人として，連立方程式をつくりなさい。

(2) 優待料金で入園した大人と子どもの人数をそれぞれ求めなさい。

**6** **[速さに関する問題]** Aさんは自宅から 1400m 離れた駅へ行くため，午前 10 時に家を出発した。はじめは毎分 50m の速さで歩いていたが，途中から毎分 80m の速さで走ったら，午前 10 時 25 分に駅に着いた。次の問いに答えなさい。（10点×2）

(1) Aさんが歩いた道のりを $x$ m，走った道のりを $y$ m として，連立方程式をつくりなさい。

(2) Aさんが歩いた道のりと，走った道のりをそれぞれ求めなさい。

**最後にこれだけ確認！**

□ **連立方程式を利用して文章題を解く手順**

①問題の意味をよく考え，何を $x$，$y$ で表すかを決める。
②数量の間の関係を見つけ，連立方程式をつくる。
③解が問題に合っているかどうかを確かめ，答えを決める。

# 第4日 比例と反比例

月　日

時間 30分
合格点 80点
得点　点

解答→別冊 p.3

**1** ［関数］次のア～エのうち，$y$ が $x$ の関数であるものをすべて選び，記号で答えなさい。（6点）

**ア** 1 m が 180 円のリボンを $x$ m 買うときの代金は $y$ 円である。

**イ** 1 日の昼の長さが $x$ 時間のとき，夜の長さは $y$ 時間である。

**ウ** 100 L 入る水そうに，毎分 $x$ L ずつ水を入れるとき，満水になるまでにかかる時間は $y$ 分である。

**エ** 縦の長さが $x$ cm の長方形の面積は $y$ cm$^2$ である。

よく出る **2** ［比例］$y$ は $x$ に比例し，$x=-2$ のとき $y=12$ である。次の問いに答えなさい。（7点×3）

(1) $y$ を $x$ の式で表しなさい。

(2) $x=3$ のとき，$y$ の値を求めなさい。

(3) $y=-6$ のとき，$x$ の値を求めなさい。

よく出る **3** ［反比例］$y$ は $x$ に反比例し，$x=4$ のとき $y=-6$ である。次の問いに答えなさい。（7点×3）

(1) $y$ を $x$ の式で表しなさい。

(2) $x=-8$ のとき，$y$ の値を求めなさい。

(3) $y=2$ のとき，$x$ の値を求めなさい。

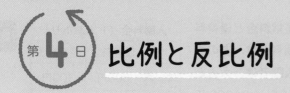

よく出る **4** **[比例・反比例のグラフ①]** 次の問いに答えなさい。（8点×4）

(1) 次の①，②のグラフを，右の図にかきなさい。

① $y=\frac{3}{5}x$

② $y=-\frac{6}{x}$

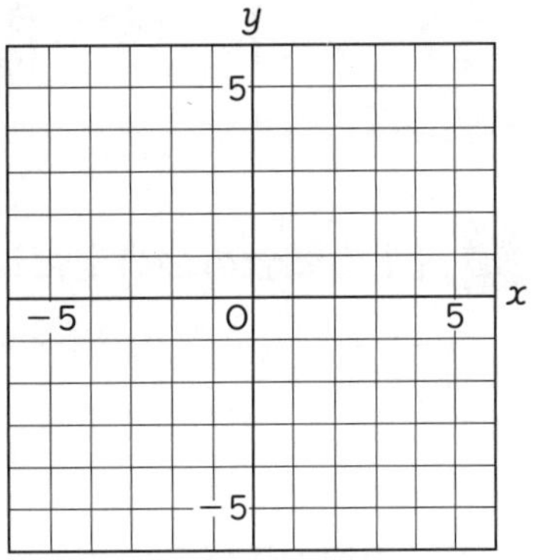


(2) 右の図の③，④のグラフの式を求めなさい。

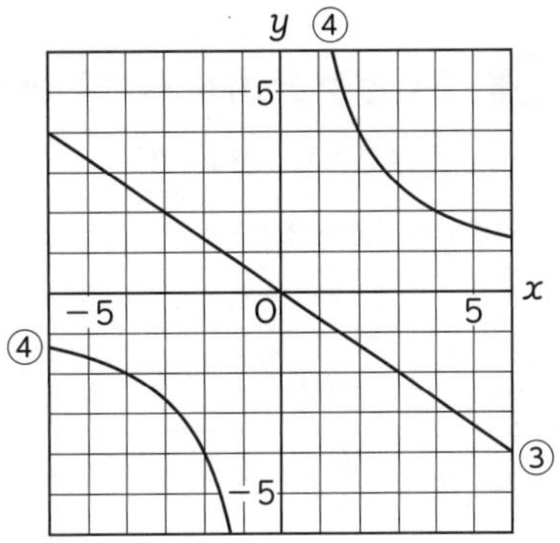


**5** **[比例・反比例のグラフ②]** 次のア～エの式で表される関数について，下の問いに答えなさい。（10点×2）

| | | | |
|---|---|---|---|
| ア $y=4x$ | イ $y=-4x$ | ウ $y=\frac{4}{x}$ | エ $y=-\frac{4}{x}$ |

(1) グラフが，点(1，4)を通るものをすべて選び，記号で答えなさい。

(2) グラフが，右下がりの直線であるものを選び，記号で答えなさい。

**最後にこれだけ確認！**

□ **比例・反比例**

・$y$ が $x$ に比例するとき $y=ax$，反比例するとき $y=\frac{a}{x}$ と表せる。

・比例 $y=ax$ のグラフは，原点を通る直線となる。

・反比例 $y=\frac{a}{x}$ のグラフは，双曲線（2つのなめらかな曲線）。

# 1 次関数

月　　日

時間 30分　合格点 80点　得点　　点

解答→別冊 p.3

**1** ［1次関数の値の変化］ 1次関数 $y=2x-5$ について，次の問いに答えなさい。（6点×2）

(1) $x=3$ のときの $y$ の値を求めなさい。

(2) $x$ の増加量が 5 のときの $y$ の増加量を求めなさい。

よく出る **2** ［1次関数のグラフ］ 次の1次関数のグラフを右の図にかきなさい。（6点×2）

(1) $y=2x+3$

(2) $y=-\dfrac{2}{3}x+2$

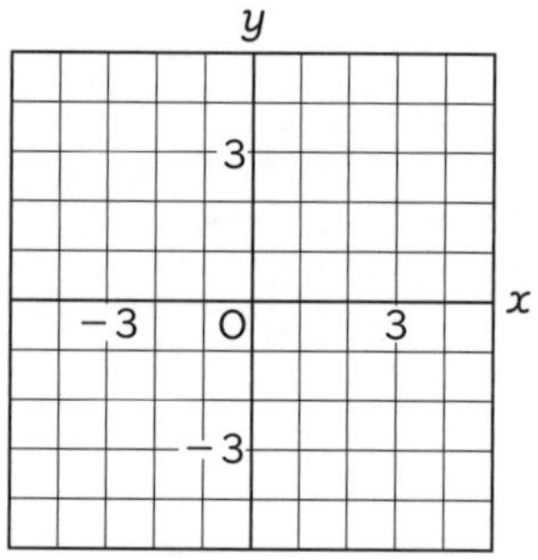


**3** ［変域］ 1次関数 $y=-4x+3$ について，$x$ の変域が $-1 \leqq x \leqq 3$ のとき，$y$ の変域を求めなさい。（6点）

よく出る **4** ［1次関数の決定］ 次の条件を満たす1次関数の式を求めなさい。（6点×3）

(1) 変化の割合が 2 で，$x=-1$ のとき $y=2$

(2) グラフが 2 点$(-2,\ 8)$，$(2,\ 6)$ を通る直線

(3) グラフが直線 $y=-4x+3$ に平行で，点$(1,\ 0)$ を通る直線

**5** **[2元1次方程式のグラフ]** 次の2元1次方程式のグラフを右の図にかきなさい。(6点×2)

(1) $3y+9=0$

(2) $2x=8$

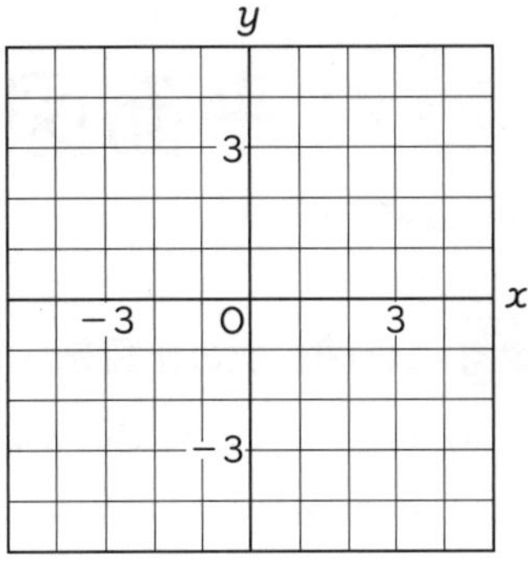


**6** **[連立方程式とグラフ]** 右の図の2直線①，②の交点の座標を求めなさい。(10点)

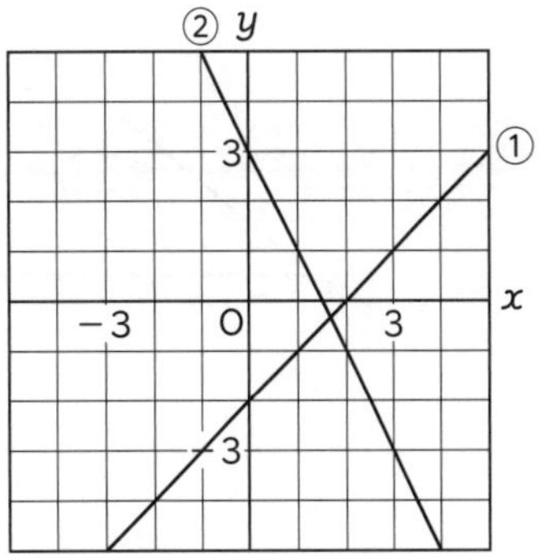


よく出る **7** **[動点と面積]** 右の図のような長方形ABCDがあり，点Pが点Aを出発し，毎秒2cmの速さでこの長方形の辺上を点B，Cを通り点Dまで動く。点Pが点Aを出発してから$x$秒後の△APDの面積を$y$cm$^2$として，次の問いに答えなさい。

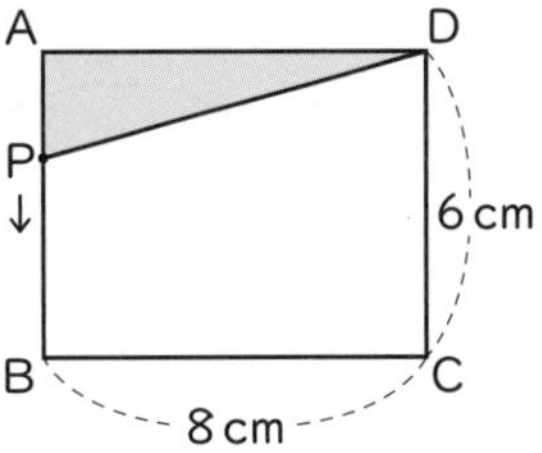


(1) $x$の変域が次のとき，$y$を$x$の式で表しなさい。(6点×3)

① $0 \leqq x \leqq 3$　② $3 \leqq x \leqq 7$　③ $7 \leqq x \leqq 10$

(2) 点Pが点Aを出発して点Dに着くまでの$x$と$y$の関係を，右の図にグラフで表しなさい。(12点)

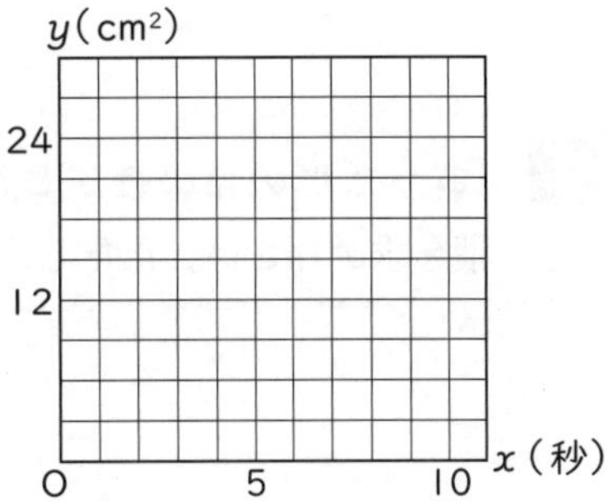


**最後にこれだけ確認！**

□ 1次関数

・1次関数 $y=ax+b$ で，(変化の割合) $=\dfrac{(y\text{の増加量})}{(x\text{の増加量})}=a$

・1次関数 $y=ax+b$ のグラフは，**傾き** $a$，**切片** $b$ の直線。

月　日

# 第6日 平面図形・空間図形

時間 30分
合格点 80点
得点　点

解答→別冊 p.4

よく出る **1** ［作図］次の作図をしなさい。（7点×4）

(1) △ABC で，辺 BC を底辺とみたときの高さ AH

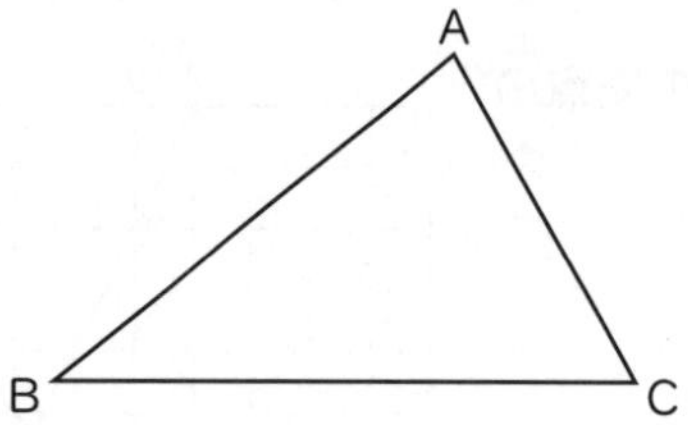


(2) 線分 AB を直径とする円

(3) 点 P を通る円 O の接線

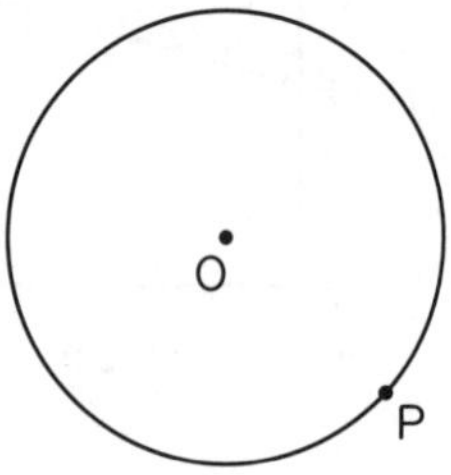


(4) 30° の角

よく出る **2** ［おうぎ形の弧の長さと面積］半径が 6cm，中心角が 240° のおうぎ形の弧の長さと面積を求めなさい。ただし，円周率は $\pi$ とする。（7点×2）

**3** **［直線や平面の位置関係］** 右の図の三角柱について，次の問いに答えなさい。（6点×3）

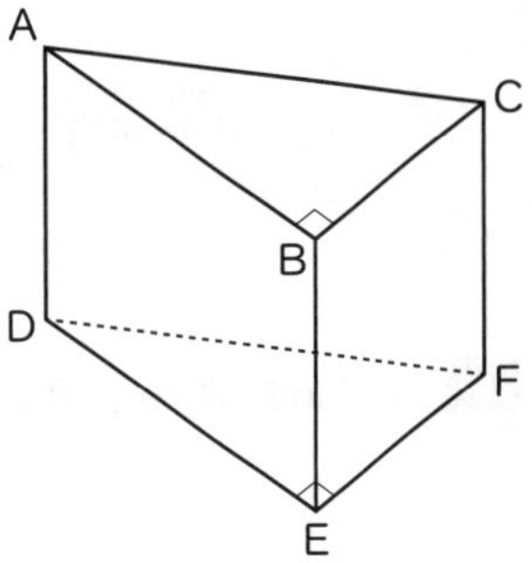


(1) 面 ABC と垂直な辺をすべて答えなさい。

(2) 面 BCFE と垂直な面をすべて答えなさい。

(3) 辺 AC とねじれの位置にある辺をすべて答えなさい。

よく出る **4** **［角錐・円錐の体積と表面積］** 次の立体の体積と表面積を求めなさい。ただし，円周率は$\pi$とする。（7点×4）

(1)

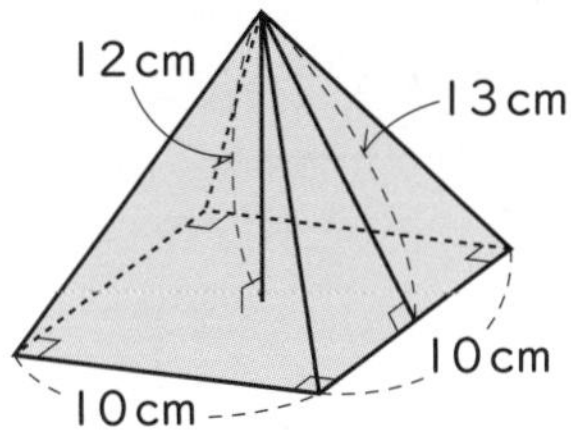


(2)

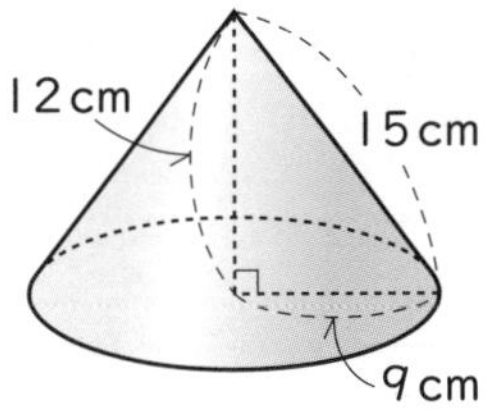


**5** **［球の体積と表面積］** 半径 6cm の球の体積と表面積を求めなさい。ただし，円周率は$\pi$とする。（6点×2）

**最後にこれだけ確認！**

□ おうぎ形の弧の長さと面積

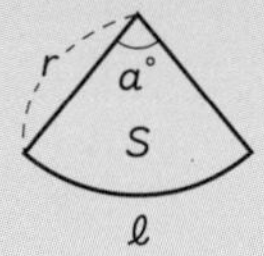


$\ell = 2\pi r \times \dfrac{a}{360}$

$S = \pi r^2 \times \dfrac{a}{360}$

□ 角錐や円錐の体積と表面積

・(体積) $= \dfrac{1}{3} \times$ (底面積) $\times$ (高さ)

・(表面積) = (底面積) + (側面積)

・表面積は展開図を利用して求めればよい。

# 第7日 平行と合同

月　　日

時間 30分
合格点 80点
得点　　点

解答→別冊 p.5

よく出る **1** [三角形の角] 次の図で，$\angle x$ の大きさを求めなさい。(8点×2)

(1)

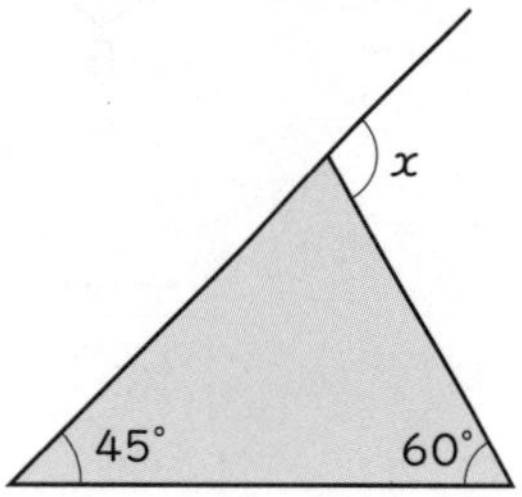


(2) 〔岐阜〕

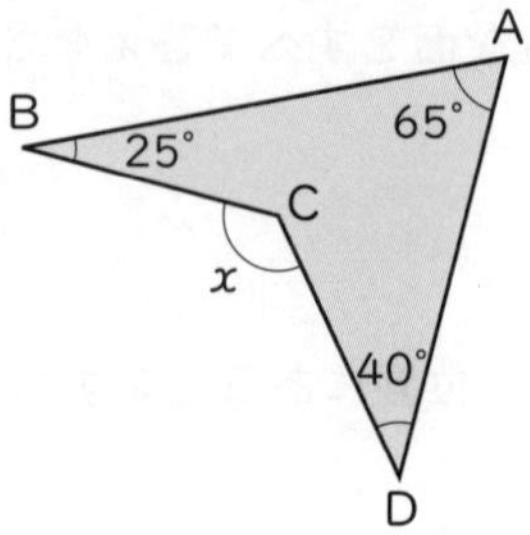


**2** [いろいろな角①] 次の図で，$\ell /\!/ m$ のとき，$\angle x$ の大きさを求めなさい。(8点×2)

(1) 〔秋田〕

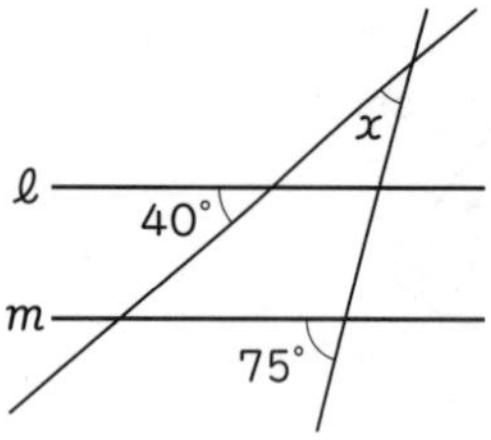


(2)

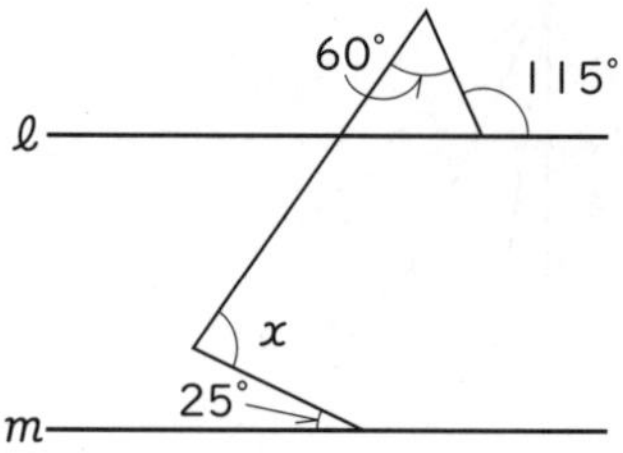


よく出る **3** [多角形の角] 次の図で，$\angle x$ の大きさを求めなさい。(8点×2)

(1)

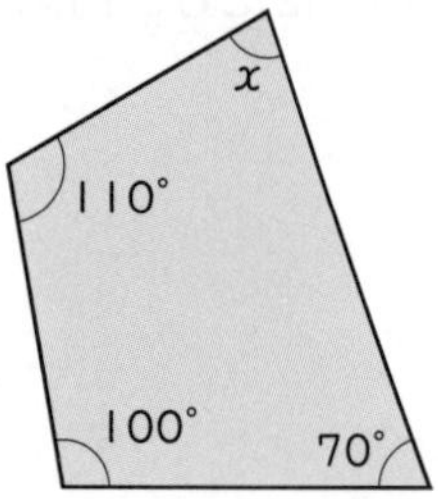


(2)

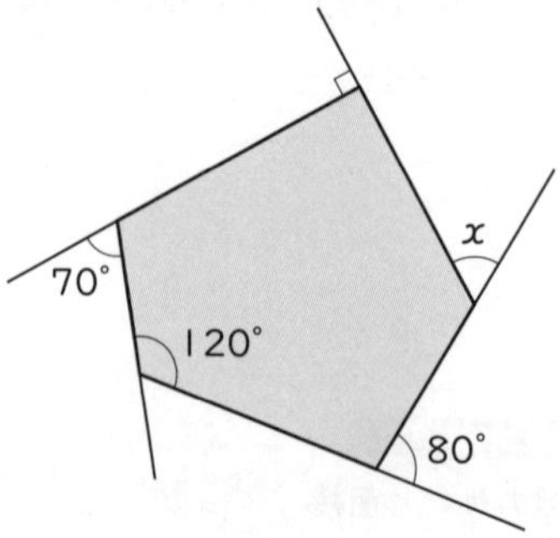

**4** **[いろいろな角②]** 次の図で，$\angle x$ の大きさを求めなさい。ただし，同じ印の角は等しいものとする。（9点×2）

(1)

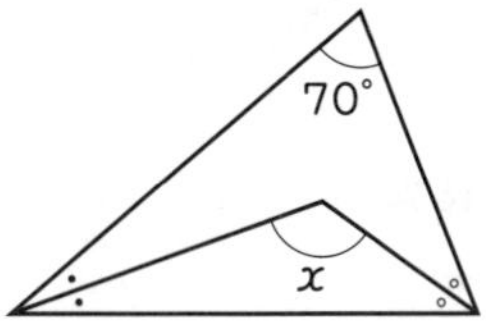


(2)

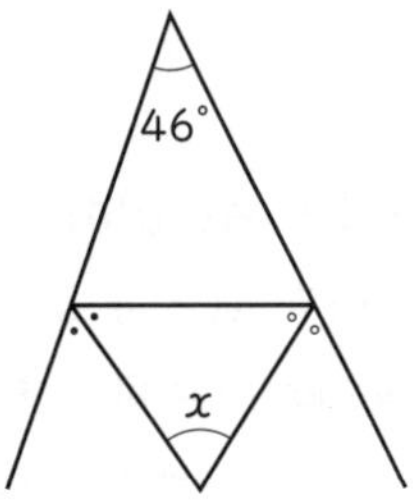


**5** **[いろいろな角③]** 長方形ABCDを折ってできた右の図で，$\angle x$ の大きさを求めなさい。（10点）〔福井〕

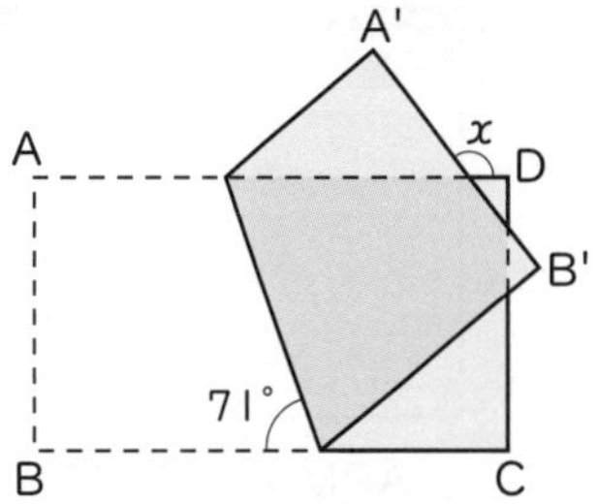


**6** **[三角形の合同条件]** 次の図形で，同じ印の線分の長さや角の大きさは同じである。このとき，合同な三角形を記号≡を使って表し，そのときに使った三角形の合同条件を下の**ア**～**ウ**から選んで，記号で答えなさい。（8点×3）

(1)

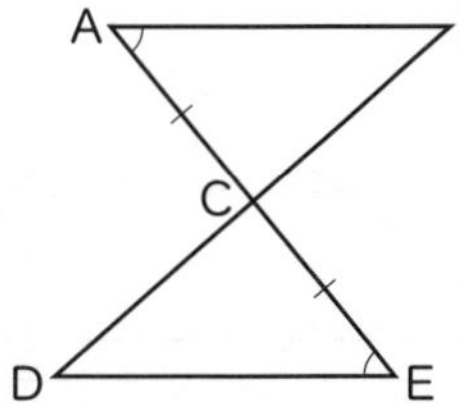


(2)

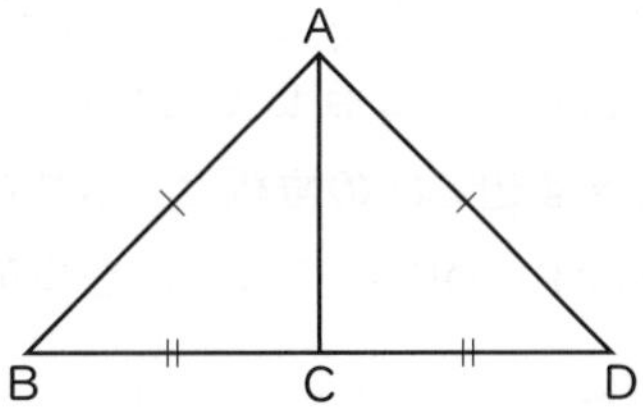


(3)

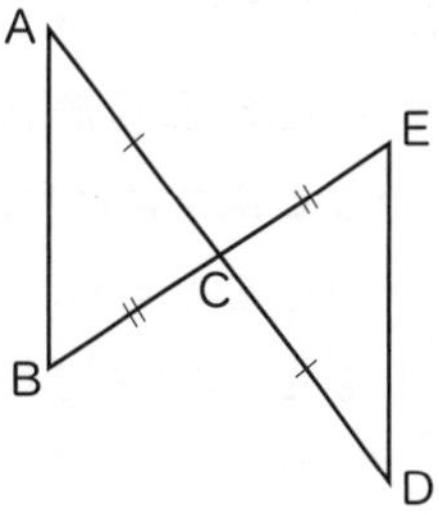


**ア** 3組の辺がそれぞれ等しい。

**イ** 2組の辺とその間の角がそれぞれ等しい。

**ウ** 1組の辺とその両端の角がそれぞれ等しい。

**最後にこれだけ確認！**

□ **平行線と角**

2直線が平行ならば，
同位角，錯角は等しい。
$\ell /\!/ m$ ならば，
$\angle a = \angle c$（同位角）
$\angle b = \angle c$（錯角）

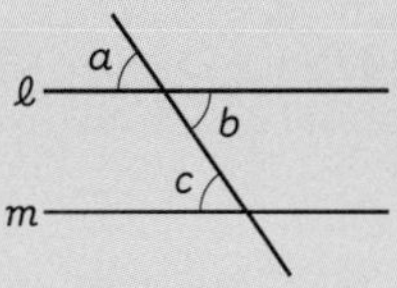


□ **多角形の角**

・$n$ 角形の内角の和は，$180° \times (n-2)$
・多角形の外角の和は，360°

月　日

# 第8日 三角形と四角形

時間 30分
合格点 75点

得点　　点

解答→別冊 p.6

**1** **［二等辺三角形の性質］** 右の図のような AB＝AC の二等辺三角形 ABC で，辺 BC の中点を M とする。このとき，AM ⊥ BC であることを△ABM と△ACM が合同であることを用いて，次のように証明した。［　］をうめて，証明を完成させなさい。（15点）〔沖縄〕

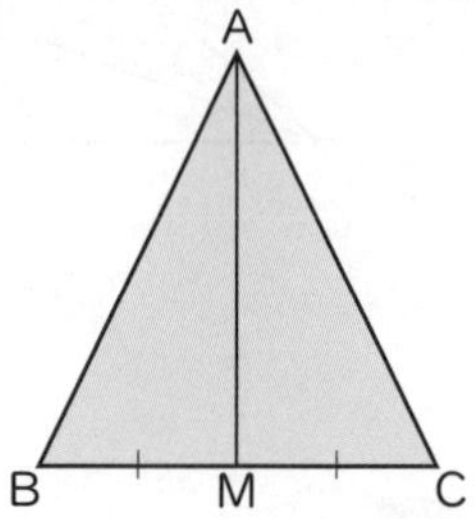


〔証明〕

△ABM と△ACM で，

［　　　　　　　　　　　　　　　　　　　　］

△ABM ≡△ACM

よって，∠AMB ＝∠AMC

また，∠AMB＋∠AMC＝180°だから，∠AMB＝90°

したがって，AM ⊥ BC である。

**2** **［直角三角形の合同条件］** 右の図のように，∠A＝90°の直角三角形 ABC で，辺 BC 上に点 D を BD＝BA となるようにとり，点 D を通る辺 BC の垂線と辺 AC の交点を E とする。このとき，AE＝DE であることを証明しなさい。（15点）

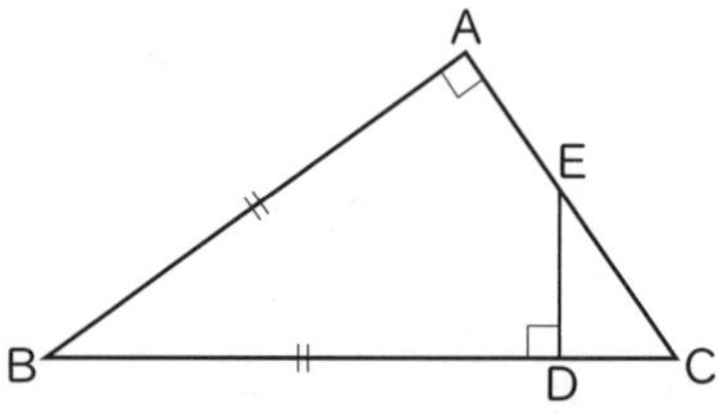


**3** **［逆］** 次のア～ウのことがらについて，下の問いに答えなさい。

**ア** △ABC で，AB＝AC ならば，△ABC は二等辺三角形

**イ** △ABC と△DEF で，△ABC≡△DEF ならば，∠A＝∠D，∠B＝∠E，∠C＝∠F

**ウ** △ABC で，△ABC が正三角形ならば，AB＝BC＝CA

(1) **ア**～**ウ**のことがらの逆を書きなさい。（5点×3）

(2) **ア**～**ウ**のうち，逆が正しいものを記号で答えなさい。（5点）

よく出る **4** **［平行四辺形になるための条件］** 右の図のような平行四辺形ABCDの対角線BD上に，BE＝DFとなるように点E，点Fをとると，四角形AECFは平行四辺形となることを証明しなさい。（20点）

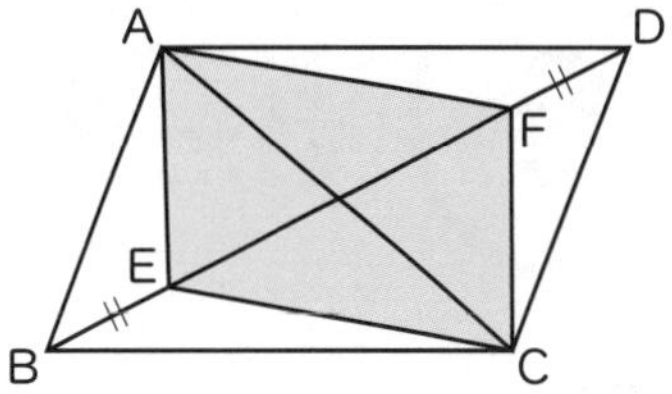


よく出る **5** **［平行線と面積］** 右の図のような，平行四辺形ABCDで，EF//BDとする。このとき，図の中で，△ABEと面積の等しい三角形を3つ答えなさい。（15点）〔島根―改〕

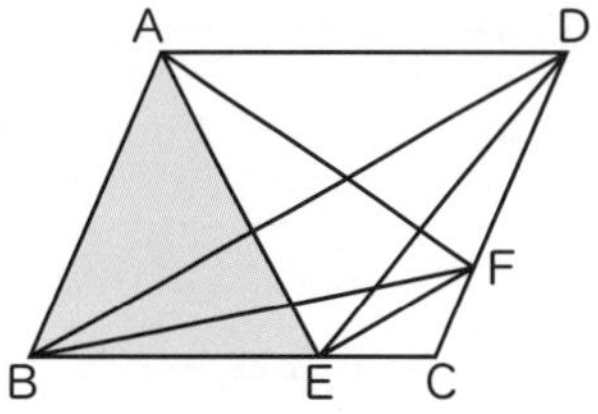


**6** **［等積変形］** 右の図のような四角形ABCDがある。頂点Aを通り，四角形ABCDの面積を2等分する直線を作図しなさい。（15点）

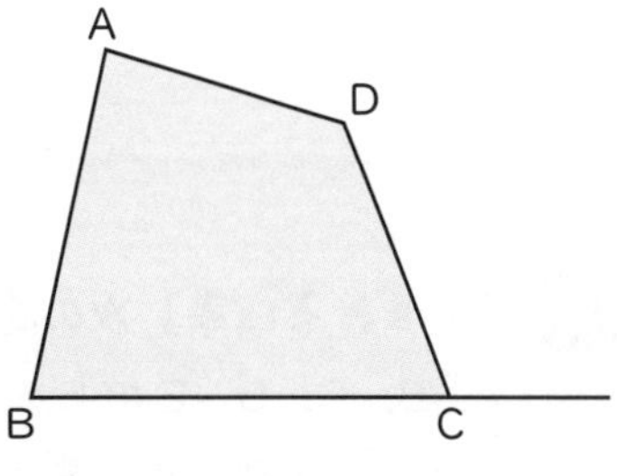


**最後にこれだけ確認！**

□ **二等辺三角形**

**定義**…2つの辺が等しい三角形

**性質**…①底角は等しい

②頂角の二等分線は，底辺を垂直に2等分する

□ **平行四辺形**

**定義**…2組の対辺がそれぞれ平行な四角形

**性質**…①2組の対辺はそれぞれ等しい

②2組の対角はそれぞれ等しい

③対角線はそれぞれの中点で交わる

月　日

# 第9日 データの整理と確率

時間 30分
合格点 80点
得点　点

解答→別冊 p.6

**1** **[四分位範囲と箱ひげ図]** 次の資料は，中学２年生９人の握力を測定した記録である。これについて，下の問いに答えなさい。（6点×5）

| | | | | | | | | |
|---|---|---|---|---|---|---|---|---|
| 13 | 17 | 19 | 23 | 25 | 28 | 30 | 33 | 34 |

（単位は kg）

(1) 次のものを求めなさい。

① 第２四分位数《しぶんいすう》　② 第１四分位数

③ 第３四分位数　④ 四分位範囲《しぶんいはんい》

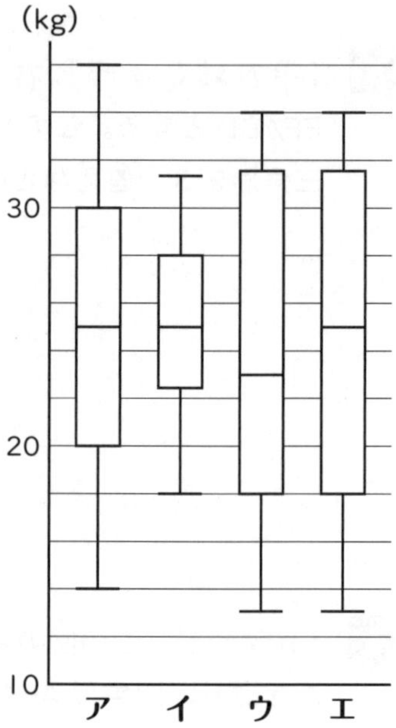


(2) 上の資料を，箱ひげ図に表したものとして正しいものを，右の図の**ア**～**エ**から選び，記号で答えなさい。

**2** **[選ばれる確率]** 次の問いに答えなさい。（10点×2）

(1) A，B，C，D，Eの５人の中からくじびきで班長《はんちょう》，副班長を１人ずつ選ぶとき，Cが班長で，Bが副班長に選ばれる確率を求めなさい。

(2) A，B，C，Dの異なる４個のケーキの中から２個のケーキを選ぶとき，AとDのケーキが選ばれる確率を求めなさい。

よく出る **3** **［取り出した数字で整数をつくる確率］** 1，2，3，4 の数字を 1 つずつ書いた 4 枚のカードがある。このカードをよくきって 1 枚ずつ 2 回続けて取り出す。1 枚目を十の位，2 枚目を一の位として，2 けたの整数をつくるとき，この整数が 34 以上になる確率を求めなさい。（10点）

よく出る **4** **［2つのさいころを投げたときの確率］** 1 から 6 までの目のついたさいころ A，B を同時に 1 回投げ，出た目の数をそれぞれ $p$，$q$ とする。このとき，$p+q$ の値が 7 となる確率を求めなさい。ただし，A，B のさいころの目の出方は，どれも同様に確からしいものとする。（10点）〔山梨〕

**5** **［3枚の硬貨を投げたときの確率］** 3 枚の硬貨を同時に投げるとき，少なくとも 1 枚は表となる確率を求めなさい。（10点）

**6** **［くじをひく確率］** 5 本のうち，当たりが 2 本入っているくじがある。このくじを同時に 2 本ひくとき，1 本が当たりで，1 本がはずれである確率を求めなさい。（10点）

よく出る **7** **［玉を取り出す確率］** 右の図のように，白玉 2 個，黒玉 3 個が入っている袋がある。この袋から玉を 1 個取り出して色を調べ，それを袋の中にもどすことを 2 回くり返すとき，1 回目，2 回目ともに同じ色の玉が出る確率を求めなさい。（10点）〔佐賀〕

**最後にこれだけ確認！**

□ 確率

・場合の数を求めるには，表や樹形図をかく。

・(ことがらAの起こる確率)$=\dfrac{(\text{Aが起こる場合の数})}{(\text{起こりうるすべての場合の数})}$

・(Aの起こらない確率)$=1-$(Aの起こる確率)

# 第10日 仕上げテスト

時間 30分　合格点 75点　得点　　点

解答→別冊 p.7

**1** [式の計算] 次の計算をしなさい。(5点×2)

(1) $2(4a-3)-3(2-3a)$　　(2) $8a^2b\div(-6ab)\div3b$

**2** [連立方程式] 次の連立方程式を解きなさい。(5点×2)

(1) $\begin{cases}2x+5y=4\\3x-2y=-13\end{cases}$　　(2) $4x-3y=6x-y+2=8$

**3** [文字式の利用・平面図形] 次の問いに答えなさい。(6点×2)

(1) A君，B君，C君の数学の得点はそれぞれ $a$ 点，$b$ 点，$c$ 点で，この3人の平均点は $d$ 点であった。このとき，$a$ を $b$，$c$，$d$ を使った式で表しなさい。〔茨城〕

(2) 右の図で，四角形ABCDは長方形，E，Fはそれぞれ辺AB，BC上の点で，DE=DFである。∠ADE=26°，∠DFC=52°のとき，∠EFBの大きさは何度ですか。〔愛知〕

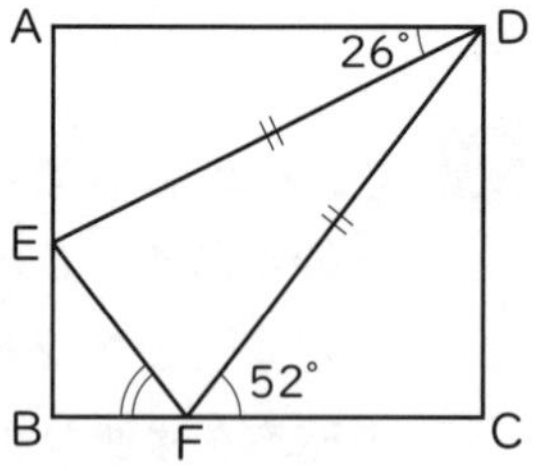


**4** [割合の問題] ある中学校で，図書館の利用者数を調べた。10月の利用者数は男女合わせて580人であった。11月の利用者数は10月に比べ男子が10%減り，女子が20%増えたので，全体では26人増えた。11月の男子，女子の利用者数を求めなさい。(10点)

**5** **［1次関数と図形］** 右の図のように，1辺の長さが6の正方形OABCと直線$\ell$がある。直線$\ell$の式を$y=\frac{3}{2}x+b$とし，直線$\ell$と$x$軸の交点をPとする。ただし，2点A，Cはそれぞれ$x$軸，$y$軸上にあり，点Aの$x$座標，点Cの$y$座標はともに正の数とする。このとき，次の問いに答えなさい。

（7点×4）〔佐賀〕

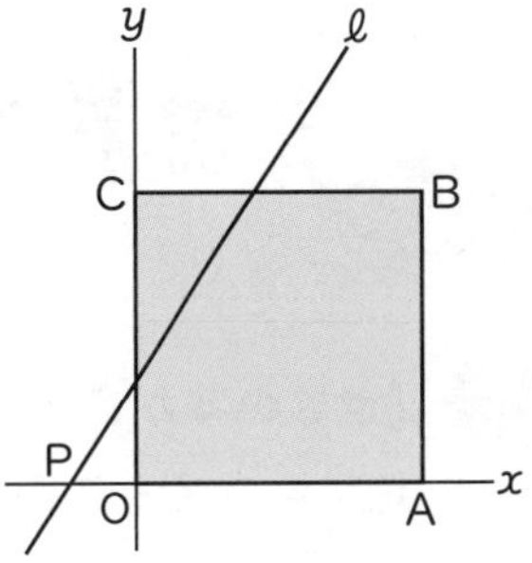


(1) 直線$\ell$が点Bを通るとき，次の①，②の問いに答えなさい。

① $b$の値を求めなさい。

② △ABPの面積を求めなさい。

(2) 直線$\ell$によって正方形OABCの面積が2等分されるとき，$b$の値を求めなさい。

(3) 直線$\ell$が辺BCと交わるとき，その交点をQとする。2つの線分OP，BQの長さの和が8のとき，$b$の値を求めなさい。

**6** **［三角形の合同］** 右の図のように，線分AB上に点Cをとり，ACを1辺とする正三角形ACDとCBを1辺とする正三角形CBEをつくる。このとき，AE＝DBであることを証明しなさい。（15点）

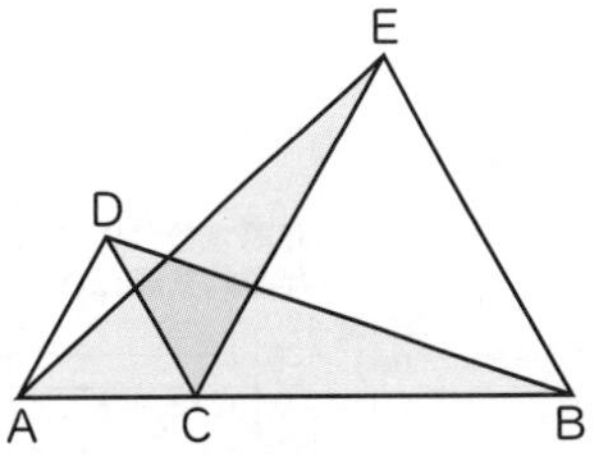


**7** **［座標と確率］** 大小2つのさいころを投げ，大きい方のさいころの目を$a$，小さい方のさいころの目を$b$とし，点P($a$, $b$)を座標平面上にとる。このとき，原点O，点A(6, 0)，点B(0, 4)で作られる△OABの辺上または△OABの内部に点Pがある確率を求めなさい。（15点）

社会

# 第1日 世界と日本のすがた

月　日

時間 30分

合格点 80点

得点　　点

解答→別冊 p.8

**1** **[世界のすがた・人々の生活と環境]** 次の地図を見て，各問いに答えなさい。〔神奈川―改〕

(1) 地図中のX～Zの海洋名を答えなさい。(5点×3)

X〔　　　　　〕 Y〔　　　　　〕

Z〔　　　　　〕

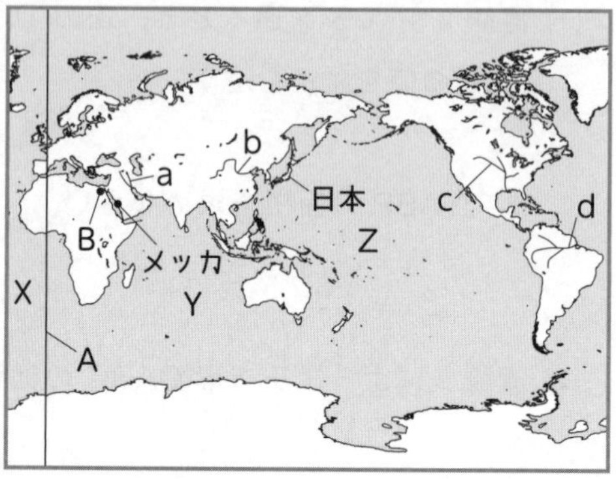


(2) 地図中にある六大陸のうち，最も面積が大きい大陸を何というか，答えなさい。(5点)

〔　　　　　〕

(3) 地図中のAは，経度0度の経線である。この経線を何というか，答えなさい。(5点)

〔　　　　　〕

(4) 地図中の日本のように，周りを海に囲まれている国を何というか，答えなさい。(5点)

〔　　　　　〕

(5) 次の文は，地図中のa～dに示したどの川についての説明か。1つ選び，記号で答えなさい。(4点)

| この川の流域では，大量の伐採《ばっさい》などにより熱帯林が減少している。 |
|---|

〔　　〕

(6) Bの都市の気温と降水量を示すグラフを，次のア～エから1つ選び，記号で答えなさい。(4点)

〔　　〕

**ア**
年降水量:1065.5mm
年平均気温:20.3℃

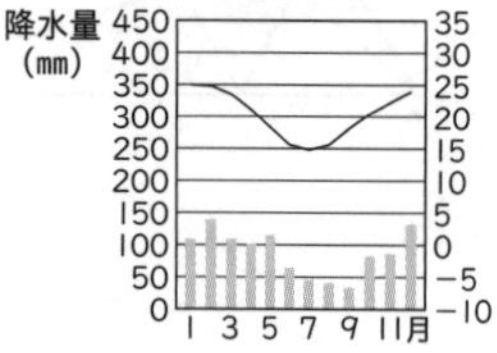


**イ**
年降水量:1653.1mm
年平均気温:28.9℃

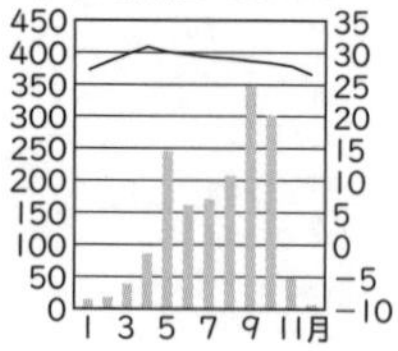


**ウ**
年降水量:34.6mm
年平均気温:21.7℃

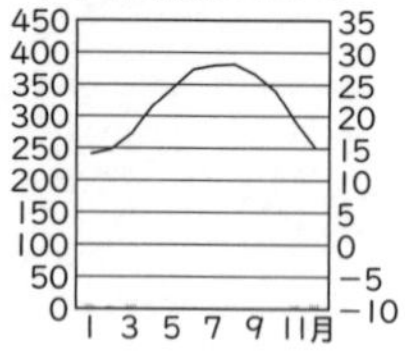


**エ**
年降水量:706.5mm
年平均気温:5.8℃

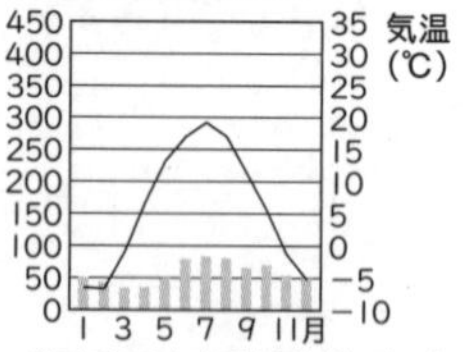


(平成30年版「理科年表」)

(7) 地図中のメッカは，ある宗教の聖地となっている。この宗教を何というか，答えなさい。また，この宗教を説明した文として最も適当なものを，次のア～エから1つ選び，記号で答えなさい。(4点×2)

宗教名〔　　　　　〕 記号〔　　〕

**ア** 牛を神の使いとしているので，牛肉を食べない。

**イ** 毎週日曜日に，教会に行っていのりをささげている。

**ウ** 一年のうち約1か月間，日の出から日没《にちぼつ》まで断食《だんじき》を行う。

**エ** インドでおこり，おもに東アジアや東南アジアに広まった宗教である。

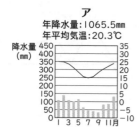

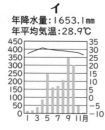

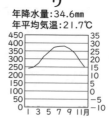

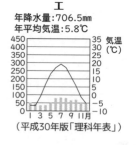

よく出る **2** **[日本のすがた]** 次の地図を見て，各問いに答えなさい。（6点×9）

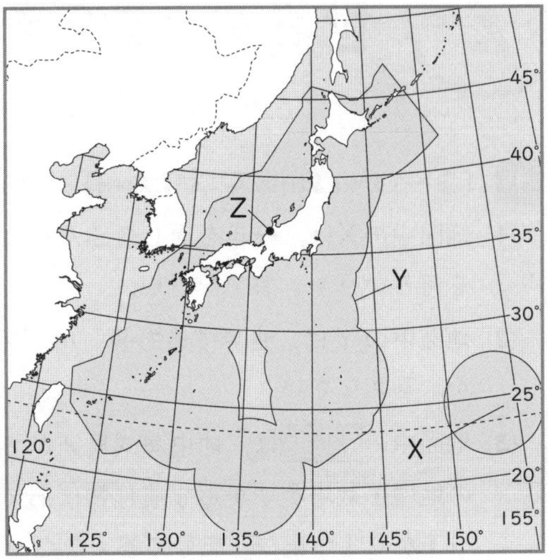


(1) 地図中の日本の標準時子午線である東経135度の経線を通る都市を，次の**ア**～**エ**から1つ選び，記号で答えなさい。［　　］

**ア** 明石《あかし》市　**イ** 大阪市

**ウ** 岡山市　**エ** 高松市

(2) 日本が3月25日の午後7時のとき，アメリカ合衆国のサンフランシスコの時刻を，午前・午後をつけて答えなさい。サンフランシスコの標準時子午線は，西経120度である。また，サマータイムは考えないことにする。

［　　月　　日　　　時］

(3) 地図中の**X**の島の名を，次の**ア**～**エ**から1つ選び，記号で答えなさい。［　　］

**ア** 与那国島《よなぐにじま》　**イ** 南鳥島《みなみとりしま》　**ウ** 沖ノ鳥島《おきのとりしま》　**エ** 択捉島《えとろふとう》

(4) 地図中の**Y**は，沿岸から200海里までの範囲を示している。この範囲のうち，領海をのぞいた水域を何というか，答えなさい。［　　　　］

(5) 日本の河川《かせん》の特徴《とくちょう》などについて述べた次の文の**A**～**D**にあてはまる語句を，下の**ア**～**ク**から1つずつ選び，記号で答えよ。　A［　　］　B［　　］　C［　　］　D［　　］

> 日本の国土は山地が多いため，世界の大きな河川に比《くら》べて，日本の河川は（　A　）く，流れが（　B　）である。河川が山地から平野や盆地《ぼんち》にさしかかる谷口付近になると，傾斜《けいしゃ》が急にゆるやかになり，上流から運ばれてきた大きな砂利《じゃり》が堆積《たいせき》し，（　C　）を形成する。さらに河口付近になると，細かな砂や泥《どろ》が堆積し，（　D　）を形成する。

**ア** 三角州　**イ** 海溝《かいこう》　**ウ** 扇状地《せんじょうち》　**エ** さんご礁《しょう》

**オ** 長　**カ** 短　**キ** 急　**ク** ゆるやか

(6) 地図中の**Z**の都市の気候について，**Z**の都市の気温と降水量を示すグラフを次の**ア**～**エ**から1つ選び，記号で答えなさい。［　　］

**ア**　年平均気温11.8℃　年降水量1031mm

**イ**　年平均気温16.5℃　年降水量2325mm

**ウ**　年平均気温15.4℃　年降水量1529mm

**エ**　年平均気温14.6℃　年降水量2399mm

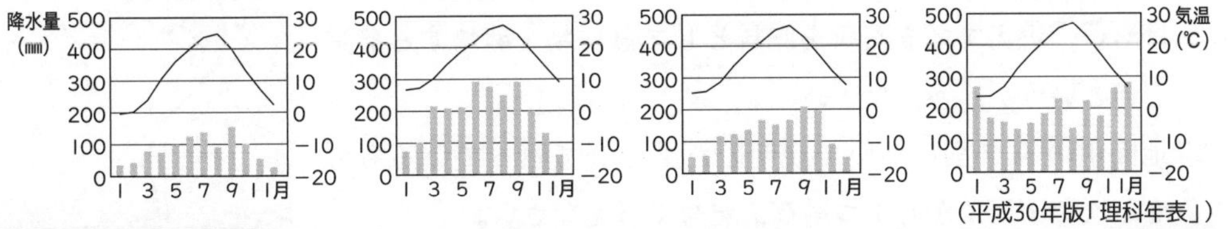


（平成30年版「理科年表」）

**最後にこれだけ確認！**

確認チェック

☐ **三大洋と六大陸**

①**三大洋**…太平洋，大西洋，インド洋

②**六大陸**…ユーラシア大陸，アフリカ大陸，北アメリカ大陸，南アメリカ大陸，オーストラリア大陸，南極大陸

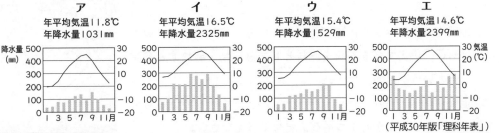

# 第2日 世界のさまざまな地域

時間 30分
合格点 80点
得点　　点

解答→別冊 p.9

**1** [ヨーロッパ州・アフリカ州] 次の地図を見て，各問いに答えなさい。(6点×6)

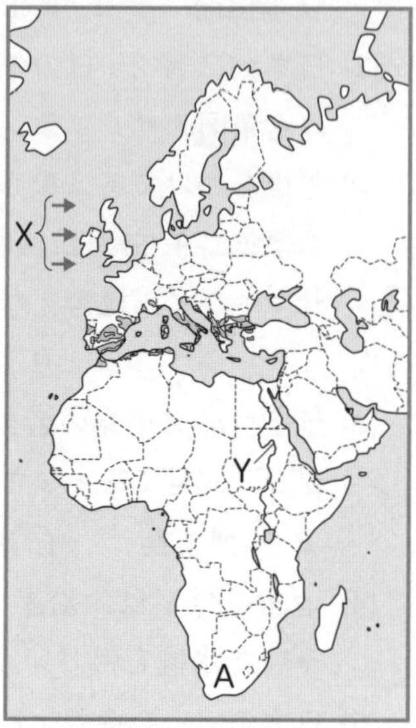


(1) 地図中のXは，一年を通してふく西よりの風である。この風を何というか，答えなさい。〔　　　　〕

(2) 地図中のYは，世界で最も長い川である。この川を何というか，答えなさい。〔　　　　〕

(3) 地図中の　　　は，地中海式農業がさかんな地域である。この地域で栽培《さいばい》がさかんな農作物にあてはまるものを，次のア～エから1つ選び，記号で答えなさい。〔　　〕

**ア** とうもろこし　**イ** 茶

**ウ** オリーブ　**エ** 綿花

(4) 地図中のAの国でかつて行われていた，ヨーロッパ系の人々がアフリカ系やアジア系の人々に対して，職業や住む場所などを制限した人種隔離《かくり》政策を何というか，答えなさい。

〔　　　　　　　〕

(5) 地図中のヨーロッパの国々の多くが加盟している，政治的・経済的な統合を目的とした地域統合組織を何というか，答えなさい。〔　　　　　　〕

(6) (5)の加盟国の多くで流通している共通通貨を何というか，答えなさい。〔　　　　〕

**2** [南アメリカ州] 次の地図を見て，各問いに答えなさい。(6点×3)

(1) 地図中のXの山脈の名称《めいしょう》を答えなさい。

〔　　　　　　〕

(2) 地図中のアマゾン川周辺で行われている，森林や草原を焼きはらい，燃えてできた灰を肥料として農作物を栽培する農業を何というか，答えなさい。〔　　　　〕

(3) 地図中のAの国について説明した文として誤っているものを，次のア～エから1つ選び，記号で答えなさい。〔　　〕

**ア** かつてスペインに植民地支配されていた。

**イ** コーヒー豆の生産量が世界有数である。

**ウ** バイオエタノールの生産がさかんである。

**エ** 2016年に夏季オリンピックが行われた都市がある。

**3** ［アジア州・オセアニア州］ 次の地図を見て，各問いに答えなさい。（6点×5）

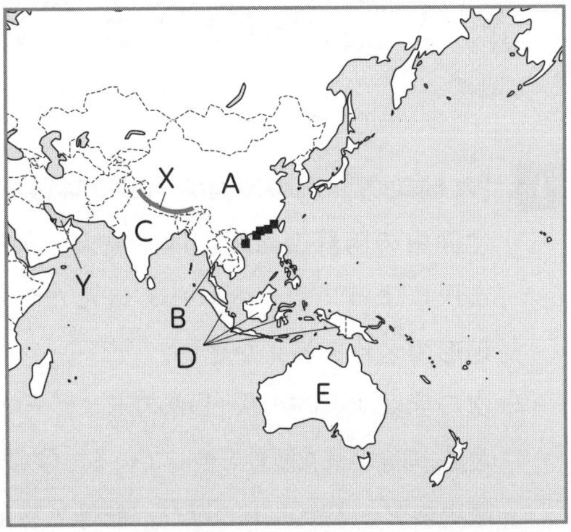


(1) 地図中のXの山脈の名称を答えなさい。

〔　　　　　　　〕

(2) 右下のグラフは，ある農作物の 国別生産量と国別輸出量を示したものである。この農作物にあてはまるものを，次のア～エから１つ選び，記号で答えなさい。また，グラフ中のA～Dは，地図中のA～Dがあてはまる。〔　　　〕

**ア** 小麦　　　**イ** 米

**ウ** ぶどう　　**エ** コーヒー豆

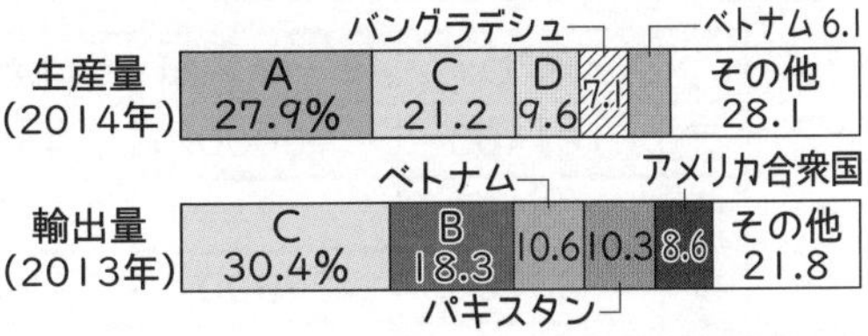


（2017/18年版「世界国勢図会」）

(3) 地図中のAの国の■は，税金などの面で優《ゆう》遇《ぐう》するなどして外国の企《き》業《ぎょう》に開放した地域である。この地域を何というか，答えなさい。

〔　　　　　　　〕

(4) 地図中のYの湾《わん》周辺で産出量が最も多い鉱産資源を，次のア～エから１つ選び，記号で答えなさい。

**ア** 石炭　　**イ** 石油　　**ウ** 鉄鉱石　　**エ** 天然ガス　〔　　　〕

(5) 地図中のEの国の先住民を何というか，答えなさい。〔　　　　　　　〕

**4** ［北アメリカ州］ 次の地図を見て，各問いに答えなさい。（4点×4）

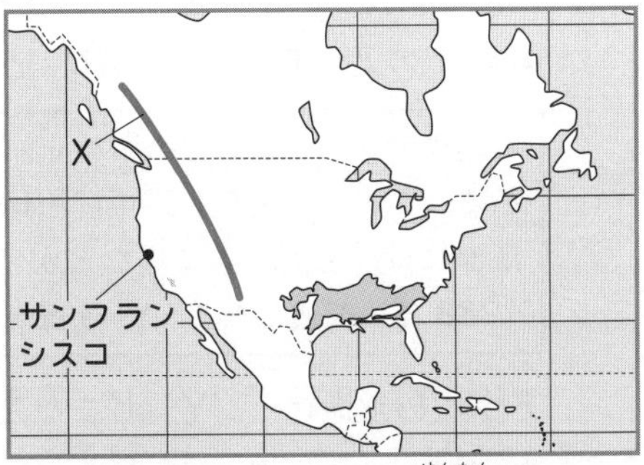


(1) 地図中のXの山脈の名称《めいしょう》を答えなさい。

〔　　　　　　　〕

(2) 地図中の□の地域で栽培がさかんな農作物や農業を，次のア～エから１つ選び，記号で答えなさい。

**ア** 小麦　　　　　**イ** 綿花

**ウ** とうもろこし　**エ** 酪農《らくのう》　〔　　　〕

(3) 地図中のサンフランシスコ郊外《こうがい》では，コンピューターや半導体のハイテク（先端《せんたん》技術）産業がさかんな地域がある。この地域を何というか，答えなさい。〔　　　　　　　〕

(4) 地図中のアメリカ合衆国では，メキシコや西インド諸島の国などから来た，スペイン語を話す移民が多い。このような人々を何というか，答えなさい。〔　　　　　　　〕

**最後にこれだけ確認！**

□人口（2017年）と面積（2015年）

①**人口**…最も人口が多い国は中国（約14.1億人），２位はインド（約13.4億人），３位はアメリカ合衆国（約3.2億人）。

②**面積**…最も面積が大きい国はロシア（約1710万$km^2$），２位はカナダ（約999万$km^2$），３位はアメリカ合衆国（約983万$km^2$）。

月　日

# 第3日 日本のさまざまな地域 ①

時間 30分
合格点 80点
得点 点

解答→別冊 p.9

よく出る **1** ［九州地方］次の地図のA～Dは県を示している。あとの問いに答えなさい。(10点×2)

(1) 地図中の阿蘇《あそ》山周辺には，噴火《ふんか》によって流れた溶岩《ようがん》や火山灰によってつくられたくぼんだ地形が見られる。この地形の名称《めいしょう》を答えなさい。［　　　　］

(2) 次の表は，地図中のA～D県の米とピーマンの収穫量《しゅうかくりょう》，牛肉の生産量，海面漁業漁獲量《ぎょかくりょう》を表している。C県にあてはまるものを，表中の**ア**～**エ**から1つ選び，記号で答えなさい。［　　　　］

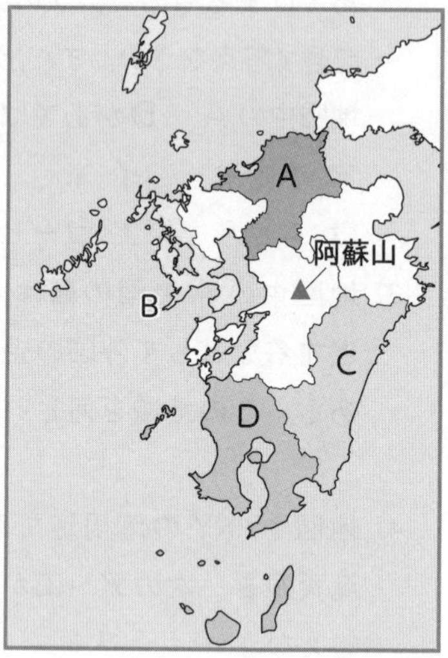


| | 米(t) | ピーマン(t) | 牛肉(t) | 漁獲量(t) |
|---|---|---|---|---|
| **ア** | 101400 | 13000 | 45812 | 77525 |
| **イ** | 59500 | 347 | 7973 | 295998 |
| **ウ** | 83700 | 27000 | 22782 | 125878 |
| **エ** | 180400 | 433 | 20349 | 35117 |

(2016年，漁獲量は2015年)　　(2018年版「データでみる県勢」)

よく出る **2** ［中国・四国地方］次の地図を見て，各問いに答えなさい。(10点×3)〔新潟〕

(1) 地図中の矢印に沿って移動したときのようすを述べた，次の文のX，Yにあてはまる語句の組み合わせとして最も適当なものを，下の**ア**～**エ**から1つ選び，記号で答えなさい。［　　　　］

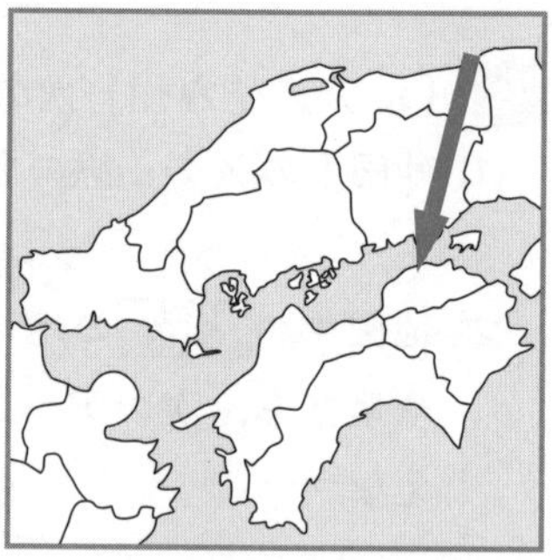

> 県庁所在地であるこの市の北部には，（　X　）が広がっている。この市を出発し，中国山地を越《こ》えると，瀬戸内海の臨海部には，石油化学工場などが密集する工業地域があった。1988年に開通した（　Y　）をすぎると，讃岐《さぬき》平野が見えた。

**ア** X：砂浜海岸　Y：しまなみ海道　**イ** X：砂浜海岸　Y：瀬戸大橋
**ウ** X：リアス海岸　Y：しまなみ海道　**エ** X：リアス海岸　Y：瀬戸大橋

(2) 次の表は，中国・四国地方の島根県，広島県，愛媛県，高知県のデータを示したものである。表中のA，Bにあてはまる県名をそれぞれ答えなさい。　A［　　　　］　B［　　　　］

| 県名 | 面積($km^2$) | 人口(千人) | 果実の産出額(億円) | 製造品出《しゅつ》荷《か》額等(億円) | 県庁所在地の降水量の平均値(mm) | |
|---|---|---|---|---|---|---|
| | | | | | 1月 | 7月 |
| A | 8479 | 2837 | 162 | 96043 | 44.6 | 258.6 |
| 高知県 | 7104 | 721 | 100 | 5341 | 58.6 | 328.3 |
| B | 6708 | 690 | 35 | 10662 | 147.2 | 252.4 |
| C | 5676 | 1375 | 497 | 41559 | 51.9 | 191.6 |

(面積，人口は2016年，果実の産出額は2015年，製造品出荷額等は2014年，県庁所在地の降水量は1981～2010年の平均。)
(2018年版「データでみる県勢」など)

**3** **［近畿地方］次の地図を見て，各問いに答えなさい。**（10点×5）〔山形一改〕

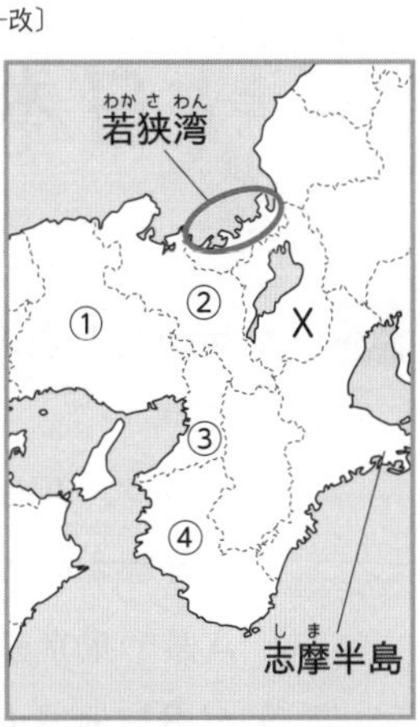


(1) 地図中のX県にある，日本で面積が最大の湖について，次の問いに答えなさい。

① この湖の名称を答えなさい。〔　　　　〕

記述式 ② この湖では，人口の増加とともに水質汚濁《おだく》がひどくなり，アオコや赤潮が発生する年が多くなった。人口の増加とともに水質汚濁がひどくなった原因を答えなさい。

〔　　　　　　　　　　　　　　　　　　〕

(2) 地図中の若狭湾《わかさわん》や志摩《しま》半島には，複雑に入り組んだ海岸が見られる。このような地形を何というか，答えなさい。〔　　　　〕

(3) **資料Ⅰ**のA～Dは，地図中の①～④のいずれかの府県である。**資料Ⅰ**は，A～Dの産業と府県庁所在地人口についてまとめたものである。下の**ア～エ**は，それぞれ**資料Ⅰ**のA～Dのいずれかについて述べたものである。Dについて述べたものとして適切なものを，1つ選び，記号で答えなさい。〔　　〕

**資料Ⅰ**

| | 農業生産額（十億円） | 製造品出荷額等（十億円） | 小売販売《はんばい》額（十億円） | 府県庁所在地人口（千人） |
|---|---|---|---|---|
| A | 72 | 4877 | 2554 | 1418 |
| B | 34 | 16734 | 8401 | 2691 |
| C | 161 | 14960 | 4957 | 1546 |
| D | 101 | 3012 | 865 | 373 |

（農業生産額は2015年，製造品出荷額等，小売販売額は2014年，府県庁所在地人口は2017年）
（2018年版「データでみる県勢」）

**ア** 紀伊《きい》山地では，吉野すぎのような特色のある木材を生産している。
**イ** 本州四国連絡橋の一つである明石海峡大橋《あかしかいきょうおおはし》が通っている。
**ウ** 淀川《よどがわ》河口付近では，テーマパークの建設など再開発が進んでいる。
**エ** 西陣《にしじん》織などの伝統産業や，町家などの古い町なみが残っている。

(4) **資料Ⅱ**が示しているある農産物とは何か。次の**ア～エ**から1つ選び，記号で答えなさい。なお，**資料Ⅱ**の④は地図中の④と同じ県である。

**ア** みかん　**イ** いちご　**ウ** ねぎ　**エ** 茶

〔　　〕

**資料Ⅱ　ある農産物の生産県**

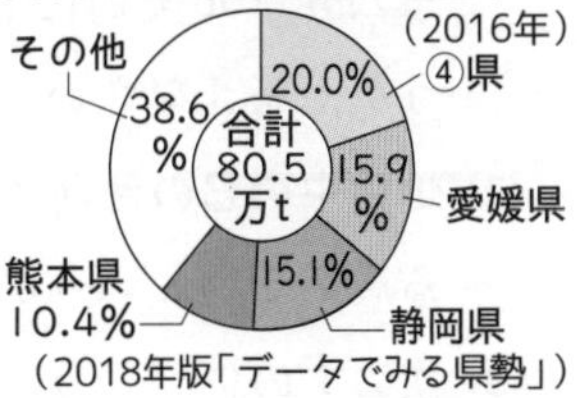


（2018年版「データでみる県勢」）

**最後にこれだけ確認！**

☐ **九州地方**
九州北部では稲作《いなさく》，南部では畑作や畜産《ちくさん》がさかん。

☐ **中国・四国地方**
瀬戸内工業地域では，**石油化学工業**がさかん。

各地方の農業や
工業の特徴を

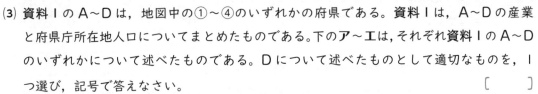

月　日

時間 30分　合格点 80点　得点　点

# 第4日 日本のさまざまな地域 ②

解答→別冊 p.10

**1** ［関東地方］次の各問いに答えなさい。（8点×4）〔福島―改〕

⑴ A県について，各問いに答えなさい。

① X市は，A県の県庁所在地である。X市の都市名を答えなさい。〔　　　〕

② A県や東京都の都市部の中心で発生する，気温が周辺地域より高くなる現象を何というか，答えなさい。

〔　　　〕

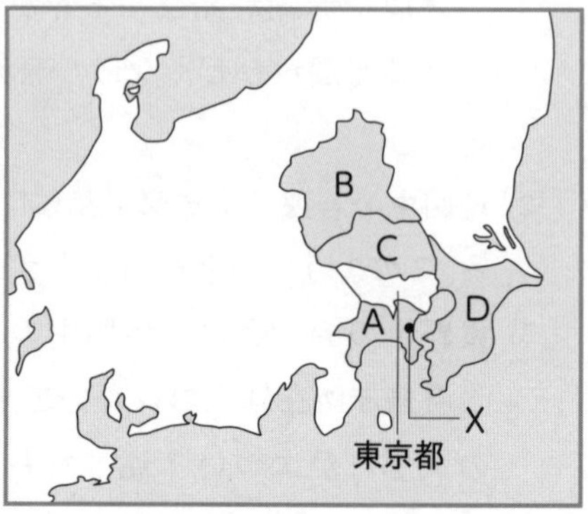


⑵ 下の表は，東京都と地図中のB県，C県，D県それぞれの工業出荷《しゅっか》額と繊維《せんい》工業，印刷・同関連業，化学工業，輸送用機械器具の製造品出荷額を表している。東京都とB県にあてはまるものを，表中の**ア**～**エ**から１つずつ選び，記号で答えなさい。　東京都〔　　〕　B県〔　　〕

| | 工業出荷額(億円) | 繊維工業(億円) | 印刷・同関連業(億円) | 化学工業(億円) | 輸送用機械器具(億円) |
|---|---|---|---|---|---|
| **ア** | 84204 | 599 | 1085 | 5406 | 31592 |
| **イ** | 139232 | 244 | 1755 | 31362 | 1294 |
| **ウ** | 125104 | 952 | 7488 | 15535 | 22059 |
| **エ** | 83550 | 748 | 10360 | 3972 | 15535 |

（2014年）　（2018年版「データでみる県勢」）

よく出る **2** ［北海道地方］次の各問いに答えなさい。（8点×3）

⑴ 地図中のAの地域には，日本最大の湿原《しつげん》が広がっている。ラムサール条約にも登録されている，この湿原を何というか，答えなさい。〔　　　〕

⑵ 地図中のBの台地でさかんな，牛を飼って牛乳などをつくる農業を何というか，答えなさい。〔　　　〕

⑶ 次の文の（　　）に共通してあてはまる語句をカタカナで答えなさい。〔　　　〕

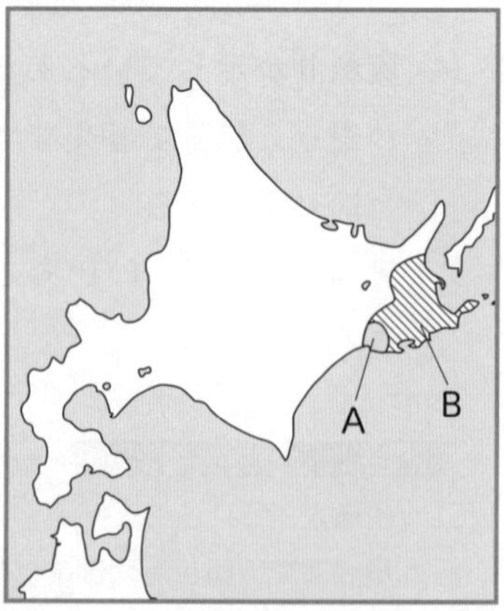


> 北海道の先住民を（　　）の人々といい，明治時代初期に屯田兵《とんでんへい》による開拓《かいたく》がすすめられたことから，（　　）の人々は，住んでいた土地をうばわれることになった。

よく出る **3** **[東北地方]** 次の地図を見て，各問いに答えなさい。（8点×3）〔新潟一改〕

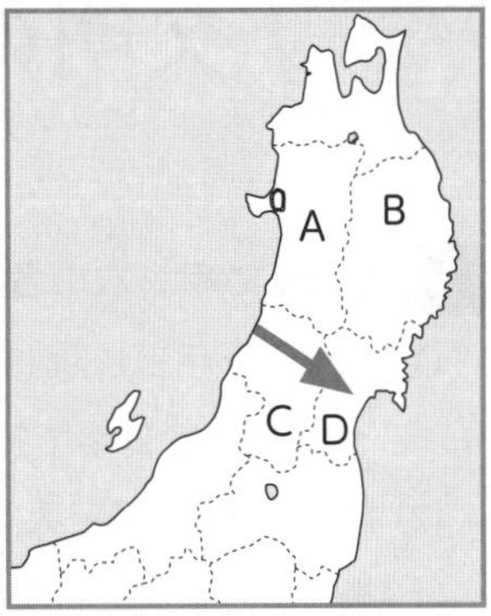


(1) 地図中の矢印に沿って，日本海側から太平洋側に向かって移動したときの説明文として，最も適当なものを，次の**ア**～**ウ**から１つ選び，記号で答えなさい。〔　　〕

**ア** 世界遺産《いさん》に登録されている白神《しらかみ》山地をすぎ，盛岡市を抜けると，北上高地では，乳牛や肉牛が飼育されていた。

**イ** 日本最長の信濃《しなの》川の河口をすぎ，十和田湖を抜けると，東京から出発した東北新幹線の終着駅に着いた。

**ウ** 米どころの庄内《しょうない》平野をすぎると，さくらんぼの果樹園が見え，さらに進むと東北地方で一番人口の多い都市に着いた。

(2) 表は，東北地方の岩手県，秋田県，宮城県，山形県のそれぞれの県の面積，人口などを示したものであり，地図中のA～Dはこれら４つの県を示したものである。表中の**イ**にあてはまる県を，A～Dから１つ選び，その記号と県名を答えなさい。

記号〔　　〕 県名〔　　　〕

| 県名 | 面積 ($km^2$) | 人口 (千人) | 産業別就業者の総数とその割合(%) | | | | 米と果実の産出額 | |
|---|---|---|---|---|---|---|---|---|
| | | | 総数(千人) | 第１次 | 第２次 | 第３次 | 米(億円) | 果実(億円) |
| **ア** | 7282 | 2330 | 1078 | 4.5 | 23.4 | 72.1 | 635 | 24 |
| **イ** | 15275 | 1268 | 636 | 10.8 | 25.4 | 63.8 | 506 | 106 |
| **ウ** | 9323 | 1113 | 562 | 9.4 | 29.1 | 61.5 | 752 | 673 |
| **エ** | 11638 | 1010 | 483 | 9.8 | 24.4 | 65.8 | 854 | 64 |

（面積，人口は2016年，それ以外は2015年）　（2018年版「データでみる県勢」）

よく出る **4** **[身近な地域]** 次の地形図は，鳥取市の一部を表した２万５千分の１地形図である。この地形図について，各問いに答えなさい。（10点×2）〔山形〕

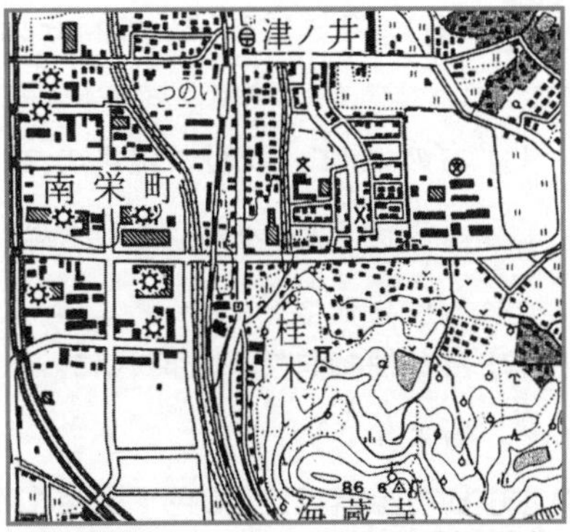


（国土地理院 ２万５千分の１地形図「鳥取南部」より作成）

(1) 地形図から読み取れる内容として誤っているものを，次の**ア**～**エ**から１つ選び，記号で答えなさい。〔　　〕

**ア** 線路の西側に複数の工場がある。

**イ** 高等学校の東側に田が，南側に畑がある。

**ウ** 傾斜《けいしゃ》地で果樹が栽培《さいばい》されている。

**エ**「つのい」駅の南東の方向に消防署がある。

(2) 地形図上で，郵便局から「桂木」にある神社までを直線で結び，長さをはかったところ３cmであった。この地形図上の３cmは，実際の直線距離《きょり》で何mになるか求めなさい。〔　　　〕m

**最後にこれだけ確認！**

☐ **関東地方**

東京都周辺の茨城県，埼玉県，群馬県などでは，野菜や花などを栽培して大都市向けに出荷する**近郊《きんこう》農業**がさかん。

☐ **東北地方**

「**日本の穀倉《こくそう》地帯**」といわれ，庄内平野や仙台《せんだい》平野などでは**稲作《いなさく》**がさかん。

月　日

第5日

# 文明のおこりと古代の日本

時間 30分
合格点 80点
得点　　点

解答→別冊 p.10

よく出る **1** [古代文明] 次の各問いに答えなさい。(6点×4)

(1) 約20万年前に現れた，現在の人類の直接の祖先を何というか，漢字2字で答えなさい。 [　　　]

(2) 約1万年前から，人々は木を切ったり加工したりするために，表面をみがいた石器を使うようになった。このような石器を何というか，答えなさい。 [　　　]

(3) 次の文は，ある古代文明がさかえた地域について説明した文である。この文にあてはまる文明が発展した地域を，地図中のア～エから1つ選び，記号で答えなさい。 [　　]

> 紀元前3000年ごろに文明がおこり，発展した。王の墓としてピラミッドがつくられ，川のはんらんの時期を知るために天文学が発達し，太陽暦《たいようれき》がつくられた。また，ものの形をかたどった象形文字《しょうけいもじ》もつくられた。

(4) 地図中のアラビア半島で，ムハンマドによって7世紀におこった宗教を何というか，答えなさい。 [　　　]

**2** [古代の社会] 次の資料を見て，各問いに答えなさい。(6点×5)

A

B

(1) 右のAは，表面に縄目《なわめ》の文様がつけられた土器で，厚手で黒褐色《こっかっしょく》のものが多かった。このような土器を何というか，答えなさい。 [　　　]

(2) Aが使われていた時代に，人々が食べ物の残りかすなどを捨てていた場所を何というか，答えなさい。 [　　　]

(3) Bの土器は，赤褐色《せきかっしょく》で薄手でかための土器であった。このような土器を何というか。また，この土器がつくられた時代について説明した文として誤っているものを，次のア～エから1つ選び，記号で答えなさい。 土器[　　　]　記号[　　]

ア 稲作《いなさく》が行われ始めた。　イ 青銅器や鉄器が使われ始めた。
ウ 高床倉庫《たかゆかそうこ》が使われ始めた。　エ 打製石器《だせいせっき》が使われ始めた。

(4) Bの土器がつくられた時代に，邪馬台国《やまたいこく》の卑弥呼《ひみこ》が中国に使いを送った。このときの中国の王朝を，次のア～エから1つ選び，記号で答えなさい。 [　　]

ア 魏《ぎ》　イ 漢《かん》(前漢《ぜんかん》)　ウ 殷《いん》　エ 秦《しん》

よく出る **3** **[古代の政治]** 次の年表を見て，各問いに答えなさい。（5点×6）

(1) 年表中のAについて，このころの政治のようすについて述べた次の文中の［①］・［②］にあてはまる語句を，それぞれ答えなさい。 ①［　　　　］ ②［　　　　］

> このころ，王を中心にして，近畿《きんき》地方の豪族《ごうぞく》で構成された［①］が誕生した。５世紀には王は［②］と呼ばれていた。

| 年代 | おもなできごと |
| --- | --- |
| 478 | 倭王武《わおうぶ》が中国の南朝に使いを送る……A |
| 593 | 聖徳太子《しょうとくたいし》が摂政《せっしょう》になる……………………B |
| 645 | 大化《たいか》の改新《かいしん》が始まる…………………………C |
| 710 | 都が（　D　）に移される |
| 743 | 墾田永年私財法《こんでんえいねんしざいのほう》が出される……………E |

(2) 年表中のBについて，聖徳太子が制定した，仏教や儒学《じゅがく》の考え方を取り入れ，役人の心構えを示した憲法を何というか，答えなさい。 ［　　　　］

(3) 年表中のCについて，大化の改新の中心人物であった中大兄皇子《なかのおおえのおうじ》は，のちに即位《そくい》して何という天皇になったか，次のア～エから１つ選び，記号で答えなさい。 ［　　］

**ア** 天武《てんむ》天皇　**イ** 天智《てんじ》天皇　**ウ** 推古《すいこ》天皇　**エ** 桓武《かんむ》天皇

(4) 年表中のDにあてはまる都の名称《めいしょう》を，漢字で答えなさい。 ［　　　　］

記述式 (5) 年表中のEについて，墾田永年私財法とは，どのようなことが定められた法であるか，簡単に説明しなさい。

［　　　　　　　　　　　　　　　　　　　　］

**4** **[平安時代]** 次の資料を見て，各問いに答えなさい。

記述式 (1) 平安時代には，貴族の藤原《ふじわら》氏が政治の実権をにぎっていた。どのようにして政治の実権をにぎったか，右の資料を参考に簡単に説明しなさい。（6点）

［　　　　　　　　　　　　］

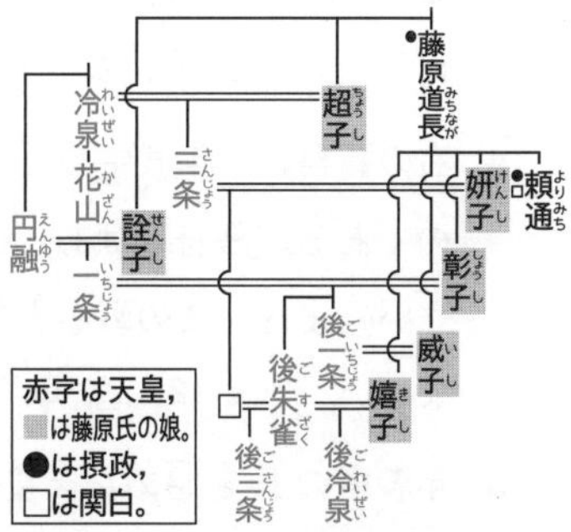


(2) 平安時代には，右下の資料のように，漢字をくずして新たな文字がつくられた。この文字を何というか，答えなさい。（5点） ［　　　　］

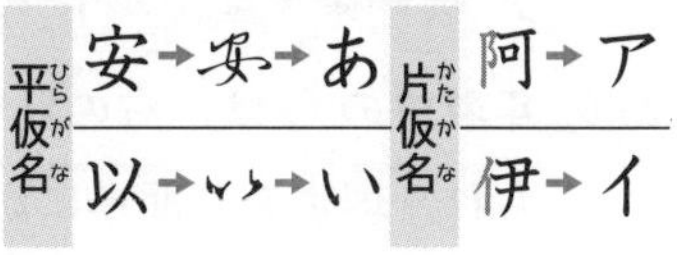


(3) (2)の文字をつかって著《あらわ》された文学作品を，次のア～エから１つ選び，記号で答えなさい。 （5点）［　　］

**ア** 日本書紀《しょき》　**イ** 万葉集《まんようしゅう》
**ウ** 源氏物語《げんじものがたり》　**エ** 古事記《こじき》

**最後にこれだけ確認！**

□ **飛鳥《あすか》文化と天平《てんぴょう》文化**

①**飛鳥文化**…７世紀前半ごろに栄えた，日本で最初の仏教文化。聖徳太子が建立した法隆寺《ほうりゅうじ》の釈迦三尊像《しゃかさんぞんぞう》が代表的。

②**天平文化**…8世紀中ごろに栄えた，仏教と唐《とう》の文化の影響《えいきょう》を受けた，国際的な文化。東大寺《とうだいじ》の正倉院宝物《しょうそういんほうもつ》が代表的。

# 第6日 中世の日本

月　日

時間 30分　合格点 80点　得点　点

解答→別冊 p.11

よく出る **1** **[中世の政治]** 次の年表を見て，各問いに答えなさい。

| 年代 | おもなできごと |
|---|---|
| 1185 | 源　頼朝《みなもとのよりとも》が，国ごとに（　A　），荘園《しょうえん》や公領《こうりょう》ごとに（　B　）を設置する |
| 1221 | 承久《じょうきゅう》の乱《らん》がおこる……………………C |
| 1232 | 執権《しっけん》の北条泰時《ほうじょうやすとき》によって（　D　）が定められる |
| 1274 | 文永《ぶんえい》の役《えき》がおこる ｝E |
| 1281 | 弘安《こうあん》の役がおこる |
| 1333 | 建武《けんむ》の新政《しんせい》が始まる ……………………F |
| 1404 | 足利義満《あしかがよしみつ》によって勘合貿易《かんごうぼうえき》(日明《にちみん》貿易)が始まる……………………G |
| 1467 | 応仁《おうにん》の乱がおこる……………………H |

(1) 年表中のA，Bにあてはまる語句を，それぞれ答えなさい。(5点×2)

A［　　　］ B［　　　］

(2) 年表中のCについて，説明した文として正しいものを，次のア～エから１つ選び，記号で答えなさい。(5点)　［　　］

**ア** この戦いに勝利した平清盛《たいらのきよもり》が，政治の実権をにぎった。

**イ** 天智《てんじ》天皇の子と弟が争った戦いであった。

**ウ** 後鳥羽上皇《ごとばじょうこう》が兵をあげたことがきっかけで始まった。

**エ** 瀬戸内海で藤原純友《ふじわらのすみとも》が武士団を率いておこした戦いであった。

(3) 年表中のDにあてはまる，武家社会の慣習にもとづいて裁判の判断基準を示した法律を何というか，答えなさい。(6点)　［　　　］

(4) 右の資料は，年表中のEの戦いのようすをえがいたものである。幕府軍は**あ**・**い**のどちらか，記号で答えなさい。また，この戦いを何というか，漢字２字で答えなさい。(5点×2)　記号［　　］　戦い［　　　］

(5) 年表中のFを始めた天皇を，次の**ア**～**エ**から１つ選び，記号で答えなさい。(5点)［　　］

**ア** 後一条《ごいちじょう》天皇　**イ** 後醍醐《ごだいご》天皇　**ウ** 三条《さんじょう》天皇　**エ** 白河《しらかわ》天皇

記述式 (6) 年表中のGは，右の資料を用いて明と行われた。この資料が貿易で用いられた理由を，簡単に説明しなさい。(6点)

［　　　　　　　　　　　　　　　　］

(7) 年表中のHについて説明した文として正しくないものを，次の**ア**～**エ**から１つ選び，記号で答えなさい。(6点)　［　　］

**ア** 第８代将軍足利義政《よしまさ》のあとつぎ問題が原因の１つである。

**イ** この戦い以降，下剋上《げこくじょう》の風潮が全国に広がった。

**ウ** この戦いは，京都から始まり約11年間続いた。

**エ** この戦いのあと，朝廷や西国の武士を監視《かんし》する六波羅探題《ろくはらたんだい》が設置された。

**2** **[中世の社会]** 次の中世の社会について述べた文を読んで，各問いに答えなさい。(6点×5)

A 草木を焼いた灰を肥料として使い，同じ田畑で米と麦をつくる（　　　）が始まった。
B 交通では，陸路で物資を運ぶ業者や問《とい》と呼ばれる運送業者が活躍《かつやく》していた。
C 農村では，有力な農民を中心とした自治組織がつくられた。
D 町では，商工業者のあいだで，（　　　）と呼ばれる同業者の団体がつくられ，営業を独占《どくせん》していた。

(1) Aの(　　　)にあてはまる語句を，答えなさい。　[　　　　]

(2) 右の資料は，Bの下線部の業者をえがいている。この業者を何というか，答えなさい。　[　　　　]

(3) Cについて，次の各問いに答えなさい。

① 下線部の自治組織を何というか，答えなさい。　[　　　　]

記述式 ② Cのころ，各地の農村では農民が団結して土《つち》《ど》一揆《いっき》をおこしていた。右の資料は，15世紀前半におこった土一揆の記録を示したものである。この資料から，農民たちは何を目的として土一揆をおこしたか，説明しなさい。

[　　　　　　　　　　　　　　　　]

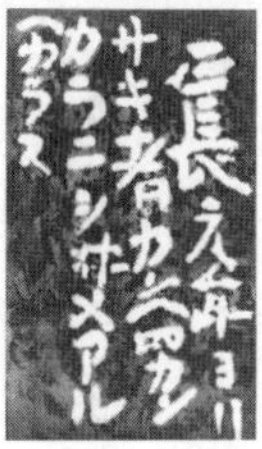


(4) Dについて，（　　　）にあてはまる語句を，答えなさい。　[　　　　]

**3** **[中世の仏教・文化]** 次の各問いに答えなさい。

(1) 右の表は，鎌倉時代に人々に広まった仏教の宗派である。表中のA～Cにあてはまる宗派名を答えなさい。(4点×3)

A[　　　　]　B[　　　　]　C[　　　　]

| 宗派 | 広めた人物 |
|---|---|
| 浄土《じょうど》宗 | 法然《ほうねん》 |
| （ A ） | 親鸞《しんらん》 |
| （ B ） | 一遍《いっぺん》 |
| 日蓮《にちれん》宗 | 日蓮 |
| （ C ） | 栄西《ようさい》《えいさい》・道元《どうげん》 |

(2) 右下の資料は，足利義満が建てた建物である。この建物を何というか，答えなさい。(6点)　[　　　　]

(3) 室町文化にあてはまらないものを，次の**ア**～**エ**から1つ選び，記号で答えなさい。(4点)　[　　　　]

**ア** 能《のう》　**イ** 水墨画《すいぼくが》　**ウ** 狂言《きょうげん》　**エ** 寝殿造《しんでんづくり》

**最後にこれだけ確認！**

□**鎌倉幕府《ばくふ》の将軍と御家人《ごけにん》の関係**

①**御恩《ごおん》**…将軍が御家人の所有していた領地を保護したり，新しい土地をあたえたりした。

②**奉公《ほうこう》**…天皇の住まいや幕府を警備し，戦いがおこったときは，幕府のために命をかけて戦った。

将軍と御家人の結びつきは強かったんだね。

月　　日

# 第7日　近世の日本

時間 30分
合格点 80点
得点　　点

解答→別冊 p.11

## 1 ［ヨーロッパの発展と海外進出］次の文を読んで，各問いに答えなさい。（7点×5）

カトリック教会の頂点の立場である（　A　）は，11世紀末にキリスト教の聖地であるエルサレムをイスラム世界の人々から奪還《だっかん》するため，西ヨーロッパ諸国の王や貴族に呼びかけて（　B　）を組織し，派遣《はけん》したが失敗した。14世紀には古代ギリシャ・ローマの文化を見直そうという（　C　）と呼ばれる新しい風潮が生まれた。その後15世紀後半には新航路を開拓《かいたく》する$_D$大航海時代が始まった。また，16世紀におこった$_E$宗教改革の影響《えいきょう》もあり，ヨーロッパの人々がアジアに進出する機会が多くなった。

(1) 文中のA～Cにあてはまる語句を，それぞれ答えなさい。

A［　　　　　　］　B［　　　　　　］　C［　　　　　　］

(2) 文中のDについて，右の地図中の**ア**～**ウ**は，ヨーロッパの人々が開拓《かいたく》した新たな航路である。このうち，コロンブスが開拓した航路を1つ選び，記号で答えなさい。［　　　］

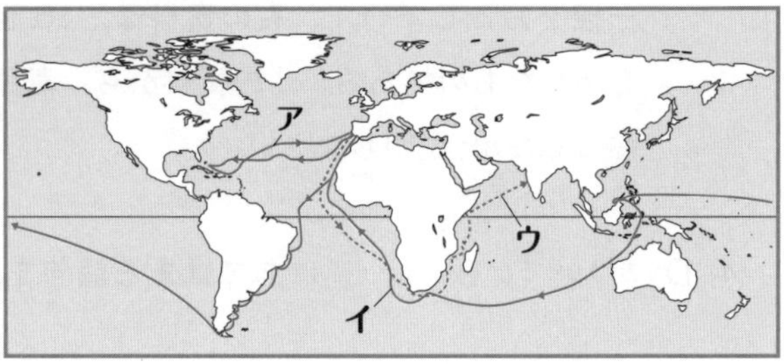


(3) 文中のEについて，16世紀に，カトリック教会が免罪符《めんざいふ》を売り出したことを批判《ひはん》し，聖書に信仰《しんこう》のよりどころをおくべきだと唱え，ドイツで宗教改革を始めた人物はだれか，答えなさい。

［　　　　　　］

## 2 ［全国統一にむけて］次の各問いに答えなさい。（5点×3）

(1) 織田信長《おだのぶなが》が行ったこととして正しいものを，次の**ア**～**エ**から1つ選び，記号で答えなさい。

［　　　］

**ア** 朝鮮出兵《ちょうせんしゅっぺい》を行った。　**イ** 太閤検地《たいこうけんち》を行った。
**ウ** 勘合《かんごう》貿易を始めた。　**エ** 楽市《らくいち》・楽座《らくざ》の政策を行った。

(2) 右の資料は，豊臣秀吉《とよとみひでよし》が出した法令である。この法令を何というか，漢字3字で答えなさい。［　　　　　　］

(3) 桃山《ももやま》文化が栄えたころに，わび茶の作法を完成させた人物を，次の**ア**～**エ**から1つ選び，記号で答えなさい。

［　　　　　　］

**ア** 出雲《いずも》の阿国《おくに》　**イ** 狩野永徳《かのうえいとく》
**ウ** 千利休《せんのりきゅう》　**エ** 雪舟《せっしゅう》

> 諸国の百姓《ひゃくしょう》が刀やわきざし，弓，やり，鉄砲《てっぽう》などを持つことは，かたく禁止する。…（略）一揆《いっき》をくわだて，領主によからぬ行為《こうい》をする者は，もちろん処罰《しょばつ》する。
> （部分要約）

よく出る **3** [江戸時代の政治・文化] 次の年表を見て，各問いに答えなさい。

| 年代 | おもなできごと |
| --- | --- |
| 1603 | 徳川家康《とくがわいえやす》が征夷大将軍《せいいたいしょうぐん》になる…………A |
| 1641 | 平戸《ひらど》のオランダ商館を長崎の(　　)に移す……………………………………B |
| | ↕X |
| 1716 | 享保《きょうほう》の改革が行われる……………………C |
| 1772 | 田沼意次《たぬまおきつぐ》による政治が行われる………D |
| 1787 | 寛政《かんせい》の改革が行われる……………………E |
| 1841 | 天保《てんぽう》の改革が行われる……………………F |

(1) 年表中のAについて，次の各問いに答えなさい。

① 徳川家康が開いた江戸幕府《えどばくふ》は，大名《だいみょう》を３つに分けた。このうち，関ヶ原《せきがはら》の戦い以後に徳川氏に従った大名を何というか，答えなさい。(6点)　[　　　　]

記述式 ② 江戸幕府第３代将軍徳川家光《いえみつ》が定めた参勤交代《さんきんこうたい》とは，どのような制度であったか，簡単に説明しなさい。(9点)

[　　　　　　　　　　]

(2) 年表中のBについて，次の各問いに答えなさい。(5点×2)

① (　　　)にあてはまる語句を答えなさい。　[　　　　]

② Bのできごと以降，日本は鎖国《さこく》体制が固まったが，一部の国とは特定の藩《はん》を窓口として貿易や交易が続いていた。窓口である藩と国の組み合わせとして正しいものを，次の**ア**～**ウ**から１つ選び，記号で答えなさい。　[　　]

**ア** 水戸《みと》藩－アイヌの人々　**イ** 長州《ちょうしゅう》藩－琉球王国《りゅうきゅうおうこく》　**ウ** 対馬《つしま》藩－朝鮮国《ちょうせんこく》

(3) 次の①～③の政策が行われた改革や政治にあてはまるものを，年表中のC～Fから１つずつ選び，記号で答えなさい。(5点×3)　①[　　]　②[　　]　③[　　]

① 株仲間《かぶなかま》をつくることを奨励《しょうれい》し，特権をあたえるかわりに営業税をとった。

② 江戸の湯島《ゆしま》に昌平坂学問所《しょうへいざかがくもんじょ》をつくり，ここでは朱子学《しゅしがく》以外の学問を教えることを禁止した。

③ 裁判の基準となる公事方御定書《くじかたおさだめがき》を定め，庶民《しょみん》の意見を聞くために目安箱《めやすばこ》を設置した。

(4) 右の資料は，年表中のXのあいだに上方《かみがた》の町人を中心に栄えた文化のころにえがかれた絵である。Xのあいだに栄えた文化を何というか，答えなさい。また，絵の作者を次の**ア**～**エ**から１つ選び，記号で答えなさい。(5点×2)

文化[　　　　　　]　記号[　　]

**ア** 喜多川歌麿《きたがわうたまろ》　**イ** 菱川師宣《ひしかわもろのぶ》　**ウ** 葛飾北斎《かつしかほくさい》　**エ** 歌川広重《うたがわひろしげ》

最後にこれだけ確認！

□江戸幕府のしくみ

①**幕藩《ばくはん》体制**…幕府と藩の力で，全国の土地と人々を支配する。

②**武家諸法度《ぶけしょはっと》**…大名を統制する法。大名が許可なく城を修理したり，大名どうしが無断で縁《えん》組みしたりすることなどを禁止。

月　日

# 第8日　近・現代の日本と世界 ①

時間 30分　合格点 80点　得点　点

解答→別冊 p.12

よく出る **1** **[開国から明治維新]** 次のA～Dのできごとについて，あとの各問いに答えなさい。(6点×5)

A 大老《たいろう》の井《い》伊《い》直弼《なおすけ》がアメリカ合衆国と条約を結ぶ。

B 徳川慶喜《よしのぶ》は，政権を朝廷《ちょうてい》に返上した。

C 王政復古の大号令が発せられ，天皇を中心とする政治にもどすことが宣言された。

D 天皇が神に誓《ちか》う形で，新政府の方針が示された。

(1) Aについて，①この条約の名称《めいしょう》を答えなさい。②この条約の内容を次の**ア**～**エ**から２つ選び，記号で答えなさい。　①〔　　　〕　②〔　・　〕

**ア** アメリカ合衆国の領事裁判権を認めた。

**イ** 下田《しもだ》と函館《はこだて》の２港を開く。

**ウ** アメリカ船に対して食料・水・石炭などを供給する。

**エ** 日本に関税自主権が認められなかった。

(2) Bのできごとを何というか，漢字４字で答えなさい。

〔　　　〕

(3) Cにあたり，西郷隆盛《さいごうたかもり》とともに中心的な役割をはたした公家はだれか，答えなさい。

〔　　　〕

(4) Dの方針を示した文書は何と呼ばれているか，答えなさい。　〔　　　〕

よく出る **2** **[税制改革]** 右の史料は，税制改革にあたり発行された地券である。各問いに答えなさい。(6点×4)〔兵庫〕

地券
三河国碧海郡枡塚村
字新林五十番　同国同郡同村
一畑壱反弐畝二十八歩　持主 野田善十郎
地価弐拾四円六拾弐銭
此百分ノ三　金七拾三銭九厘　地租
明治十年ヨリ
此百分弐ヶ半　金六拾壱銭六厘　地租
右検査之上授与之
明治十一年六月一日　愛知県

(1) この改革を何というか，答えなさい。　〔　　　〕

(2) この改革で，政府は課税の基準，税の納め方をどのように変えたのか。次の文中の A ， B にあてはまる語を答えなさい。　A〔　　　〕　B〔　　　〕

・課税の基準を A にし，税は米から B にその納め方を変えた。

記述式 (3) この改革は，何を目的にして行われたか，簡単に説明しなさい。

〔　　　〕

よく出る **3** **[大正時代から昭和時代へ]** 右の年表を見て，次の各問いに答えなさい。

| 年代 | おもなできごと |
|---|---|
| 1912 | 第一次護憲運動がおこる……………………………A |
| 1914 | 第一次世界大戦が始まる……………………………B |
| 1918 | □が政党内閣を組織する……………………………C |
| 1925 | 普通選挙法が成立する………………………………D |
| 1929 | 世界恐慌《きょうこう》がおこる…………………………………E |

(1) 大正時代は，年表中のAに始まり，政党政治や普通選挙の実現をめざす民衆の思想や運動が高まった時代であったが，このような社会の風潮を何と呼んでいるか，答えなさい。

[　　　　　　] (6点)

(2) 年表中のBについて，次の図は，第一次世界大戦前を表している。右の図中のA，Bにあてはまる同盟関係の名称を答えなさい。(6点×2)

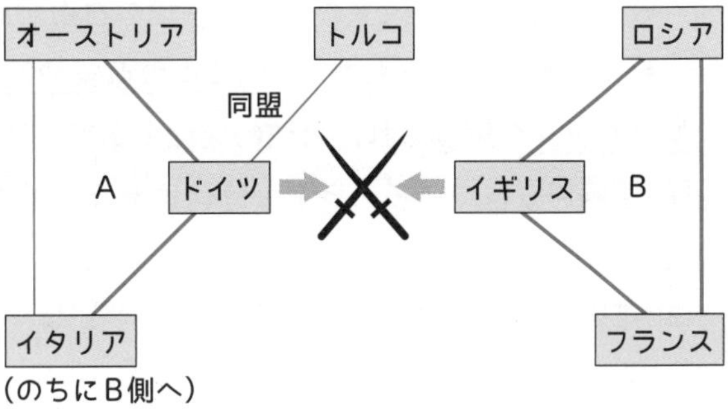


A [　　　　　] B [　　　　　]

(3) 年表中のCについて，□にあてはまる人名を答えなさい。(6点) [　　　　　]

(4) 年表中のDと同時に制定された法律で，社会主義の取り締《し》まりを目的としたものを何というか，答えなさい。(6点) [　　　　　]

(5) 年表中のEについて，次の文を読んで，あとの各問いに答えなさい。(4点×4)

世界恐慌に対して，各国はさまざまな対策をとった。イギリスやフランスは a旧植民地や植民地との結びつきを強化し，それ以外の外国商品に対する関税を高めて市場から排除《はいじょ》する政策をとった。しかし，こうした政策は，b植民地の少ないドイツ・イタリアなどの反発をまねき，これらの国を軍事侵略《しんりゃく》による解決に向かわせることとなった。これに対し，アメリカは c政府が国内需要《じゅよう》をつくり出し，生産力を回復させる政策をとった。

① 下線部aの経済政策は何と呼ばれているか，答えなさい。 [　　　　　]

② 下線部bについて，これらの国で行われた，反民主主義・反自由主義をかかげ，強い軍事力で国民を支配する独裁政治を何というか，答えなさい。 [　　　　　]

③ 下線部cについて，この経済政策を何というか。また，この政策を始めた大統領はだれか，答えなさい。

政策 [　　　　　　　] 大統領 [　　　　　]

**最後にこれだけ確認！**

□ **明治政府の三大改革**

①**学制の公布**…満6歳《さい》以上の男女を小学校に通わせることが義務づけられた。

②**徴兵《ちょうへい》制**…満20歳以上の男子に兵役の義務を負わせた。

③**地租改正**…土地の所有者と地価を定めて地券を発行し，地価の3%を現金で納めさせた。

# 近・現代の日本と世界 ②

月　　日

時間 30分　合格点 80点　得点　　点

解答→別冊 p.12

よく出る **1** **［占領と戦後改革］** 次の文を読んで，あとの各問いに答えなさい。（7点×6）

a日本が無条件降伏《こうふく》すると，b連合国軍は日本を占領《せんりょう》した。日本政府は，連合国軍総司令部の指示を受け，さまざまな民主化政策に取り組んだ。

政治の面では，c政党の活動や言論の自由が認められ，d選挙権の拡大もはかられた。

経済の面では，それまでのe日本の産業や経済を独占してきた三井・三菱《みつびし》・住友などの企《き》業《ぎょう》グループが解体され，封建的な地主制度が残っていたf農村の民主化も行われた。

(1) 下線部aについて，日本が降伏にあたって受諾《じゅだく》した宣言は何か，答えなさい。〔　　　　〕

(2) 下線部bについて，連合国軍の中心となったのは，どこの国の軍隊だったか。国名を答えなさい。〔　　　　〕

(3) 下線部cについて，戦時中，ほとんどの政党は解散し，ある組織に合流した。この組織の名称《めいしょう》を，次のア～エから１つ選び，記号で答えなさい。〔　　〕

**ア** 産業報国会　**イ** 大政翼賛会《たいせいよくさんかい》　**ウ** 愛国社　**エ** 大東亜会議《だいとうあかいぎ》

記述式 (4) 下線部dについて，これによりどのような人が選挙権をもつようになったのか。選挙権の要件を答えなさい。〔　　　　〕

(5) 下線部eを何と呼んでいるか。漢字２字で答えなさい。〔　　　　〕

(6) 下線部fについて，右の図の A ～ C にあてはまる語の組み合わせを次のア～エから１つ選び，記号で答えなさい。〔　　〕

**ア** A－自作　B―小作　C－自小作
**イ** A－自作　B―自小作　C－小作
**ウ** A－小作　B―自作　C－自小作
**エ** A－小作　B―自小作　C－自作

自作・小作別農家の割合

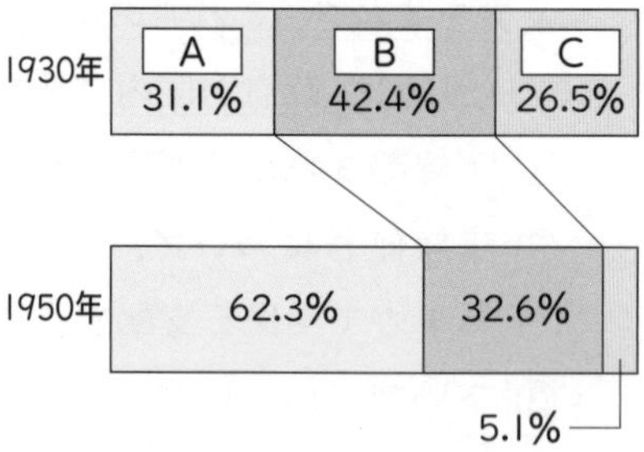


**2** **［現代の世界］** 次の各問いに答えなさい。

(1) 沖縄返還に関連して表明された日本の政策で，核《かく》兵器を「持たず，つくらず，持ちこませず」を内容とするものを何というか，答えなさい。（8点）〔　　　　〕

(2) 現在のドイツの首都を東西に分断していたもので，1989年，民衆によってこわされたものは何か，答えなさい。（7点）〔　　　　〕

(3) 1991年に解体された，最初の社会主義国家の名称を答えなさい。（7点）

〔　　　　〕

よく出る **3** **［東西世界の対立と日本の独立］** 次の年表を見て，各問いに答えなさい。（6点×6）

(1) 年表中のAについて，次の各問いに答えよ。

① 国際連合は戦後の平和の維持《いじ》が目的であったが，いっぽうではアメリカを中心とする陣営《じんえい》とソ連を中心とする陣営が，実際には戦火をまじえないもののきびしく対立した。この両陣営のきびしい対立は何と呼ばれていたか，答えなさい。〔　　　〕

| 年代 | おもなできごと |
|---|---|
| 1945 | 国際連合が成立する…………………………A |
| 1949 | 中華人民共和国《ちゅうかじんみんきょうわこく》が成立する………………B |
| 1950 | 朝鮮《ちょうせん》戦争がおこる…………………………C |
| 1951 | サンフランシスコ平和条約が結ばれる…D |
| 1956 | 日本とソ連との国交が回復される………E |

② 日本の国際連合加盟が認められた時期を，次の**ア**～**エ**から１つ選び，記号で答えなさい。

**ア** BとCの間　**イ** CとDの間　**ウ** DとEの間　**エ** Eの後　〔　　　〕

(2) 年表中のBについて，これにより従来の国民政府はどこに移ったか。地名を答えなさい。

〔　　　〕

(3) 年表中のCが日本にあたえた影響《えいきょう》として最も適当なものを，次の**ア**～**エ**から２つ選び，記号で答えなさい。〔　　・　　〕

**ア** 南側の大韓民国《だいかんみんこく》を朝鮮半島における正当な政府として認め，経済援助《えんじょ》を開始した。

**イ** GHQの指令で警察予備隊が設置された。

**ウ** 軍事物資などの日本での調達により特需《とくじゅ》が生まれ，日本の経済復興が進んだ。

**エ** 沖縄諸島がアメリカ軍の単独支配下におかれ，広大な基地が建設された。

(4) 年表中のDについて，次の各問いに答えなさい。

① サンフランシスコ平和条約に関して述べた文として正しいものを，次の**ア**～**エ**から１つ選び，記号で答えなさい。〔　　　〕

**ア** 日本は，アメリカなど48か国と国交を回復し，独立国としての主権を回復した。

**イ** 民族自決を唱えるアメリカ大統領の提案に基《もと》づき，世界平和と国際協調をうたう国際連盟が誕生した。

**ウ** アメリカの仲立ちにより条約が結ばれ，ロシアは，韓国における日本の優越権などを認めた。

**エ** アメリカの呼びかけで会議が開かれ，日本は，第一次世界大戦中に得た山東《さんとう》《シャントン》半島の権益を中国に返還《へんかん》した。

② サンフランシスコ平和条約と同時にアメリカとの間で結ばれた条約で，アメリカ軍の日本駐留《ちゅうりゅう》の継続《けいぞく》を認めたものは何か。その名称を答えなさい。〔　　　〕

**最後にこれだけ確認！**

□ **第二次世界大戦後のおもな民主化政策**

①**財閥《ざいばつ》解体**…日本の経済を支配していた財閥を解体。

②**農地改革**…地主がもつ小作地を政府が強制的に買い上げ，小作人に安く売り渡した。

③**女性の政治参加**…選挙権を満20歳《さい》以上の男女すべてにあたえた。

月　　日

# 第10日 仕上げテスト

時間 30分
合格点 70点
得点　　点

解答→別冊 p.13

よく出る **1** ［日本地理総合］右の地図を見て，次の問いに答えなさい。（10点×5）〔長崎〕

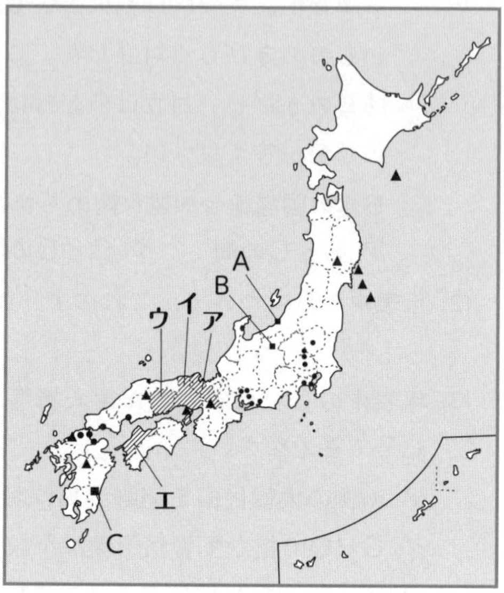


(1) 地図のア～エのうち，次の条件①，②を２つとも満たす都道府県を，ア～エから１つ選び，記号で答えなさい。また，その都道府県名を漢字で答えなさい。　記号〔　　〕
都道府県名〔　　　〕

条件
① 瀬戸内海に面している。
② 日本標準時の基準となっている経線が通っている。

(2) 地図の▲は 1995 ～ 2018 年７月までにおきたおもな地震《じしん》の震源を示している。日本列島はある造山帯に属していることから，しばしば地震がおこる。日本列島が属するこの造山帯を何というか，答えなさい。〔　　　　　〕

(3) 右のグラフは日本の工業出荷《しゅっか》額の割合を示し，X～Zは食料品工業，金属工業，機械工業のいずれかである。また，地図の●はグラフのYに分類されるある製品を生産する工場のおもな所在地を示している。その製品を次のア～エから１つ選び，記号で答えなさい。〔　　〕

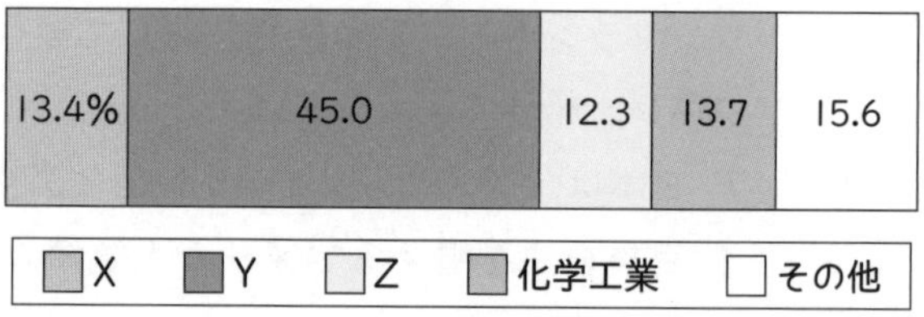

（2015年）　（2018/19年版「日本国勢図会」）

ア 鉄鋼　　イ IC
ウ ビール　エ 自動車

(4) 右のア～ウは，地図のA～Cの都市の気温と降水量を示したものである。Aの都市を示すグラフを１つ選び，記号で答えなさい。〔　　〕

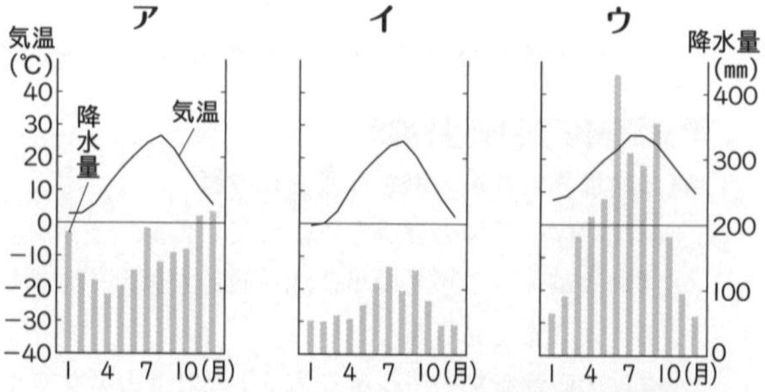

（平成30年版「理科年表」）

よく出る **2** **[日本史総合]** 次の各問いに答えなさい。(10点×5)〔鳥取〕

(1) 18世紀から19世紀にかけての政治の流れをあらわした次の図を見て，各問いに答えなさい。

| A | | B | | C | | |
|---|---|---|---|---|---|---|
| 享保《きょうほう》の改革 | → | 田沼《たぬま》の政治 | → | 寛政《かんせい》の改革 | → | 天保《てんぽう》の改革 |

① Aの改革を行った中心人物はだれか，漢字で答えなさい。 〔　　　〕

② Bの時代，商工業者に対して積極的に結成が奨励《しょうれい》された組織を答えなさい。

〔　　　〕

③ Cの改革で行われた政策について述べたものを，次の**ア**～**エ**から１つ選び，記号で答えなさい。 〔　　〕

**ア** 長崎をとおして，銅や海産物をさかんに輸出し，金・銀を輸入した。

**イ** 江戸《えど》や大阪周辺の大名《だいみょう》・旗本《はたもと》領の農村を幕府《ばくふ》の領地にしようとして，大名・旗本の反対にあった。

**ウ** 参勤交代《さんきんこうたい》をゆるめて，そのかわりに幕府に米を献上《けんじょう》させた。

**エ** 農村に倉を設けて米をたくわえさせた。

(2) 右の年表を見て，各問いに答えなさい。

| 年代 | できごと |
|---|---|
| 1871 | 廃藩置県《はいはんちけん》 |
| 1873 | 地租改正《ちそかいせい》 |
| 1895 | (　A　) |
| 1905 | (　B　) |
| 1915 | (　C　) |
| 1929 | 世界恐慌《きょうこう》おこる |

① 次の**ア**～**ウ**の文は，それぞれ年表中のA～Cのいずれかのできごとに関する外交文書の内容である。**ア**～**ウ**を古い順に並べかえ，記号で答えなさい。

〔　　→　　→　　〕

**ア** ○中国政府は，ドイツが山東《さんとう》《シャントン》省《しょう》にもっているいっさいの権利を日本にゆずる。
○日本の旅順《りょじゅん》《リュイシュン》・大連《だいれん》《ターリエン》の租借《そしゃく》の期限，南満州《みなみまんしゅう》鉄道の利権の期限を99か年延長する。

**イ** ○清国は朝鮮《ちょうせん》国の独立を認める。
○賠償金《ばいしょうきん》2億両《テール》を日本に支払う。

**ウ** ○ロシアは，韓国における日本の政治・軍事・経済上の優越《ゆうえつ》権を認める。
○旅順・大連の租借権，長春《ちょうしゅん》《チャンチュン》以南の，鉄道利権を日本へゆずりわたす。

② 世界恐慌のころに，3か国がとっていた政策の組み合わせとして正しいものを，次の**ア**～**エ**から１つ選び，記号で答えなさい。

**ア** イギリス：ニューディール政策　アメリカ：ブロック経済　ソ連：計画経済

**イ** イギリス：ブロック経済　アメリカ：ニューディール政策　ソ連：計画経済

**ウ** イギリス：ブロック経済　アメリカ：計画経済　ソ連：ニューディール政策

**エ** イギリス：計画経済　アメリカ：ニューディール政策　ソ連：ブロック経済

〔　　〕

月　日

# 第1日 身のまわりの現象

時間 30分
合格点 80点
得点　点

解答→別冊 p.14

よく出る **1** **[光の性質]** 図1は，光が空気中からガラス，ガラスから空気中へ進むときの道筋を，図2は，ガラスを通して2本のチョークを観察したときの見え方を調べたものである。次の問いに答えなさい。(10点×3)

図1

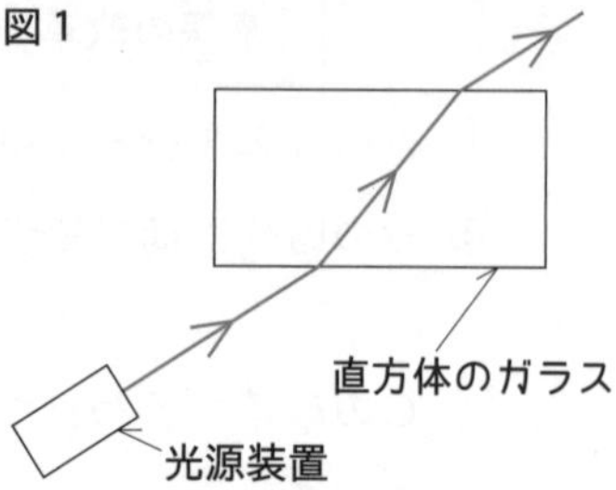


(1) 次の文の空欄《くうらん》の①，②にあてはまる語句の組み合わせを，ア～エから選びなさい。［　　］

光が空気中からガラスへ進むときは，入射角の大きさは屈《くっ》折角《せつかく》の大きさよりも(　①　)，光がガラスから空気中へ進むときは，入射角の大きさは屈折角の大きさよりも(　②　)なる。

図2

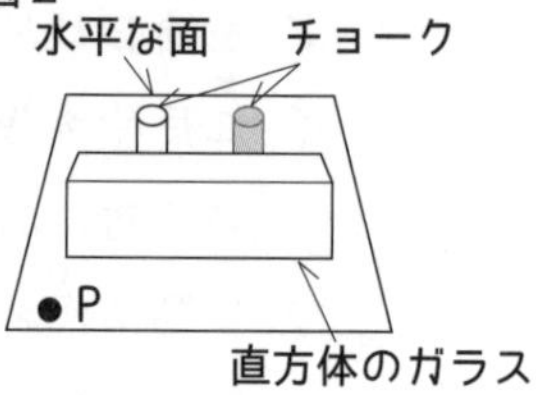


**ア** ①大きく，②大きく　**イ** ①大きく，②小さく
**ウ** ①小さく，②大きく　**エ** ①小さく，②小さく

(2) 図2の点Pの位置から直方体のガラスを通してチョークを観察したとき，チョークはどのように見えるか。右のア～エから選びなさい。［　　］

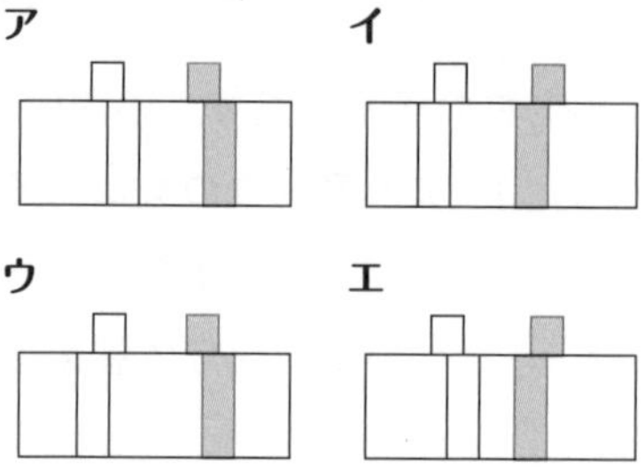


(3) 図1で光源装置の位置を変えていくと，境界面で屈折する光がなくなり，反射する光だけになった。この現象を何といいますか。［　　　］

**2** **[凸レンズと像]** 図のように，凸レンズを使ってできる像について調べた。これについて，次の問いに答えなさい。(10点×2)

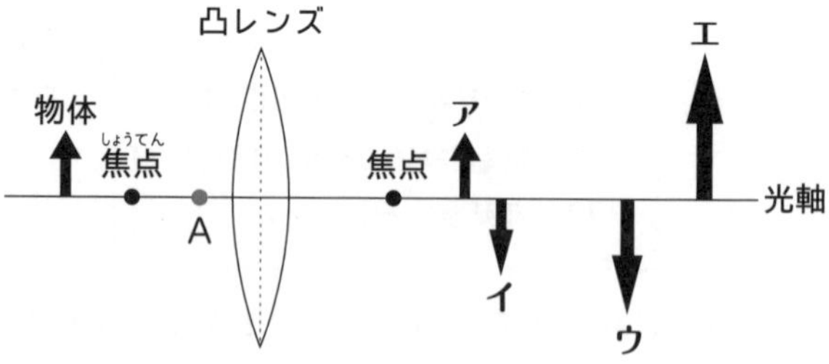


(1) 凸レンズによってできる物体の像はどのようになるか。図のア～エから選びなさい。［　　］

(2) 物体を点Aの位置に置いたときにできる像について，次のア～エから正しいものを選びなさい。［　　］

**ア** 物体と上下左右が逆向きで，物体よりも小さい像ができる。
**イ** 物体と上下左右が逆向きで，物体よりも大きい像ができる。
**ウ** 物体と上下左右が同じ向きで，物体よりも小さい像ができる。
**エ** 物体と上下左右が同じ向きで，物体よりも大きい像ができる。

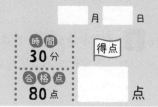

よく出る **3** **[音の性質]** 次の文を読み，あとの問いに答えなさい。

図1はおんさAを，図2はおんさBをたたいたときの音による振動《しんどう》を，オシロスコープで測定したものである。ただし，図1，2の縦軸《たてじく》，横軸の目盛りの間隔は同じであり，横軸は時間を表している。

図1

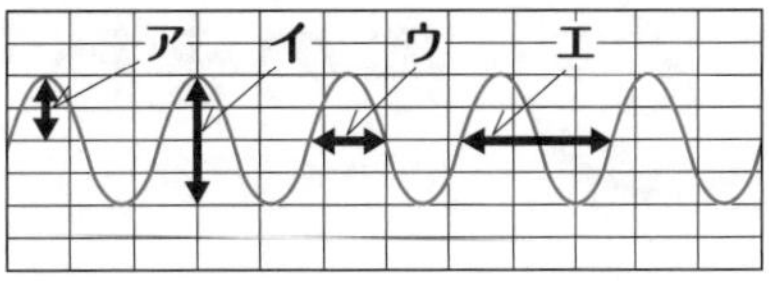


図2

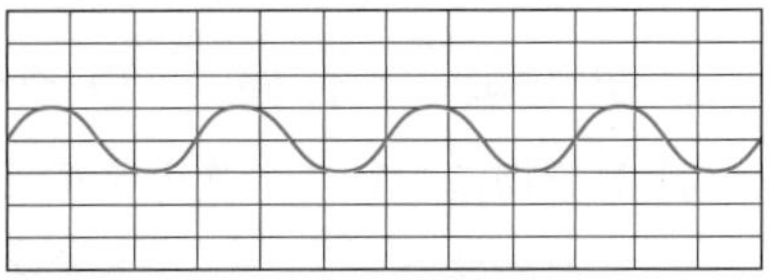

(1) 振幅《しんぷく》を表す矢印はどれか。図1の**ア**～**エ**から選びなさい。(8点) [　　]

(2) 次の文の①，②の(　)の中の**ア**～**エ**から適当なものを選びなさい。(7点×2)　① [　　]　② [　　]

おんさAとおんさBの音の大きさを比べると，おんさ①(**ア**　A　**イ**　B)のほうが大きな音が出た。また，おんさAとおんさBの音の高さを比べると，おんさ②(**ウ**　A　**エ**　B)のほうが高い音が出た。

記述式 (3) おんさをたたいたときの音をより大きくする方法を1つ，簡単に書きなさい。(10点)

[　　　　　　　　　　]

**4** **[力のつりあい]** 力のつりあいについて，次の問いに答えなさい。(6点×3)

(1) 物体を引く2力A，Bがつりあっているのはどれか。次の**ア**～**エ**から選び，その記号を書きなさい。ただし，矢印の長さは力の大きさを表すものとする。 [　　]

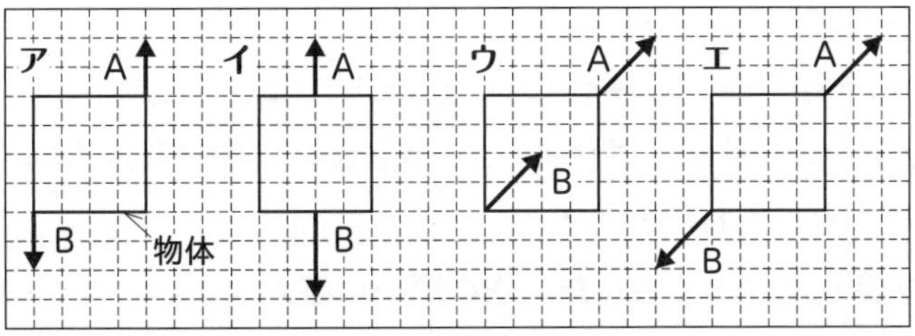

(2) 右の図のように水平な床面《ゆかめん》の上で静止している物体には，つりあっている2力がはたらいている。物体にはたらいている力①と力②をそれぞれ何といいますか。　① [　　　]　② [　　　]

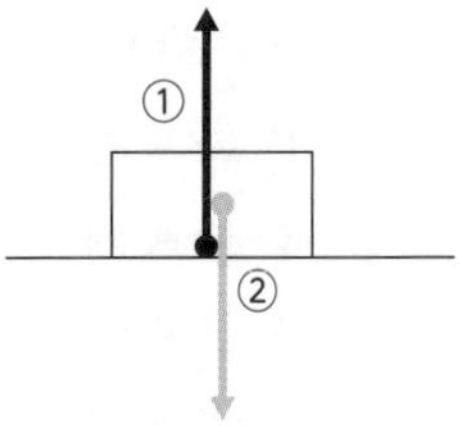


最後にこれだけ確認！

確認チェック

□ 音の性質

①音源の振幅が大きいほど，大きな音になる。

②音源の振動数が多いほど，高い音になる。

□ 1つの物体にはたらく2力のつりあいの条件

①2力が一直線上にある。

②2力の大きさが等しい。

③2力の向きが逆向きである。

第2日

# 身のまわりの物質

月　　日

時間 30分
合格点 80点
得点　　点

解答→別冊 p.14

**1** ［有機物］次の問いに答えなさい。（7点×2）

(1) 有機物であるものを，次の**ア**～**エ**からすべて選びなさい。　［　　　　］

**ア** 砂糖　　**イ** 鉄　　**ウ** 食塩　　**エ** デンプン

(2) 有機物について，次の文の空欄《くうらん》にあてはまる語句を書きなさい。　［　　　　］

有機物は，［　　　］を含《ふく》む物質である。

**2** ［金属］右の図は，ある金属Aを 60.0 $cm^3$ の水が入ったメスシリンダーに入れたときのようすを表したものである。これについて，次の問いに答えなさい。（7点×3）

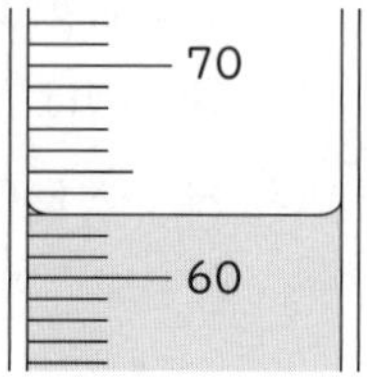


(1) 金属の性質として正しくないものを，次の**ア**～**エ**から1つ選びなさい。

**ア** 金属光沢をもつ。　　**イ** 電気をよく通す。

**ウ** 熱をよく伝える。　　**エ** 磁石につく。　［　　］

(2) 金属Aの体積は何 $cm^3$ ですか。　［　　　　］

(3) 金属Aの質量は 26.9 g であった。密度を小数第3位を四捨五入して求めなさい。

［　　　　］

よく出る **3** ［状態変化］同じ量のエタノールをポリエチレン袋《ふくろ》A，Bにそれぞれ入れ，袋の口を輪ゴムでしばってから，ポリエチレン袋Aを30℃の湯に，ポリエチレン袋Bを90℃の湯にそれぞれ入れたところ，右の図のようにポリエチレン袋Bだけふくらんだ。次の問いに答えなさい。（7点×3）

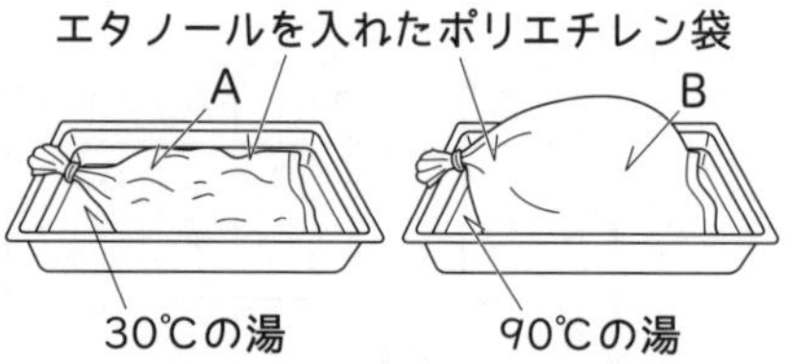


(1) 袋B内のエタノールの粒子《りゅうし》について述べた文として正しいものを，次の**ア**～**エ**から1つ選びなさい。　［　　］

**ア** 袋A内のエタノールよりも，粒子の大きさが大きい。

**イ** 袋A内のエタノールよりも，粒子の数が多い。

**ウ** 袋A内のエタノールよりも，粒子の運動が激しい。

**エ** 袋A内のエタノールよりも，粒子の種類が多い。

(2) 次の文の①，②の（　）の中の**ア**～**カ**から適当なものを選びなさい。

①［　　］②［　　］

2つの袋内のエタノールの体積と質量を比べると，体積は，①（**ア** 袋A内のほうが大きく　**イ** 袋B内のほうが大きく　**ウ** 等しく），質量は，②（**エ** 袋A内のほうが大きい　**オ** 袋B内のほうが大きい　**カ** 等しい）。

**4** **［気体の性質］** ４種類の気体Ａ～Ｄがある。これらは酸素，二酸化炭素，水素，アンモニアのいずれかである。この４種類の気体を調べるために，次の実験を行った。あとの問いに答えなさい。

〔実験１〕４種類の気体のにおいをかいだところ，気体Ａだけ刺激のあるにおいがした。

〔実験２〕３種類の気体Ｂ～Ｃが入ったびんの中に石灰水《せっかいすい》を入れたところ，気体Ｂが入ったびんの中に入れた石灰水だけ白く濁《にご》った。

**(1)** 気体Ａは何か。気体名を答えなさい。（7点）　〔　　　　　〕

**(2)** 気体Ｂの発生方法として正しいものを，次の**ア**～**ウ**から選びなさい。（7点）　〔　　　〕

**ア**　亜鉛《あえん》にうすい塩酸を加える。

**イ**　石灰石にうすい塩酸を加える。

**ウ**　二酸化マンガンにうすい過酸化水素水を加える。

記述式 **(3)** 気体が酸素であることを調べるための方法と，気体が酸素であったときの結果をそれぞれ書きなさい。（8点×2）

方法〔　　　　　　　　　　　　　　　　　　　　　　　　〕

結果〔　　　　　　　　　　　　　　　　　　　　　　　　〕

よく出る **5** **［溶解度］** 右の図は，100ｇの水に溶《と》ける硝酸《しょうさん》カリウムの質量と水の温度との関係を表している。硝酸カリウムは20℃の水100ｇに31.6ｇ溶け，40℃の水100ｇに63.9ｇ溶ける。40℃の水100ｇに硝酸カリウムを48ｇ入れ，よく混ぜたところ，すべて溶けた。これについて，次の問いに答えなさい。（7点×2）

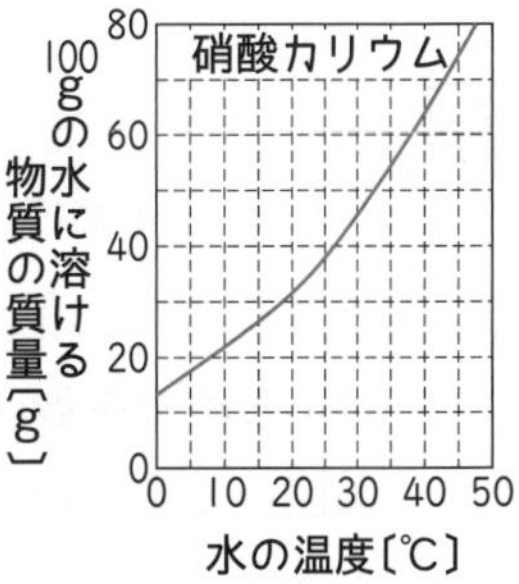


**(1)** 40℃の水100ｇに硝酸カリウムを48ｇ溶かしたときの質量パーセント濃度は何％か。小数第１位を四捨五入し，整数で求めなさい。

〔　　　　　〕

**(2)** (1)の硝酸カリウムの水溶液を20℃まで冷やしたとき，結晶《けっしょう》として出てくる硝酸カリウムは何ｇですか。

〔　　　　　〕

**最後にこれだけ確認！**

□**密度**

$$\text{物質の密度〔g/cm}^3\text{〕} = \frac{\text{物質の質量〔g〕}}{\text{物質の体積〔cm}^3\text{〕}}$$

□**質量パーセント濃度**

$$\text{質量パーセント濃度〔％〕} = \frac{\text{溶質の質量〔g〕}}{\text{溶媒《ようばい》の質量〔g〕} + \text{溶質の質量〔g〕}} \times 100$$

月　日

# 第3日 生物のからだと分類

時間 30分
合格点 80点
得点　点

解答→別冊 p.15

**1** **[実験器具の使い方]** 図1は，ステージ上下式顕微鏡《けんびきょう》の，図2は双眼実体顕微鏡の，図3はルーペのつくりを示している。次の問いに答えなさい。(3点×6)

図1

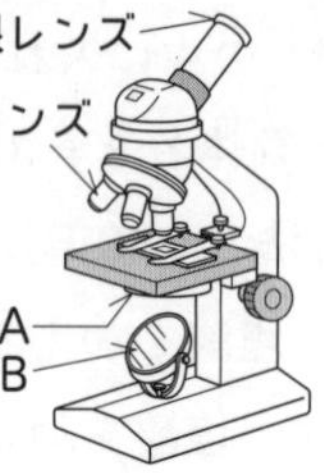


図2

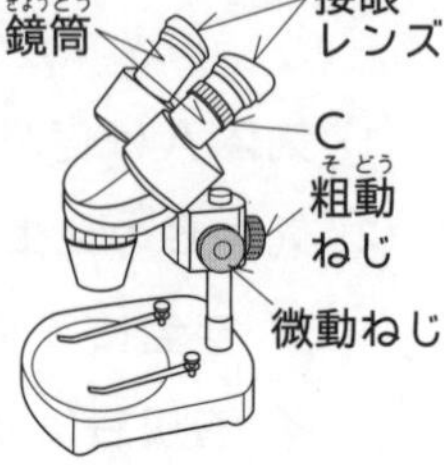


図3

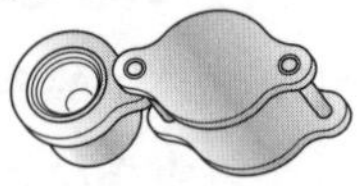

(1) 図1，2のA～Cをそれぞれ何といいますか。

A [　　　] B [　　　]
C [　　　]

(2) 図1で，接眼レンズの倍率が7倍，対物レンズの倍率が20倍のとき，顕微鏡の倍率は何倍ですか。 [　　　]

(3) 次の文の①，②の(　)の中の**ア**～**オ**から適当なものを選びなさい。① [　　] ② [　　]

手に持った花をルーペで観察するとき，ルーペを①(**ア** 目　**イ** 花)にできるだけ近づけて持ち，②(**ウ** 観察者の顔　**エ** ルーペ　**オ** 花)を前後に動かしてよく見える位置をさがす。

よく出る **2** **[種子植物]** 右の図は，5種類の種子植物をそれぞれのからだのつくりをもとに，A～Fのグループに分けたものである。これについて，次の問いに答えなさい。(4点×6)

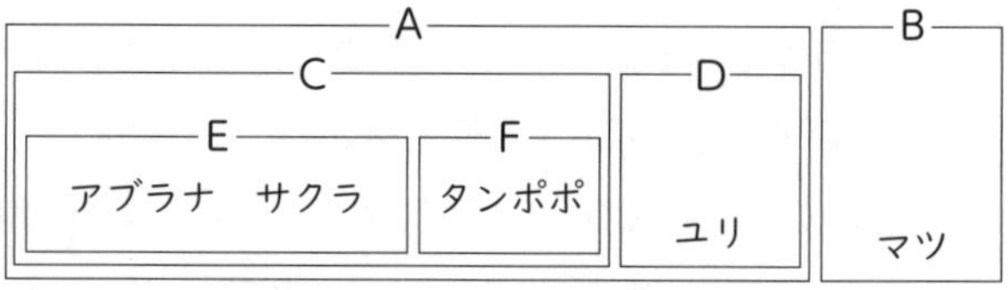


(1) AのグループとBのグループの分け方について，次の文の空欄《くうらん》の①～④にあてはまる語句を書きなさい。

Aのグループは，(　①　)が(　②　)の中にあり，Bのグループは(　①　)がむき出しになっている。Aのグループを(　③　)植物といい，Bのグループを(　④　)植物という。

① [　　] ② [　　] ③ [　　] ④ [　　]

(2) AのグループをCとDに分けた場合，Dのグループの特徴《とくちょう》を，次の**ア**～**カ**からすべて選びなさい。 [　　　]

**ア** 根は主根と側根である。　**イ** 根はひげ根である。
**ウ** 子葉は1枚である。　**エ** 子葉は2枚である。
**オ** 葉脈は平行に通る。　**カ** 葉脈は網目状《あみめじょう》に通る。

(3) Fのグループに分類される植物を，次の**ア**～**エ**から選びなさい。 [　　]

**ア** イチョウ　**イ** アサガオ　**ウ** イネ　**エ** エンドウ

**3** **[セキツイ動物]** 次の表は，セキツイ動物の特徴を示したものである。①～⑦の空欄にあてはまる語句を書きなさい。（4点×7）

| 分類 | 生活場所 | 呼吸方法 | 体温 | からだの表面 | なかまのふやし方 | 産卵(子)数 |
|---|---|---|---|---|---|---|
| ホ乳類 | おもに陸上 | 肺 | 恒温《こうおん》 | 毛 | ⑥ | 少ない |
| 鳥類 | おもに陸上 | 肺 | ④ | 羽毛《うもう》 | ⑦ | |
| ハ虫類 | おもに陸上 | ② | 変温 | かたいこうらやうろこ | 卵生 | |
| ① | 子…水中<br>親…水辺 | 子…えら<br>親…肺，皮膚《ひふ》 | 変温 | しめっている | 卵生 | |
| 魚類 | 水中 | ③ | 変温 | ⑤ | 卵生 | 多い |

**4** **[無セキツイ動物]** 図1は，アサリのからだのつくりを，図2は，ザリガニのからだのつくりをスケッチしたものである。次の問いに答えなさい。（6点×5）

図1

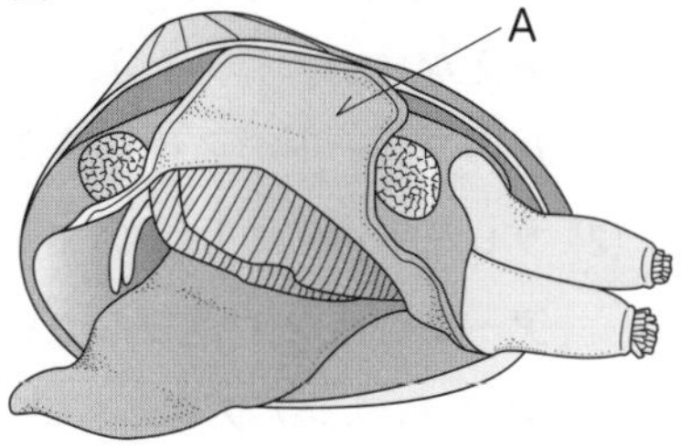


図2

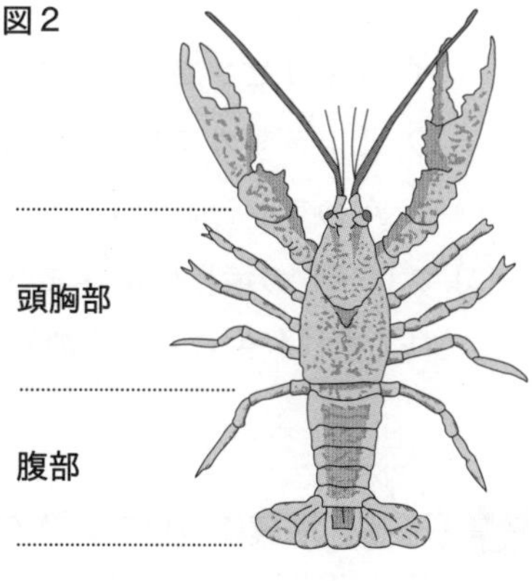


**(1)** アサリやザリガニのからだにないつくりはどれか。**ア**～**エ**から選びなさい。［　　］

**ア** 筋肉　**イ** 感覚神経　**ウ** えら　**エ** 背骨

**(2)** 図1のAのような，内臓をおおうつくりを何といいますか。［　　］

**(3)** ザリガニのからだの外側をおおっている殻《から》のようなつくりを何といいますか。［　　］

**(4)** ザリガニのように，(3)をもち，からだが多くの節からなり，節のあるあしをもつ動物のなかまを何というか。また，この動物のなかまに分類されるものを，**ア**～**エ**から選びなさい。

名称《めいしょう》［　　］ 記号［　　］

**ア** クラゲ　**イ** カメ　**ウ** カブトムシ　**エ** ウニ

**最後にこれだけ確認！**

□**植物の分類**

①種子でふえる植物を**種子植物**という。

②種子をつくらない植物は，胞子《ほうし》でふえる。

□**動物の分類**

①背骨をもつ動物を**セキツイ動物**という。

②背骨をもたない動物を**無セキツイ動物**という。

月　日

# 第4日 大地の変化

時間 30分
合格点 80点
得点　点

解答→別冊 p.15

**1** ［火山］右の図は，火山の形を３つに分類して模式的に表したものである。これについて，次の問いに答えなさい。(5点×3)

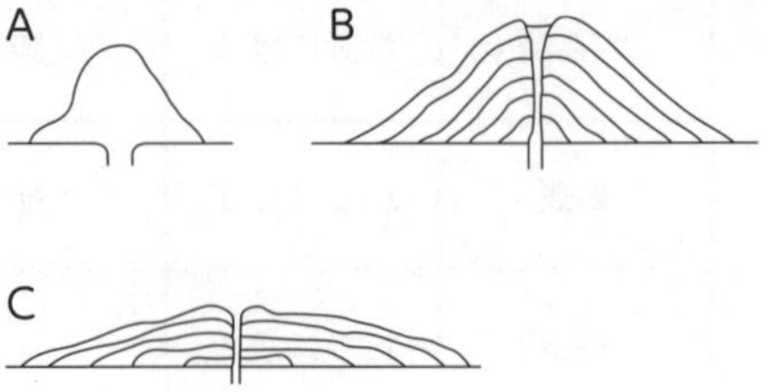


(1) マグマのねばりけが最も弱い火山はどれか。図のA～Cから選びなさい。［　　］

(2) 最も激しい噴火《ふんか》が起こりやすい火山はどれか。図のA～Cから選びなさい。［　　］

(3) 北海道の昭和新山はどの形に分類されるか。図のA～Cから選びなさい。［　　］

**2** ［プレート］右の図は，日本付近の４つのプレートとその境界を模式的に表したものである。これについて，次の問いに答えなさい。(5点×3)

(1) Aのプレートの名称《めいしょう》を答えなさい。［　　　　］

(2) プレートの動きについて説明した文として正しいものを，次のア～エから２つ選びなさい。［　　・　　］

**ア** ユーラシアプレートの下にフィリピン海プレートが沈《しず》みこんでいる。

**イ** フィリピン海プレートの下にユーラシアプレートが沈みこんでいる。

**ウ** 北アメリカプレートの下にAのプレートが沈みこんでいる。

**エ** Aのプレートの下に北アメリカプレートが沈みこんでいる。

(3) プレートの境界にはさまざまな力がはたらき，その力によって地下の岩石が破壊《はかい》され，割れてずれが生じる。このとき生じたずれを何といいますか。［　　　　］

**3** ［地震《じしん》］地震について，次の文の空欄《くうらん》の①～⑥にあてはまる語句を書きなさい。(6点×6)

地震が発生したとき，はじめの小さなゆれを（　①　），あとからくる大きいゆれを（　②　）という。（　①　）は（　③　）によるゆれで，（　②　）は（　④　）によるゆれである。（　③　）と（　④　）が届いた時刻の差を（　⑤　）といい，この時刻の差を利用して，各地の（　②　）の発生時刻や震度を予測して知らせるシステムを（　⑥　）という。

①［　　　　］②［　　　　］

③［　　　　］④［　　　　］

⑤［　　　　］⑥［　　　　］

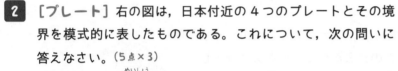

よく出る **4** **［地層］野外に出かけ，次のようにして地層を観察した。次の問いに答えなさい。**〔岐阜—改〕

図1

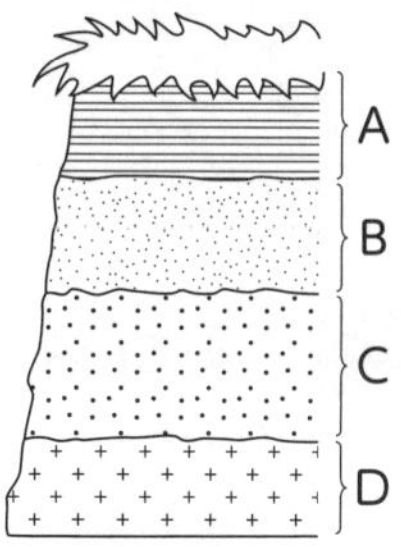


〔観察〕 最初に地層全体を，離《はな》れた場所から観察した。図1はそのスケッチである。その後，近づいて観察すると，Aはサンヨウチュウの化石を含《ふく》む泥岩《でいがん》，Bは砂岩，Cはれき岩，Dは花こう岩でできた地層であった。そして，Cに含まれるれきを観察すると，多くが丸みを帯びていた。次に，Dの花こう岩の表面をルーペで観察した。図2は，その花こう岩のスケッチである。なお，観察した地層では，しゅう曲や地層のずれは見られない。

図2

(1) 図1の地層の重なり方から，これらの地層がどのような順で堆積《たいせき》したのかを考えることができる。A～Cの地層の中で，堆積した時期が最も新しい地層はどれか。A～Cから1つ選びなさい。（6点） ［　　］

(2) Aはサンヨウチュウの化石を含んでいたので，古生代に堆積したことがわかる。このように，地層の堆積した年代を推定できる化石を何というか。言葉で書きなさい。また，このような化石の説明として最も適当なものを，次の**ア**～**エ**から選びなさい。（7点×2）

化石［　　　　］ 記号［　　］

**ア** 狭《せま》い範囲《はんい》にすんでいて，短期間に栄えて絶滅《ぜつめつ》した生物の化石
**イ** 狭い範囲にすんでいて，長期間にわたって栄えた生物の化石
**ウ** 広い範囲にすんでいて，短期間に栄えて絶滅した生物の化石
**エ** 広い範囲にすんでいて，長期間にわたって栄えた生物の化石

(3) 図2で観察された鉱物は，1つ1つが大きく，同じくらいの大きさのものが組み合わさっていた。このようなつくりを何というか。言葉で書きなさい。また，このことから何がわかりますか。次の**ア**～**エ**から選びなさい。（7点×2）

つくり［　　　　］ 記号［　　］

**ア** 花こう岩はマグマが地表付近で，急に冷えて固まってできた。
**イ** 花こう岩はマグマが地下深くで，急に冷えて固まってできた。
**ウ** 花こう岩はマグマが地表付近で，ゆっくりと冷えて固まってできた。
**エ** 花こう岩はマグマが地下深くで，ゆっくりと冷えて固まってできた。

**最後にこれだけ確認！**

□地震
①**震度**…地震のゆれの大きさを10階級で表したもの。
②**マグニチュード**…地震の規模の大小を表す値。

□火成岩
①**火山岩**…マグマが地表や地表近くで急に冷え固まってできた岩石。
②**深成岩**…マグマが地下深くでゆっくり冷え固まってできた岩石。

# 第5日 オームの法則と電気の性質

時間 30分　合格点 80点

月　日　得点　点

解答→別冊 p.16

よく出る **1** **［電流］** 次の実験について，あとの問いに答えなさい。〔福島〕

〔実験 1〕 図1のように豆電球と抵抗器《ていこうき》を直列につなぎ，電源装置の電圧を変えて，豆電球に加わる電圧と豆電球に流れる電流の大きさがどのように変化するかを調べた。

〔実験 2〕 図2のように豆電球と抵抗器(実験 1 と同じもの)を並列《へいれつ》につなぎ，実験 1 と同様の実験を行った。

図1

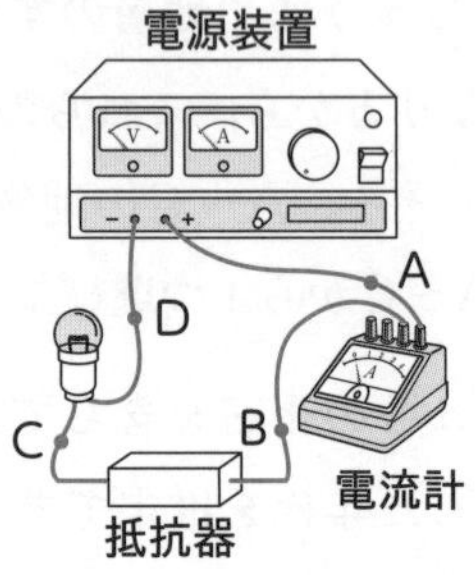


図2

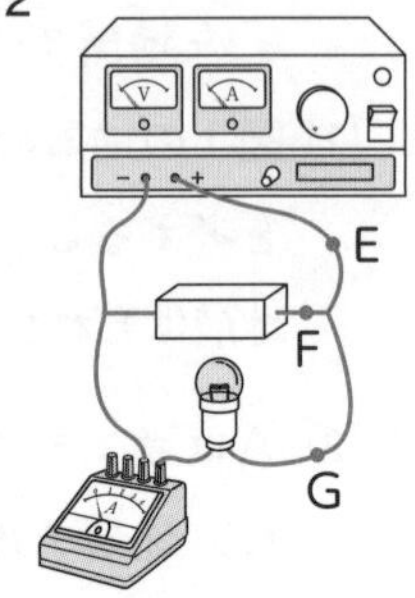


表　実験 1，2の結果の一部

| | 電源装置の電圧〔V〕 | 豆電球に加わる電圧〔V〕 | 豆電球に流れる電流〔A〕 |
|---|---|---|---|
| 実験 1 | 5.5 | 2.5 | 0.30 |
| 実験 2 | 2.5 | 2.5 | 0.30 |

(1) 図1の回路で，豆電球に加わる電圧を測定するためには，電圧計の＋端子《たんし》と－端子をどこにつないだらよいか。A～Dの中からそれぞれ選びなさい。(5点×2)

＋端子〔　　〕　－端子〔　　〕

(2) 実験 1 で，豆電球に 2.5 V の電圧が加わっているときの豆電球の抵抗の大きさは何Ωか。小数第 2 位を四捨五入して求めなさい。(10点)　〔　　〕

(3) 図2の回路で，電源装置の電圧が 2.5 V のとき，E，F，Gを流れる電流の大きさはどのようになるか。大きい順に左から並べなさい。(10点)　〔　　〕

(4) 適当な抵抗器と豆電球を直列につなぐことによって，豆電球に加わる電圧を制御《せいぎょ》できる。図1の回路において，電源装置の電圧が 10.0 V のとき，豆電球に加わる電圧を 2.5 V にするためには，図1に示されている抵抗器のかわりに何Ωの抵抗器をつなげばよいか，求めなさい。答えは小数第 1 位を四捨五入し，整数で書きなさい。(10点)　〔　　〕

**2** **［電流と電圧］** 20 Ωと 30 Ωの 2 種類の抵抗と自由に電圧を変えられる電源装置を用いて，図1，2の回路をつくった。電源装置の電圧を $V_1$，$V_2$ とし，各回路に流れる電流を $I_1$，$I_2$ とする。このとき，次の問いに答えなさい。(10点×2)

図1

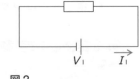

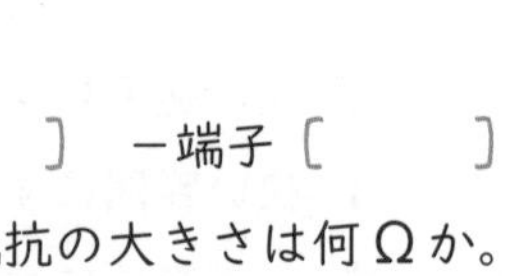


図2

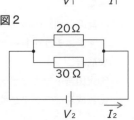

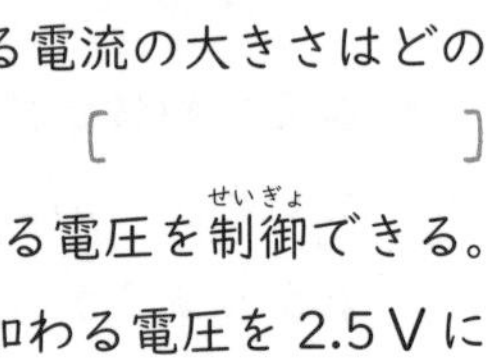


(1) 図1の回路で，電源装置の電圧 $V_1$ を 3V にしたとき，電流 $I_1$ は何 A になりますか。　〔　　〕

(2) 図2の回路で，電流 $I_2$ が 0.5 A になるように電源装置の電圧を設定した。このとき，30 Ωの抵抗に流れる電流は何 A になりますか。　〔　　〕

**3** **［並列回路と電流］** 図１に示すように，テーブルタップなどを用いて１つのコンセントにいくつもの電気器具をつなぐことは，タコ足配線とよばれ，危険である。図２は，電気器具をタコ足配線で同時に使用しているようすを模式的に表したものである。図１，図２に示したＳ点を流れる電流について述べ，次のア～エのうち，正しいものを２つ選び，記号で答えなさい。（10点）〔香川〕

図１

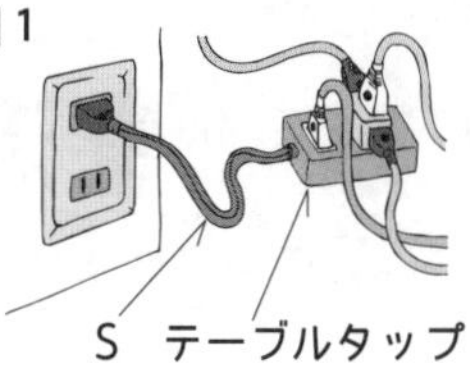


図２

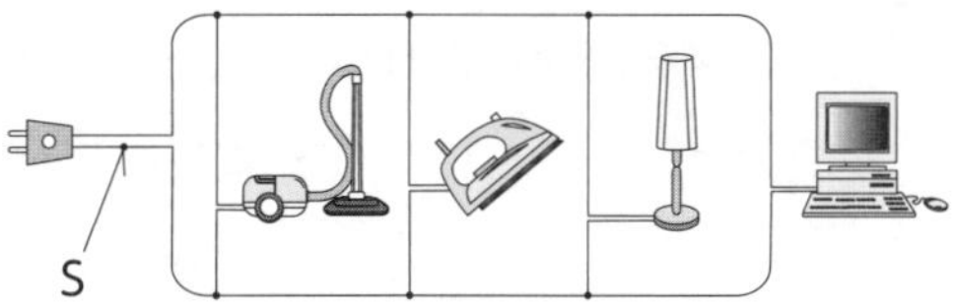


〔　　・　　〕

**ア**　Ｓ点を流れる電流は，テーブルタップにつないで使用する電気器具に流れる電流の和である。

**イ**　Ｓ点を流れる電流と，テーブルタップにつないで使用するそれぞれの電気器具に流れる電流は等しい。

**ウ**　Ｓ点を流れる電流はつねに一定なので，テーブルタップにつなぐ電気器具の数を減らすと，それぞれの電気器具に流れる電流は大きくなる。

**エ**　Ｓ点に流れる電流は，テーブルタップにつないで使用する電気器具の数をふやすと，大きくなる。

**4** **［陰極線《いんきょくせん》］** 図１のように，蛍光板《けいこうばん》を入れたクルックス管の電極ａ，電極ｂに高い電圧を加えると，蛍光板に直進する陰極線が見えた。次の問いに答えなさい。（10点×3）

図１

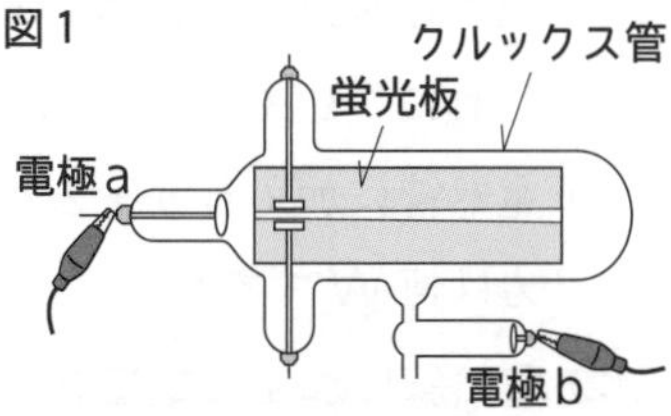


(1) 蛍光板に見えた陰極線は，小さな粒子《りゅうし》の流れである。この小さな粒子を何といいますか。〔　　　〕

(2) 図１で，電極ａは＋極，－極のどちらですか。〔　　　〕

図２

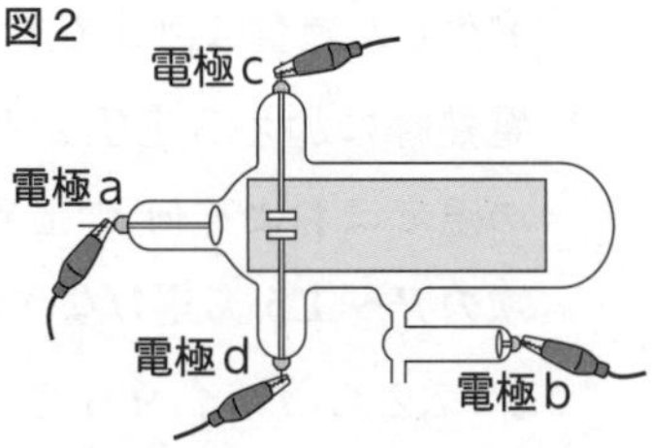


(3) 電極ａと電極ｂに高い電圧を加えたまま，図２のように，電極ｃを＋極，電極ｄを－極とし，この両端《りょうたん》に電圧を加えた。このとき，陰極線のようすはどのようになるか。次の**ア**～**エ**から選びなさい。〔　　〕

**ア** 直進する。　**イ** 上に曲がる。　**ウ** 下に曲がる。　**エ** 見えなくなる。

**最後にこれだけ確認！**

□回路に加わる電圧の大きさ

①直列回路は各区間に加わる電圧の大きさの和が，全体に加わる電圧の大きさと等しい。

②並列回路は各区間に加わる電圧の大きさは，全体に加わる電圧の大きさと等しい。

□オームの法則

①$抵抗〔\Omega〕=\dfrac{電圧〔V〕}{電流〔A〕}$

②電圧〔V〕＝抵抗〔Ω〕×電流〔A〕

③$電流〔A〕=\dfrac{電圧〔V〕}{抵抗〔\Omega〕}$

月　日

時間 30分
合格点 80点
得点　点

# 第6日 電流とその利用

解答→別冊 p.16

**1** **[電力]** 次の図は，２種類の電球を並列《へいれつ》につないだ回路を示している。空欄《くうらん》の①〜③にあてはまる語句を入れなさい。(5点×3)

電力は，〔①　　　　〕や電圧の値が大きいほど大きい。

並列回路では，それぞれの電球に加わる〔②　　　　〕は等しい。

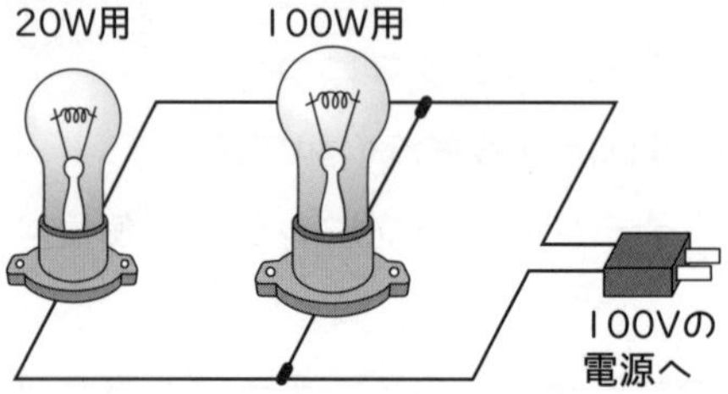


➡ 電力の表示の〔③　　　　〕い電球のほうが明るい。

**2** **[電流による発熱]** 右の図のように，100gの水を入れた発泡《はっぽう》ポリスチレンのカップに電熱線を入れ，５分間電流を流して水温を測定した。表は，電熱線に加える電圧と電熱線に流れる電流，５分間での水の上昇《じょうしょう》温度をまとめたものである。これについて，次の問いに答えなさい。(12点×3)

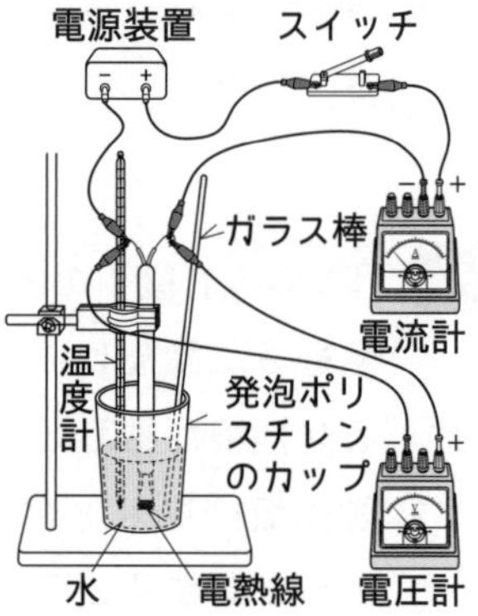


(1) 電熱線に加える電圧を4.0Vにしたとき，電熱線が消費した電力は何Wですか。〔　　　　〕

(2) 電熱線に加える電圧を6.0Vにしたとき，５分間で電熱線から発生した熱量は何Jですか。〔　　　　〕

(3) 電熱線に加える電圧を12.0Vにしたとき，水の温度はおよそ何℃上昇すると考えられるか。次の**ア**〜**エ**から選びなさい。〔　　〕

| | | | |
|---|---|---|---|
| 電　圧〔V〕 | 4.0 | 6.0 | 8.0 |
| 電　流〔A〕 | 0.8 | 1.2 | 1.6 |
| 水の上昇温度〔℃〕 | 1.6 | 3.6 | 6.4 |

**ア** 7.2℃　　**イ** 9.6℃　　**ウ** 14.4℃　　**エ** 21.6℃

よく出る **3** **[電流が磁界から受ける力]** 電流が磁界の中で受ける力を調べるために，太い銅線PQ，電源装置，抵抗器《ていこうき》，電流計，電圧計およびスイッチを右の図のようにつなぎ，U字形磁石を銅線PQの上側がN極，下側がS極になるように置いて，次の実験を行った。あとの問いに答えなさい。(12点×2)〔高知―改〕

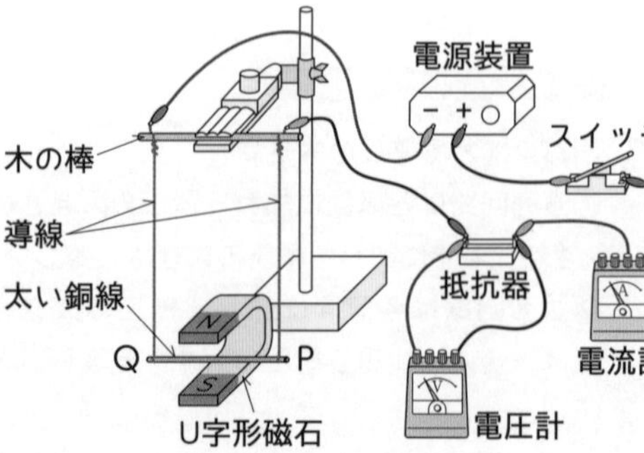

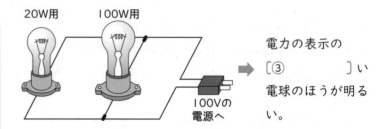

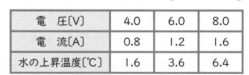

〔実験〕 抵抗の大きさが 20 Ω の抵抗器 $R_1$ を用い，回路のスイッチを入れた。次に，電源装置の電圧調節つまみを回し，抵抗器 $R_1$ に加わる電圧を 5.0 V にして，銅線 PQ に，P から Q の向きに電流を流すと，銅線 PQ が動いた。

(1) 実験で，銅線 PQ を真上から見たとき，銅線 PQ は右の図の⇨**ウ**の向きに動いた。U 字形磁石の N 極と S 極を入れかえて Q から P の向きに電流を流すと，銅線 PQ はどの向きに動くか。**ア**～**エ**から選びなさい。 〔　　〕

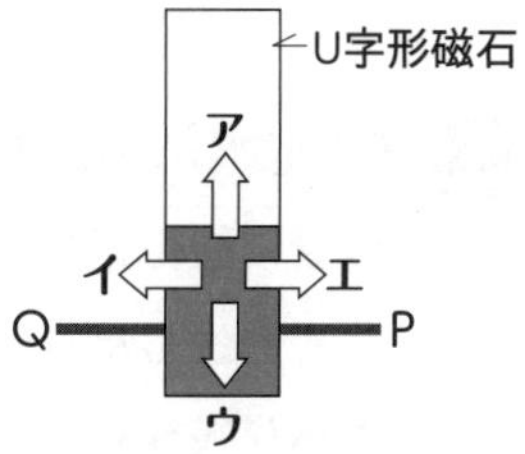


記述式 (2) 抵抗器 $R_1$ を，抵抗の大きさが 10 Ω の抵抗器 $R_2$ にとりかえてスイッチを入れた。抵抗器 $R_2$ に加わる電圧を 5.0V にしたところ，はじめの実験のときより大きな電流が流れた。このとき，銅線 PQ が動いた振《ふ》れ幅《はば》は，はじめの実験のときの振れ幅に比べてどのように変化したか。簡単に書きなさい。

〔　　　　　　　　　　　　　　　　〕

**4** **［電磁誘導《でんじゆうどう》］電流と磁界について調べるために，透明《とうめい》なアクリル管にエナメル線を巻いたコイルと，磁石を用いて実験を行った。次の問いに答えなさい。**〔山形〕

(1) 右の図のように，アクリル管の内側に磁石を置いて回路に電流を流したところ，磁石はコイルの内側に移動した。回路に電流を流したときに，電流によってコイルの内部にできる磁界の向きと，磁石の極のそれぞれを正しく表しているものを，次の**ア**～**エ**から 1 つ選びなさい。なお，コイルと磁石は水平面にあり，磁石にはたらく摩擦《まさつ》の影響《えいきょう》は無視できるものとする。（12点） 〔　　〕

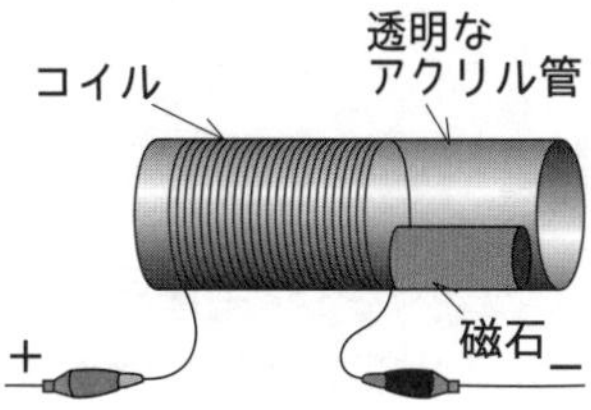


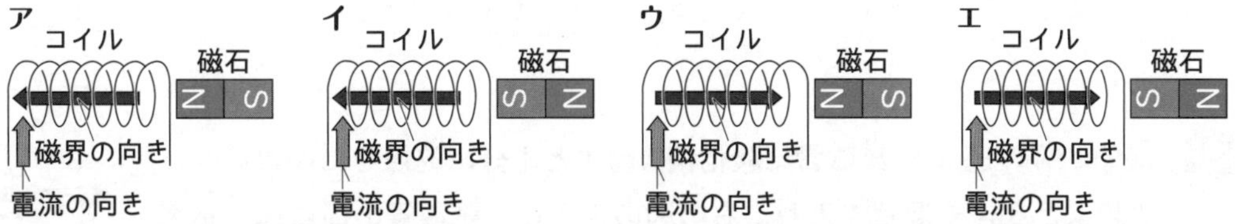


記述式 (2) 回路からコイルをはずして磁石をとり出したあと，このコイルに検流計をつないで，何もない広い場所に持っていった。そこで，コイルをさまざまな方向に動かしたところ，検流計の針がわずかに振れるときがあり，コイルに電流が流れたことがわかった。これは電磁誘導によるものと考えられるが，このとき電磁誘導が起こったのは，コイルが何の中で動いたからか。具体的に書きなさい。（13点）

〔　　　　　　　　　　　　　　　　〕

**最後にこれだけ確認！**

**□電力・発熱量**

電力〔W〕＝電圧〔V〕×電流〔A〕

電流による発熱量〔J〕＝電力〔W〕×時間〔s〕

# 第7日 化学変化と原子・分子

時間 30分
合格点 80点
得点 　点

解答→別冊 p.17

よく出る **1** **[酸化銀の分解]** 右の図のような装置を用いて，乾《かわ》いた試験管に酸化銀を入れて加熱して完全に反応させた。このとき発生した気体を集気びんに集めた。また，試験管には固体が残っていた。次の問いに答えなさい。(5点×2)〔新潟一改〕

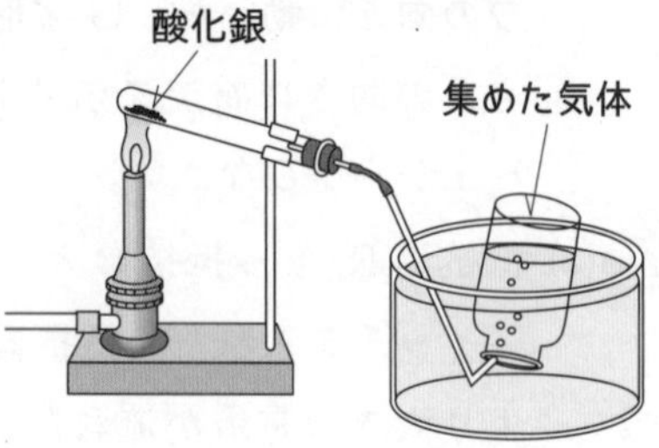


(1) 集めた気体の入った集気びんに，火のついた線香《せんこう》を入れると，炎《ほのお》をあげて激しく燃えた。集めた気体は何か。物質名を書きなさい。〔　　　〕

(2) 残った固体をよくみがいて，たたいてうすくのばしたあとに，その性質を調べた。この物体の性質として最も適当なものを，次の**ア**～**エ**から選びなさい。〔　　〕

**ア** 水に溶《と》けやすい。　　**イ** 電気を通しやすい。
**ウ** 燃えやすい。　　**エ** 磁石につきやすい。

**2** **[物質と原子・分子]** 次の問いに答えなさい。(6点×3)

(1) 次の文の空欄《くうらん》の①，②にあてはまる語句を書きなさい。

原子とは，物質をつくっているそれ以上（　①　）ことのできない最小の粒《つぶ》である。（　②　）は原子がいくつか結びついたもので，物質としての性質を示す最小の粒である。

①〔　　　　〕 ②〔　　　　〕

(2) 1種類の原子だけからできている物質を何といいますか。〔　　　〕

**3** **[酸化銅の還元]** 試験管に酸化銅の粉末と十分に乾燥《かんそう》した炭素の粉末とをよく混ぜて入れ，右の図のように，試験管の口に風船をつけて加熱したところ，試験管内に赤褐色《せっかっしょく》の物質ができ，風船はふくらんだ。次の問いに答えなさい。(6点×6)〔大阪一改〕

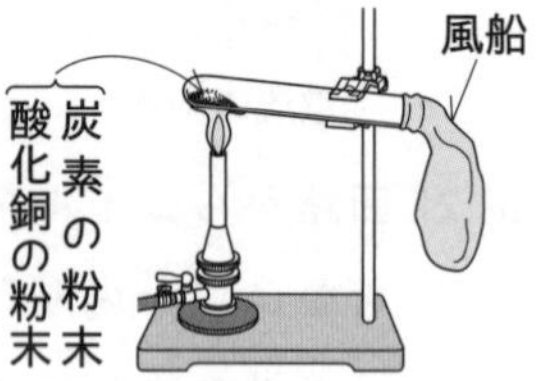


(1) 次の式は，この実験で起こった化学変化を化学反応式で表したものである。式中の空欄の①～③にあてはまる化学式を書きなさい。

$2CuO$ +（　①　）⟶ 2（　②　）+（　③　）

①〔　　　　〕 ②〔　　　　〕 ③〔　　　　〕

(2) この実験で，酸化銅に起こった化学変化を何といいますか。〔　　　〕

(3) この実験で，風船がふくらんだのはなぜか。その理由について述べた次の文の空欄の①，②にあてはまる物質名を書きなさい。①〔　　　〕 ②〔　　　〕

試験管内の炭素が，酸化銅中の（　①　）と化合して，（　②　）が発生したから。

**4** **［化学変化と熱］** 化学変化には，熱の出入りがともなう。これについて，次の問いに答えなさい。（6点×2）

(1) 次の**ア**～**エ**のうち，周囲から熱を奪《うば》う化学変化を１つ選びなさい。　［　　］

**ア** 鉄と硫黄《いおう》の混合物を加熱する。

**イ** マグネシウムを加熱する。

**ウ** 塩化アンモニウムと水酸化バリウムを混ぜる。

**エ** 酸化カルシウムに水を加える。

(2) (1)の化学変化のように，周囲から熱を奪う化学変化を何といいますか。　［　　］

よく出る **5** **［化学変化のきまり］** うすい塩酸と炭酸水素ナトリウムを反応させると，二酸化炭素が発生し，塩化ナトリウムと水が生じる。この反応を用いて，次の実験１～３を行った。あとの問いに答えなさい。（6点×4）〔栃木－改〕

〔実験１〕 図のように密閉した状態で容器全体の質量をはかった。

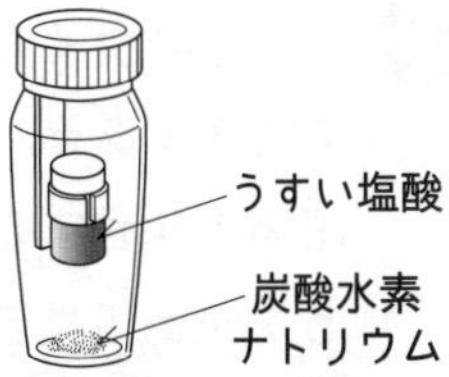


〔実験２〕 密閉したまま容器を傾《かたむ》けて，うすい塩酸をすべて炭酸水素ナトリウムと混ぜ合わせ，十分に反応させ，しばらくしてから再び容器全体の質量をはかった。

〔実験３〕 容器のふたを開け，容器内の気体を外の空気とすべて入れかえたあと，再びふたをしてから容器全体の質量をはかった。これらの結果をまとめたものが右の表である。

| | 実験１ | 実験２ | 実験３ |
|---|---|---|---|
| 容器全体の質量（g） | 72.1 | | 71.8 |

(1) 表の空欄に入る数値を答えなさい。　［　　］

(2) 実験１と実験２の結果から確かめられる法則を何といいますか。

［　　］

(3) 実験３の結果を説明した次の文の空欄の①，②にあてはまる語句を書きなさい。

実験３では，容器のふたを開けたため，反応によって発生した（　①　）が空気中へ逃げたので，容器全体の質量が（　②　）なった。

①［　　］　②［　　］

**最後にこれだけ確認！**

□化学式

| 物質名 | 酸素 | 水素 | 二酸化炭素 | 銀 | 銅 | 鉄 | 硫黄 | マグネシウム |
|---|---|---|---|---|---|---|---|---|
| 化学式 | $O_2$ | $H_2$ | $CO_2$ | Ag | Cu | Fe | S | Mg |

| 物質名 | 酸化銀 | 酸化銅 | 炭酸水素ナトリウム | 炭酸ナトリウム | 塩化ナトリウム |
|---|---|---|---|---|---|
| 化学式 | $Ag_2O$ | CuO | $NaHCO_3$ | $Na_2CO_3$ | NaCl |

月　　日

# 第8日 生物のからだのつくりとはたらき

時間 30分
合格点 80点
得点
点

解答→別冊 p.17

**1** **[細胞《さいぼう》のつくり]** 次の図の(　　)にあてはまる語句を書きなさい。(4点×8)

〈[①　　　　　]の細胞〉　　〈[②　　　　　]の細胞〉

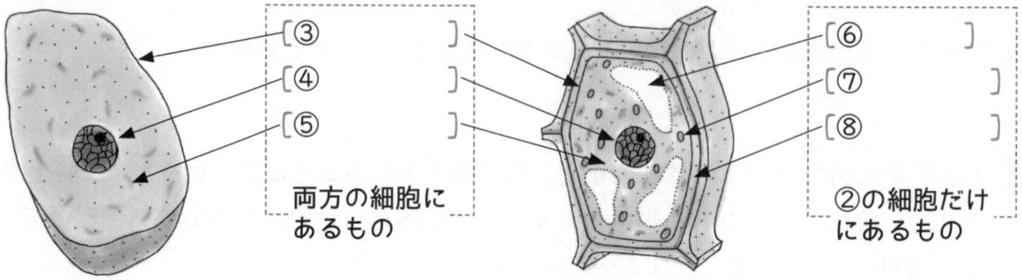


**2** **[細胞のつくり]** 図は，オオカナダモの葉の細胞を模式的に表したものである。aは緑色をしており，各細胞に多数見られ，bは染《せん》色液《しょくえき》で染色すると赤く染まる。次の問いに答えなさい。(6点×2)

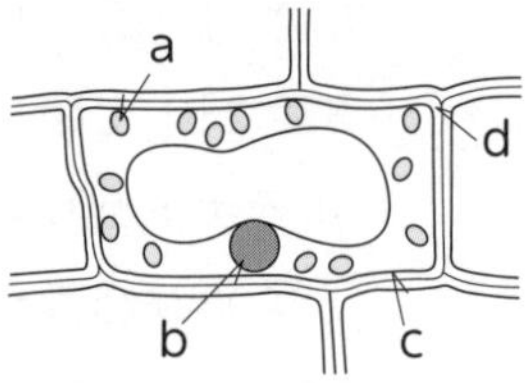


(1) bを染める染色液として適当なものはどれか。次のア～エから選びなさい。[　　]

**ア** ベネジクト液　**イ** 酢酸《さくさん》オルセイン液　**ウ** ヨウ素液　**エ** BTB液

(2) 図のa～dのうち，ヒトの細胞でも見られるものを2つ選びなさい。[　　・　　]

よく出る **3** **[蒸散]** 植物の蒸散のしくみを調べるために実験を行いました。これについて，あとの問いに答えなさい。(5点×3)〔福井〕

〔実験〕 図のように，メスシリンダーに赤インクで着色した水を入れ，ホウセンカをさしたものを4本用意し，水面に油を少量たらしてA, B, C, Dとした。Aは葉に何も処理をせず，Bはすべての葉の表側にワセリンを，Cはすべての葉の裏側にワセリンをぬった。Dは葉をすべてとった茎《くき》をさした。それぞれを一定時間明るい場所に置き，水の減少量を測定した。表は，その結果を示したものである。

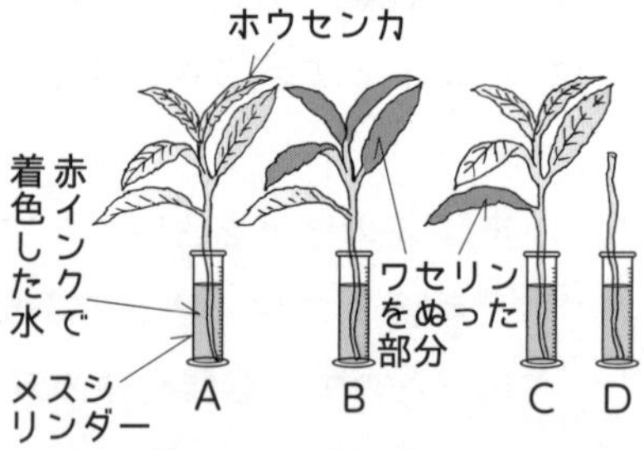


| | A | B | C | D |
|---|---|---|---|---|
| 水の減少量〔$cm^3$〕 | 8.3 | 7.8 | 3.1 | 2.6 |

記述式 (1) AとDの水の減少量の違《ちが》いからわかることを書きなさい。

[　　　　　　　　　　　　　　　　]

(2) 実験の結果から考察できることを，下の文に示した。文中の空欄《くうらん》の①，②に入る語句を書きなさい。

①[　　　] ②[　　　]

BとCの水の減少量を比較《ひかく》すると，蒸散量は，葉の(　①　)側のほうが多いことがわかる。このことから，蒸散を行うすき間である(　②　)は，葉の(　①　)側に多いと考えられる。

**4** **［動物のからだのはたらき］** 図は，ヒトの血液循環《じゅんかん》を表した模式図である。X，Yは器官，矢印は血液の流れを表している。次の問いに答えなさい。（5点×4）〔鹿児島—改〕

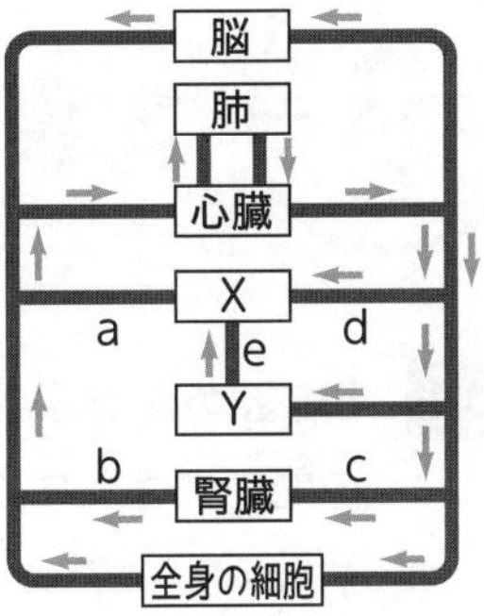


(1) 次の**ア**～**エ**の食品のうち，消化されて主にアミノ酸となり，図のYから吸収されるものはどれですか。〔　　〕

**ア** 食パン　**イ** バター　**ウ** バナナ　**エ** ゆで卵

(2) 吸収されたアミノ酸などの栄養分を，全身の細胞に運ぶはたらきをする血液中の成分は何か。その名称《めいしょう》を書きなさい。〔　　〕

(3) 細胞の活動にともなってできた不要な物質のうち，図のXで害の少ない尿素《にょうそ》に変えられる物質はどれか。次の**ア**～**エ**から選びなさい。〔　　〕

**ア** アンモニア　**イ** モノグリセリド　**ウ** エタノール　**エ** 窒素《ちっそ》

(4) 尿素が最も少ない血液が流れているのはどの部分か。図のa～eから選びなさい。

〔　　〕

よく出る **5** **［感覚と運動］** 図は，ヒトの神経系を模式的に表したものである。次の問いに答えなさい。（5点×2）

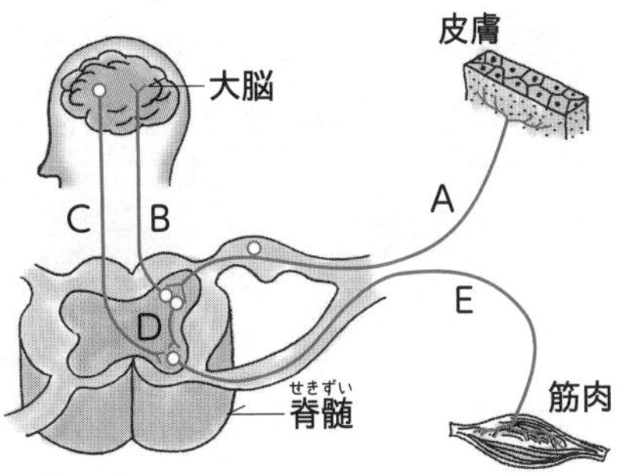


(1) 熱いものに触《ふ》れて思わず手を引っこめるような反応を何といいますか。〔　　〕

(2) (1)の反応が起こるときの刺激《しげき》を受けてから反応が起こるまでの経路を図のA～Eの記号を使って示しなさい。〔　　〕

**6** **［血液］** 血液の成分について，次の各問いに答えなさい。

(1) ヘモグロビンを含《ふく》み，酸素を運ぶ成分を何というか。その名称を書きなさい。（5点）

〔　　〕

記述式 (2) (1)が酸素を運ぶことができるのは，ヘモグロビンがどのような性質をもっているからか。その性質を簡単に書きなさい。（6点）

〔　　〕

**最後にこれだけ確認！**

☐消化と吸収

<table>
<tr><th></th><th>分解する消化酵素</th><th>消化後の物質</th><th>吸収先</th></tr>
<tr><td>デンプン</td><td>アミラーゼ</td><td>ブドウ糖</td><td rowspan="3">毛細血管</td></tr>
<tr><td rowspan="2">タンパク質</td><td>ペプシン</td><td rowspan="2">アミノ酸</td></tr>
<tr><td>トリプシン</td></tr>
<tr><td rowspan="2">脂肪</td><td rowspan="2">リパーゼ</td><td>脂肪酸</td><td rowspan="2">リンパ管</td></tr>
<tr><td>モノグリセリド</td></tr>
</table>

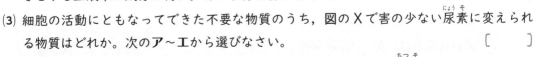

月　日

# 第9日 気象観測と天気の変化

時間 30分　合格点 80点　得点　点

解答→別冊 p.18

よく出る **1** **［天気の変化］** 図は，日本付近における低気圧と前線を模式的に表したものである。次の問いに答えなさい。（10点×4）〔愛知〕

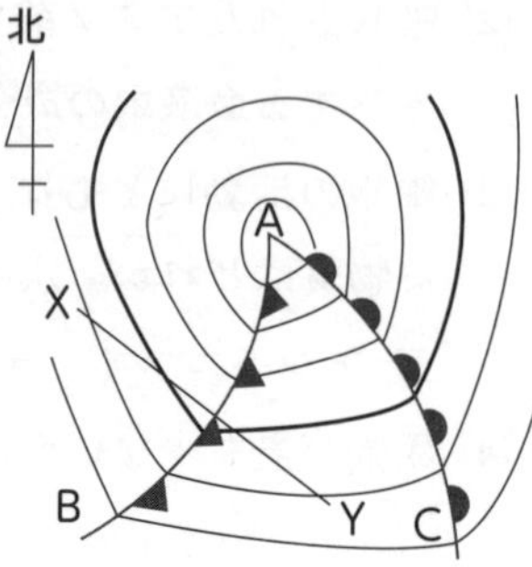


**(1)** 前線AB，ACの名称《めいしょう》の組み合わせとして最も適当なものを，次の**ア**～**カ**から選びなさい。［　　］

**ア** ABは温暖前線，ACは寒冷前線
**イ** ABは温暖前線，ACは停滞《ていたい》前線
**ウ** ABは停滞前線，ACは温暖前線
**エ** ABは停滞前線，ACは寒冷前線
**オ** ABは寒冷前線，ACは停滞前線
**カ** ABは寒冷前線，ACは温暖前線

**(2)** 図の前線付近で雨の降る地域として最も適当なものを，次の**ア**～**エ**から選びなさい。ただし，点の集まりは雨の降る地域を示している。［　　］

**ア**　**イ**　**ウ**　**エ**

**(3)** 次の①～③の天気の変化の記述と関係のある前線の名称の組み合わせとして最も適当なものを，下の**ア**～**エ**から選びなさい。［　　］

① 広い範囲《はんい》に雲が広がり，雨が長く降る。この前線が通過すると気温が上がる。
② 積乱雲が発達しており，強い風が吹《ふ》き，激しい雨が降ることが多い。この前線が通過すると気温が下がる。
③ 寒気と暖気の勢力がほぼ同じになり，数日間雨が降ったりやんだりしてすっきりしない天気が続く。

**ア** ① 寒冷前線　② 温暖前線　③ 停滞前線
**イ** ① 温暖前線　② 寒冷前線　③ 停滞前線
**ウ** ① 温暖前線　② 停滞前線　③ 寒冷前線
**エ** ① 停滞前線　② 寒冷前線　③ 温暖前線

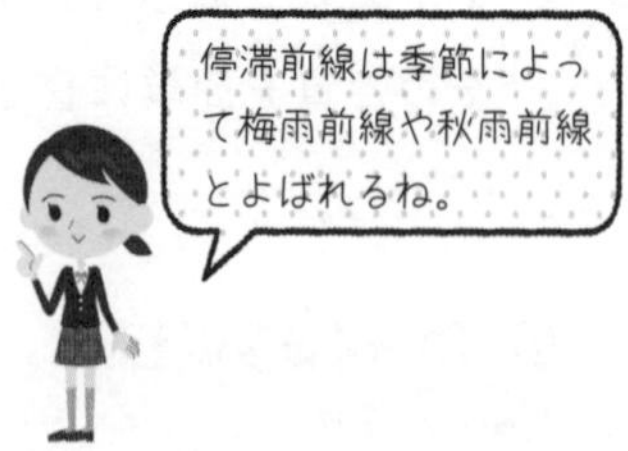


**(4)** 図のX－Yの断面における大気の動きを表した模式図として最も適当なものを，次の**ア**～**エ**から選びなさい。［　　］

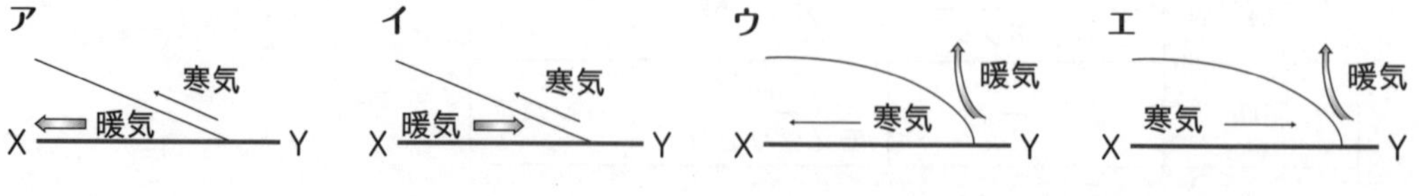

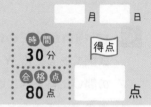

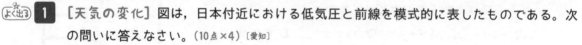

**2** **〔日本の天気〕** 右の図は，日本付近におけるある日の天気図である。これについて，次の問いに答えなさい。（10点×3）

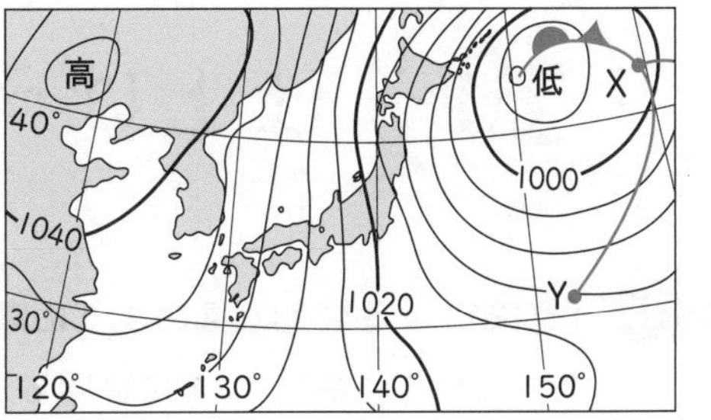


(1) 前線X－Y付近で発達《はったつ》する雲として最も適当なものを，次の**ア**～**エ**から選びなさい。〔　　〕

**ア** 乱層雲　　**イ** 積乱雲

**ウ** 巻積雲　　**エ** 高積雲

(2) 天気図の気圧配置から，このときの日本の季節は，春・夏・秋・冬のいつと考えられますか。〔　　〕

(3) この季節に発達し，日本の天気に影響《えいきょう》をもたらす気団は何か。次の**ア**～**ウ**から選びなさい。〔　　〕

**ア** オホーツク海気団　　**イ** シベリア気団　　**ウ** 小笠原気団

**3** **〔大気中の水の変化〕** 次の実験について，あとの問いに答えなさい。（15点×2）〔佐賀－改〕

〔実験〕 図1のように，くみ置きの水を金属製のコップに入れ，氷が入った試験管をコップの水の中に入れて水温を下げ，コップの表面がくもり始めたときの水温を測定した。

図1

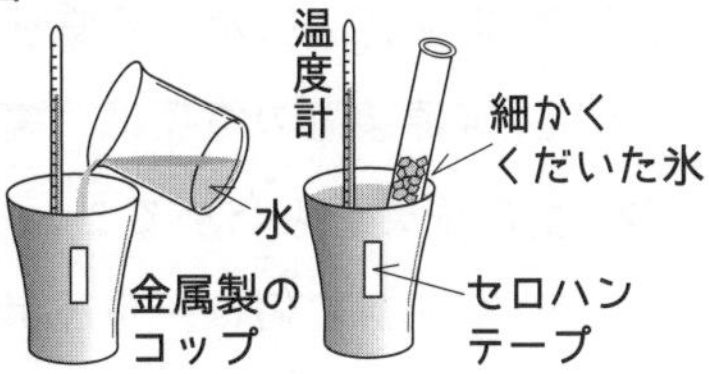


(1) 図2は気温と飽和《ほうわ》水蒸気量との関係を表している。図中の点A，B，Cの状態にある大気のもとで，これと同じ実験を行った場合，コップの表面がくもり始めたときの水温が最も低いのはどれか。最も適当なものをA～Cから1つ選びなさい。〔　　〕

図2

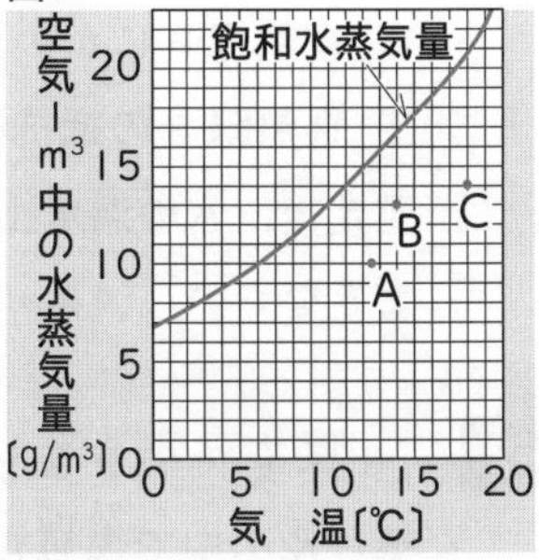


(2) いろいろな気温，湿度のもとで，これと同じ実験を行った場合，コップの表面がくもり始める水温について正しく述べたものを，次の**ア**～**エ**から選びなさい。〔　　〕

**ア** 気温が同じ場合，湿度が低いほど，くもり始める水温は高い。

**イ** 気温が同じ場合，湿度に関係なく，くもり始める水温は同じである。

**ウ** 湿度が同じ場合，気温が高いほど，くもり始める水温は高い。

**エ** 湿度が同じ場合，気温に関係なく，くもり始める水温は同じである。

**最後にこれだけ確認！**

☐**前線**

①**温暖前線**…暖気が寒気の上をはい上がるように進む前線。

②**寒冷前線**…寒気が暖気をおし上げるように進む前線。

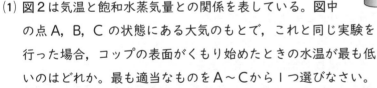

# 第10日 仕上げテスト

時間 30分　合格点 75点　得点　点

解答→別冊 p.18

よく出る **1** **[電流による発熱]** 図のように電熱線a，b，電流計，電圧計，スイッチおよび電源装置をつないだ。容器1，2には同じ温度，同じ量の水を入れ，電源装置の電圧を変えて電流と電圧を測定し，測定結果を表にまとめた。あとの問いに答えなさい。〔青森一改〕

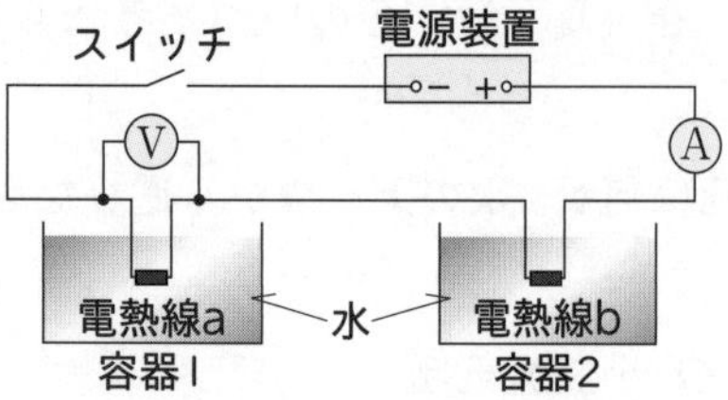


| 電源装置の電圧〔V〕 | 3.0 | 6.0 | 9.0 | 12.0 |
|---|---|---|---|---|
| 電流計の値〔A〕 | 0.4 | 0.8 | 1.2 | 1.6 |
| 電圧計の値〔V〕 | 2.0 | 4.0 | 6.0 | 8.0 |

(1) 図の回路について正しく述べたものを2つ選びなさい。(4点×2)　[　・　]

**ア** 電熱線aに流れる電流と電熱線bに流れる電流は等しい。

**イ** 電源装置から流れる電流は電熱線aを流れる電流と電熱線bを流れる電流の和である。

**ウ** 電熱線aにかかる電圧と電熱線bにかかる電圧は等しい。

**エ** 電源装置の電圧は，電熱線aにかかる電圧と電熱線bにかかる電圧の和である。

(2) 測定結果からわかることを正しく述べたものを1つ選びなさい。(5点)　[　]

**ア** 電流計の値《あたい》は，電圧計の値に反比例する。

**イ** 電源装置の電圧と電圧計の値との比は一定である。

**ウ** 電熱線aにかかる電圧は，電熱線bにかかる電圧の$\frac{1}{2}$である。

**エ** 電熱線aの抵抗《ていこう》は，電熱線bの抵抗の4倍である。

記述式 (3) 測定後，水の温度上昇《じょうしょう》が大きかったのは容器1と容器2のどちらか。また，その理由を書きなさい。(4点×2) [　・　]

**2** **[化学変化のきまり]** スチールウールの質量を測定したあと，火をつけて図のように集気びんの中で燃焼《ねんしょう》させた。火が消えたあと，スチールウールが燃えたあとにできた物質の質量を測定すると，燃やす前のスチールウールの質量よりも増加していた。次の問いに答えなさい。(6点×4)〔北海道一改〕

(1) 燃焼について説明した次の文の①，②の(　)の中の**ア**～**エ**から正しい語句をそれぞれ選びなさい。　①[　]　②[　]

熱や光を①(**ア** 出さずに　**イ** 出しながら)，物質が②(**ウ** おだやかに　**エ** 激しく) 酸素と結びつくことである。

(2) 燃焼後に質量が増加したのは，次の化学反応式で表されるように，スチールウールが空気中の酸素と化合したからである。空欄《くうらん》の①，②にあてはまる数字を書きなさい。

( ① ) Fe + ( ② ) $O_2$ ⟶ $2Fe_2O_3$　①[　]　②[　]

**3** **[血液の循環《じゅんかん》]** 図は，ヒトの血液循環の一部を示したもので，→は血液の流れる向きを示している。次の問いに答えなさい。（6点×5）

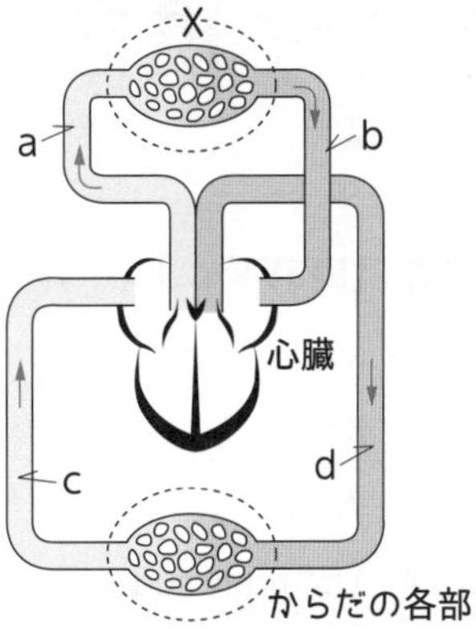


(1) 図中のXは空気中の酸素と体内でできた二酸化炭素を交換《こうかん》する器官を示している。Xの名称《めいしょう》を答えなさい。〔　　　〕

(2) 酸素を多く含《ふく》む血液が流れる血管を，図のa～dから2つ選びなさい。〔　　・　　〕

(3) (2)の血管を流れる，酸素を多く含む血液のことを何というか。名称を答えなさい。〔　　　〕

(4) 次の文は，からだの各部の細胞《さいぼう》での物質のやりとりについて述べたものである。空欄の①，②にあてはまる語句を，あとの**ア**～**オ**から選びなさい。

①〔　　〕　②〔　　〕

血液の液体成分である（　①　）の一部は，毛細血管からしみ出て細胞のまわりをひたしている。このひたしている液は（　②　）とよばれ，細胞に必要な物質や不要な物質のやりとりのなかだちをしている。

**ア** 液胞　　**イ** 消化液　　**ウ** 血しょう　　**エ** 組織液　　**オ** 血球

**4** **[空気中の水の変化]** 次の文は，登山をしたときのようすを述べたものである。これに関して，あとの問いに答えなさい。〔千葉〕

南西側のふもとから登山を始めたところ，山頂に向かって風が吹《ふ》いていた。このころ山頂には図1のように雲がかかっていた。山頂に着き，リュックサックから密封《みっぷう》された菓《か》子《し》袋《ぶくろ》をとり出したところ，図2のようにふもとのときより大きくふくらんでいた。北東側のふもとに着くと，急に暗くなり激しい雨が降り出した。風は北よりに変わり，気温が下がった。このとき，山の付近を（　　）前線が短時間に東へ通過したことが，あとになってわかった。

図1

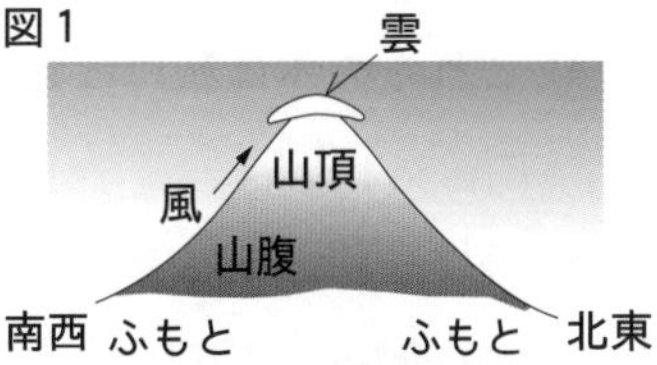


図2

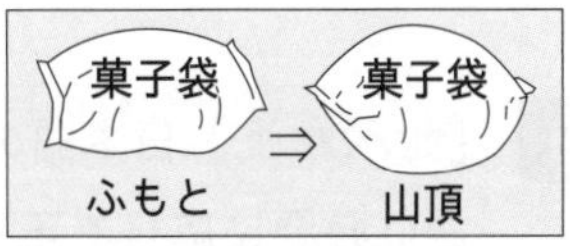


記述式 (1) 下線部のようになる理由を簡単に書きなさい。（10点）

〔　　　　　　　　　　　　　　　　〕

(2) 空気のかたまりが山腹に沿って上昇し，雲が発生するまでの間に，どのような変化が起こるか。次の**ア**～**エ**から1つ選びなさい。（8点）〔　　　〕

**ア** 空気のかたまりが膨張《ぼうちょう》して気温が下がり，湿度は下がる。
**イ** 空気のかたまりが膨張して気温が下がり，湿度は上がる。
**ウ** 空気のかたまりが収縮して気温が下がり，湿度は下がる。
**エ** 空気のかたまりが収縮して気温が下がり，湿度は上がる。

(3) 文中の（　　）に入る最も適当な語句を書きなさい。（7点）〔　　　〕

月　　日

# 第1日　現在形・過去形

時間 30分　合格点 80点　得点　　点

解答→別冊 p.19

**1** ［語形変化］(　)内の語を，正しい形にして〔　〕内に入れなさい。(4点×4)

(1) I〔　　　　〕sick yesterday.　( be )

(2) Kenji〔　　　　〕very hard last night.　( study )

(3) We〔　　　　〕here ten minutes ago.　( come )

(4) The man suddenly〔　　　　〕and began to cry.　( stop )

*begin to ～：～し始める

よく出る **2** ［適語補充］次の日本語の意味になるように，〔　〕内に適切な語を入れなさい。(5点×5)

(1) 私は東京出身ではありません。

〔　　　　〕〔　　　　〕from Tokyo.

(2) あなたはそのとき，どこにいましたか。― 私は図書館にいました。

Where〔　　　　〕you then? ― I〔　　　　〕in the library.

(3) 生徒たちは今，プールで泳いでいます。

The students〔　　　　〕〔　　　　〕in the pool now.

(4) これらの本は私には難しすぎます。

These books〔　　　　〕too difficult for me.

(5) 姉は今朝，朝食を食べませんでした。

My sister〔　　　　〕〔　　　　〕breakfast〔　　　　〕morning.

よく出る **3** ［並べかえ］日本語の意味になるように，次の語句を並べかえなさい。ただし，下線部の語は必要に応じて正しい形にかえること。(5点×3)

(1) この映画はとてもおもしろいです。

( interesting, this, very, be, movie ).

________________________________________.

(2) その島ではたくさんの人々が木を切っていました。

( people, on that, a lot of, trees, be, cut ) island.

________________________________________ island.

(3) あなたはこのコンピュータを使いますか。

( use, you, this computer, do )?

________________________________________?

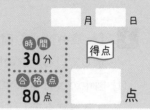

**4** ［適語補充］次の表の内容に合うように，［　］内に適切な語を入れなさい。（5点×4）

| | したこと | した日 |
|---|---|---|
| Ichiro | 音楽を聞いた | 昨夜 |
| | すしを食べた | 先週の月曜日 |
| Akira | ぼうしを買った | 昨日 |
| | 野球の練習をした | 先週の土曜日 |
| Kazuko | 海で泳いだ | 昨日 |
| | 友だちの家に行った | 3日前 |

(1) Ichiro［　　　　　　　］*sushi* last Monday.
(2) Akira［　　　　　　　］a cap yesterday.
(3) Akira［　　　　　　　］baseball last Saturday.
(4) Kazuko［　　　　　　　］to her friend's house three days ago.

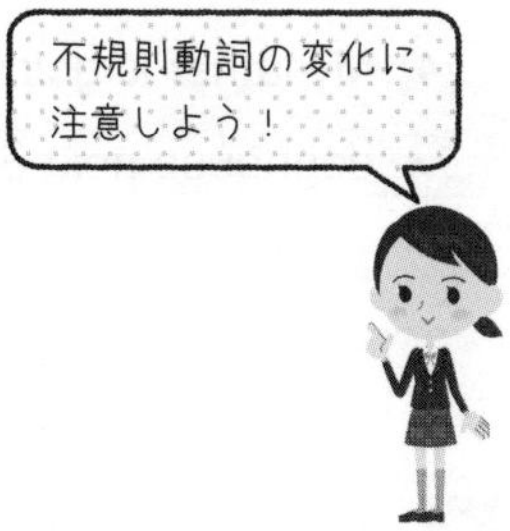


記述式

**5** ［書きかえ］次の英文を（　）内の指示にしたがって書きかえなさい。（6点×4）

(1) Is Ken on the soccer team?（過去の文に）

________________________________________

(2) She read a newspaper during breakfast.（否定文に）

________________________________________

(3) These books were <u>on this table</u>.（下線部が答えの中心になる疑問文に）

________________________________________

(4) Did you run around our school?（then をつけ加えて過去進行形の文に）

________________________________________

**最後にこれだけ確認！**

確認チェック

□ be動詞は主語や時制によって使い分ける。
□ 一般動詞の過去形は主語が何であっても形は同じ。

| be動詞 | | |
|---|---|---|
| 主語 | 現在 | 過去 |
| I | am | was |
| 三人称単数 | is | was |
| you，複数 | are | were |

| 一般動詞の過去形 | |
|---|---|
| 規則動詞 | 不規則動詞 |
| 原形に(e)dをつける | 不規則に変化する |
| look → looked | buy → bought |
| like → liked | come → came |
| stop → stopped | eat → ate |
| study → studied | go → went |

# 第2日 未来を表す表現

月　日

時間 30分

合格点 80点

得点　点

解答→別冊 p.20

よく出る **1** ［適語選択］（　）内から適切な語句を選んで，記号を〇で囲みなさい。（3点×4）

(1) Kenji（ア play　イ will　ウ plays　エ will play）soccer with his friends tomorrow.

(2) I am（ア going to cook　イ cooking　ウ going cooking　エ going cook to）dinner for my family next Sunday.

(3) Nancy will（ア be come　イ comes　ウ come　エ coming）to the party.

(4) My father is going（ア to making　イ to make　ウ making　エ makes）a doghouse next Sunday.

**2** ［適文選択］次の疑問文の答えとして適切なものを選んで，記号を〇で囲みなさい。（4点×3）

(1) Is Yumi going to go to America next year?

ア Yes, she did.　イ No, she isn't.

ウ Yes, she does.　エ No, she doesn't.

(2) Who will teach English to us next year?

ア Mr. Brown will.　イ Mr. Brown does.

ウ He is Mr. Brown.　エ No, he will not.

(3) What are you going to do this afternoon?

ア Yes, I am.　イ I'm going to practice tennis.

ウ No, I'm not going to school.　エ You're going to practice tennis.

**3** ［適語補充］次の日本語の意味になるように，［　］内に適切な語を入れなさい。（4点×4）

(1) 彼は将来，先生になるつもりです。

He［　　　］［　　　］to［　　　］a teacher in the future.

(2) 彼らは来週忙しいでしょう。

They［　　　］［　　　］busy next week.

(3) 明日は曇りでしょうか。

［　　　］it［　　　］cloudy tomorrow?

(4) あなたは何時に起きるつもりですか。

What time［　　　］you［　　　］to get up?

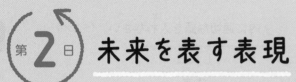

**4** **［適語補充］** 正しい問答文になるように，［　］内に適切な語を入れなさい。（5点×2）

(1) *A*：How old are you?

*B*：I'm thirteen.　I'm［　　　　　　］to［　　　　　　］fourteen next week.

(2) *A*：Mother, I want a new notebook.

*B*：OK.　I［　　　　　　］buy one for you tomorrow.

**5** **［並べかえ］** 日本語の意味になるように，次の語句を並べかえなさい。ただし，不要なものが１つあります。（8点×2）

(1) 私はこの本を読むつもりはありません。

( going, am, will, this book, to, I, not, read ).

________________________________________.

(2) だれがそのボランティア活動に参加するでしょうか。

( volunteer activity, will, that, join, who, joins )?

________________________________________?

記述式 **6** **［書きかえ］** 次の英文を(　)内の指示にしたがって書きかえなさい。（8点×2）

(1) I am busy.（文末に tomorrow をつけ加えて，will を使った文に）

________________________________________

(2) They will stay in Japan <u>for a week</u>.（下線部が答えの中心になる疑問文に）

________________________________________

記述式 **7** **［条件英作文］** 次のようなとき，あなたならどのように言いますか。英語で書きなさい。(　)内の語を参考にすること。（9点×2）

(1) 自分は今日，トムを訪ねるつもりだと言いたいとき。( to )

________________________________________

(2) 相手に，明日は晴れるでしょうかとたずねるとき。( will )

________________________________________

**最後にこれだけ確認！**

□ 未来の文

未来の文は will，be going to ～で表し，be going to ～は主語によって be 動詞を使い分ける。主語にかかわらず動詞の原形を続ける。

Kenta is going to go to the park tomorrow.　ケンタは明日公園に行くつもりです。

月　日

# 第3日 助動詞・接続詞

時間 30分
合格点 80点
得点　点

解答→別冊 p.20

**1** [適語選択] 次の日本語の意味になるように，(　)内から適切な語句を選んで，記号を○で囲みなさい。(3点×4)

(1) ミカは速く走ることができます。

Mika ( ア will　イ can　ウ should ) run fast.

(2) 彼はここを掃除しなければなりませんか。

Does he ( ア have to　イ has to　ウ must ) clean here?

(3) 私はおなかが空いたので，おにぎりを食べました。

I ate an *onigiri* ( ア so　イ but　ウ because ) I was hungry.

(4) タダシは3時までに駅に行かなければなりません。

Tadashi ( ア has　イ may　ウ must ) go to the station by three.

よく出る **2** [適語補充] 次の日本語の意味になるように，[　]内に適切な語を入れなさい。(3点×5)

(1) 私は今夜，数学の宿題をしなければなりません。

I [　　　] [　　　] do my math homework tonight.

(2) 彼はそこに行かなければなりませんか。

[　　　] he go there?

(3) 明日晴れたら，私たちはキャンプに行きます。

We'll go camping [　　　] it [　　　] sunny tomorrow.

(4) 彼女は忙しいので私の家に来ることができません。

She can't come to my house [　　　] she's busy.

(5) あなたたちは今日学校に行く必要はありません。

You [　　　] [　　　] [　　　] go to school today.

**3** [適文選択] 日本語の意味になるように，適切な文を選んで，記号を書きなさい。(5点×3)

(1)「この本を見てもいいですか。」

— Sure. Go ahead.　[　　]

(2)「ここにあなたの名前を書いてくださいませんか。」

— Of course.　[　　]

(3)「この歌を歌いましょうか。」

— Yes, let's.　[　　]

ア Shall we sing this song?　イ May I see this book?

ウ Do you see this book?　エ Shall I sing this song?

オ Will I write your name here?　カ Could you write your name here?

記述式 よく出る

**4** **[書きかえ]** 次の英文を(　)内の指示にしたがって書きかえなさい。(6点×4)

(1) You eat this cake.(「～してはいけません」という文に)

(2) Do we study English today?(「～するべきですか」という文に)

(3) Mika will visit Tokyo.  Ken doesn't know that.(2 文を 1 文に)

(4) I will stay home.(「もし明日雨なら」という意味をつけ加えて)

**5** **[並べかえ]** 日本語の意味になるように，次の語句を並べかえなさい。(6点×3)

(1) あなたはこの辞書を使ってもよいです。

( this dictionary, may, you, use ).

______________________.

(2) ケンが私に電話をかけてきたとき，私は本を読んでいました。

( I, Ken, a book, was, when, called, reading ) me.

______________________ me.

(3) あなたは私たちを手伝う必要はありません。

( help, to, don't, us, you, have ).

______________________.

記述式

**6** **[条件英作文]** 次のようなとき，あなたならどのように言いますか。英語で書きなさい。

(8点×2)

(1) この箱を運んでくれませんかと依頼するとき。

(2) ここに座ってもいいですかとたずねるとき。

**最後にこれだけ確認！**

□ **注意するべき助動詞の表現**

| | | |
|---|---|---|
| must not ～ | 「～してはいけない」(禁止) | Don't ～. とほぼ同じ意味。 |
| don't have to ～ | 「～しなくてもよい」,「～する必要はない」(不必要) | |
| Shall we ～? | 「～しませんか」(勧誘) | Let's ～. とほぼ同じ意味。 |

月　　日

# 第4日 There is / are ～.・前置詞

時間 30分

合格点 80点

得点　　点

解答→別冊 p.21

**1** ［適語補充］絵の内容に合うように，〔　〕内に適切な語を入れなさい。(4点×2)

(1) 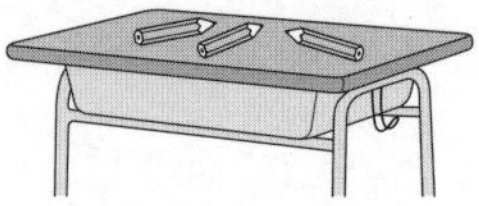

There 〔　　　　　〕 three pens 〔　　　　　〕 a desk.

(2) 

〔　　　　　〕〔　　　　　〕 two birds 〔　　　　　〕 the sky.

よく出る **2** ［適語補充］次の日本語の意味になるように，〔　〕内に適切な語を入れなさい。(5点×5)

(1) 公園のそばにレストランがあります。

There 〔　　　　　〕 a restaurant 〔　　　　　〕 the park.

(2) 駅の下にコンビニエンスストアが1軒ありました。

There 〔　　　　　〕 a convenience store 〔　　　　　〕 the station.

(3) その部屋の壁に時計はありませんでした。

There 〔　　　　　〕 no clocks 〔　　　　　〕 the wall in the room.

(4) 机とベッドの間にカバンがあります。

There 〔　　　　　〕 a bag 〔　　　　　〕 a desk and a bed.

(5) 毎朝，その公園の周りにたくさんのランナーがいます。

Every morning, there 〔　　　　　〕 a lot of runners 〔　　　　　〕 the park.

**3** ［同意書きかえ］次の各組の文が同じ意味になるように，〔　〕内に適切な語を入れなさい。(5点×3)

(1) A week has seven days.
〔　　　　　〕〔　　　　　〕 seven days in a week.

(2) We will have much rain next month.
〔　　　　　〕〔　　　　　〕〔　　　　　〕 much rain next month.

(3) There weren't any eggs in the shop.
There 〔　　　　　〕 no eggs in the shop.

**4** **[並べかえ]** 日本語の意味になるように，次の語句を並べかえなさい。ただし，不要なものが1つあります。(8点×4)

(1) 電車にたくさん人がいました。

( on, there, many, was, were, the train, people ).

________________________________________.

(2) あなたの家の近くに学校がいくつありますか。

( near, schools, there, is, how, your house, many, are )?

________________________________________?

(3) 山の上に雲は1つもありませんでした。

( not, was, the mountains, clouds, there, were, any, over ).

________________________________________.

(4) テーブルの上にカップが1つありますか。

( is, the table, on, in, a cup, there )?

________________________________________?

記述式 **5** **[条件英作文]** 次のようなとき，あなたならどのように言いますか。there を使って英語で書きなさい。(10点×2)

(1) この部屋には窓が2つあると言いたいとき。

________________________________________

(2) あの公園に木が何本あるかたずねるとき。

________________________________________

**最後にこれだけ確認！**

□ 「～がある[あった]」は「～」にくる名詞が単数なら There is[was] ～.，複数なら There are[were] ～. を使う。

□ 前置詞は〈前置詞＋名詞[代名詞]〉で場所や時などを表す。

・場所を表す前置詞

**at** the station「駅で」，**in** a bag「カバンの中に」，**on** a desk「机の上に」，
**under** a chair「いすの下に」，**over**[**above**] a river「川の上に」，
**between** A and B「AとBの間に」 など

・時を表す前置詞

**at** six「6時に」，**in** summer「夏に」，**on** Monday「月曜日に」，
**before** seven「7時前に」，**after** dinner「夕食後に」，
**about**[**around**] noon「正午ごろに」 など

月　日

# 第5日 不定詞・動名詞

時間 30分
合格点 80点
得点　点

解答→別冊 p.22

**1** ［適語選択］（　）内から適切な語句を選んで，記号を○で囲みなさい。（3点×6）

(1) We enjoyed（ア watches　イ watching　ウ watch　エ watched）TV last night.

(2) He wants（ア swimming　イ to swim　ウ to swims　エ swim）in the sea.

(3) My work is（ア making　イ makes　ウ to making　エ make）breakfast every day.

(4)（ア Be　イ To being　ウ Is　エ To be）an astronaut is my dream.

(5) I'm sorry（ア heard　イ to hear　ウ hears　エ hearing）the news.

(6) I have nothing（ア drink　イ drinking　ウ drinks　エ to drink）now.

**2** ［適語補充］次の日本語の意味になるように，〔　〕内に適切な語を入れなさい。（3点×7）

(1) バイオリンをひくことは私にとって難しいです。

〔　　　〕〔　　　〕the violin is difficult for me.

(2) 図書館に行くのはどうですか。

How about〔　　　〕to the library?

(3) 私は歌を歌うのをやめました。

I〔　　　〕〔　　　〕songs.

(4) ミサは宿題をするために早く起きました。

Misa got up early〔　　　〕〔　　　〕her homework.

(5) 何か冷たい飲みものを私にください。

Please give something〔　　　〕〔　　　〕drink to me.

(6) 私に電話してくれてありがとうございます。

Thank you〔　　　〕〔　　　〕me.

(7) コウジは英語を上手に話します。

Koji is good〔　　　〕〔　　　〕English.

よく出る **3** ［同意書きかえ］次の各組の文が同じ意味になるように，〔　〕内に適切な語を入れなさい。（5点×2）

(1) I like to listen to music.
I like〔　　　〕to music.

(2) Let's begin studying English.
Let's begin to〔　　　〕English.

よく出る **4** **[並べかえ]** 日本語の意味になるように，次の語を並べかえなさい。ただし，不要なものが1つあります。(6点×5)

(1) 彼らは映画を見ることに興味があります。

( in, are, watch, they, watching, interested, movies ).

______________________________________________.

(2) あなたはここに来てうれしいですか。

( here, happy, come, are, you, to, coming )?

______________________________________________?

(3) 夕食を食べる前に宿題をしなさい。

( do, your, have, having, before, homework ) dinner.

______________________________________________ dinner.

(4) 私は何かおもしろい読み物がほしいです。

( read, I, interesting, want, anything, something, to ).

______________________________________________.

(5) 彼らは昨日私に会いに来てくれました。

They ( to, me, came, coming, yesterday, see ).

They ______________________________________________.

記述式 **5** **[英作文]** 次の日本文を英語に直しなさい。ただし，(2)(3)は( )内の語句を使うこと。

(7点×3)

(1) 私は英語を勉強するために図書館に行きました。

______________________________________________

(2) 京都には訪れるべき場所がたくさんあります。( there are )

______________________________________________

(3) 野球を見ることはわくわくします。( watching )

______________________________________________

**最後にこれだけ確認！**

☐不定詞〈to ＋動詞の原形〉には３つの用法がある。

名詞的用法「〜すること」

形容詞的用法「〜するべき」,「〜するための」

副詞的用法「〜するために」,「〜して」

☐「〜すること」は動名詞，不定詞の名詞的用法で表すことができる。

月　日

# 第6日 lookなど＋A, giveなど＋A＋B

時間 30分　合格点 80点　得点　点

解答→別冊 p.22

**1** [適語選択] (　) 内から適切な語句を選んで，記号を○で囲みなさい。(3点×4)

(1) Your father ( ア look at　イ looking　ウ looks　エ looks like ) young.

(2) That song ( ア sound　イ sounds　ウ sounds like　エ is sound ) good.

(3) Mami gave ( ア my　イ mine　ウ me　エ I ) a present yesterday.

(4) Ken ( ア likes look　イ looks like　ウ looking　エ looks ) an actor.

**2** [適語補充] 次の日本語の意味になるように，[　] 内に適切な語を入れなさい。(4点×4)

(1) この話は私には奇妙に聞こえます。

This story [　　　　] strange to me.

(2) イチロウは私におもしろい話をしてくれました。

Ichiro [　　　　] [　　　　] an interesting story.

(3) あなたはこのドレスを着ると美しく見えます。

You [　　　　] [　　　　] in this dress.

(4) あの大きな岩は高い建物のように見えました。

That large stone [　　　　] [　　　　] a tall building.

**3** [同意書きかえ] 次の各組の文が同じ意味になるように，[　] 内に適切な語を入れなさい。(5点×3)

(1) My mother bought me a new computer last week.
My mother bought a new computer [　　　　] [　　　　] last week.

(2) Please give me chocolate.
Please give chocolate [　　　　] [　　　　].

(3) I'll show you a map around here now.
I'll show a map around here [　　　　] [　　　　] now.

記述式 **4** [英文和訳] 次の英文を look の意味のちがいに注意して，日本語に直しなさい。(5点×3)

(1) She is looking at a picture.

[　　　　　　　　　　　　　　　　]

(2) She looks busy today.

[　　　　　　　　　　　　　　　　]

(3) She looks like a singer.

[　　　　　　　　　　　　　　　　]

よく出る

**5** **[並べかえ]** 日本語の意味になるように，次の語句を並べかえなさい。ただし，不要なものが１つあります。(5点×4)

(1) スズキ先生は水曜日は私たちに数学を教えません。

( us，Mr. Suzuki，on，math，doesn't，for，teach，to ) Wednesday.

＿＿＿＿＿＿＿＿＿＿＿＿＿＿＿＿＿＿＿＿＿＿＿＿ Wednesday.

(2) このチョコレートは苦い味がします。

( sounds，tastes，this chocolate，bitter ).

＿＿＿＿＿＿＿＿＿＿＿＿＿＿＿＿＿＿＿＿＿＿＿＿＿＿＿＿.

(3) 私は彼にこのカードを送るつもりです。

( him，card，for，send，I，this，will ).

＿＿＿＿＿＿＿＿＿＿＿＿＿＿＿＿＿＿＿＿＿＿＿＿＿＿＿＿.

(4) タクヤは世界で有名になりました。

( Takuya，famous，in，became，was ) the world.

＿＿＿＿＿＿＿＿＿＿＿＿＿＿＿＿＿＿＿＿＿＿＿＿＿ the world.

記述式

**6** **[書きかえ]** 次の英文を(　)内の指示にしたがって書きかえなさい。(5点×2)

(1) She is angry today.（「～ように見えます」という文に）

＿＿＿＿＿＿＿＿＿＿＿＿＿＿＿＿＿＿＿＿＿＿＿＿＿＿＿＿

(2) Please write me <u>a letter</u> soon.（下線部を write の直後に置いて，同じ内容の文に）

＿＿＿＿＿＿＿＿＿＿＿＿＿＿＿＿＿＿＿＿＿＿＿＿＿＿＿＿

記述式

**7** **[条件英作文]** 次のようなとき，あなたならどのように言いますか。英語で書きなさい。(　)内の語句を参考にすること。(6点×2)

(1) 自分がカズヤにケーキを作ってあげたと言いたいとき。( a cake )

＿＿＿＿＿＿＿＿＿＿＿＿＿＿＿＿＿＿＿＿＿＿＿＿＿＿＿＿

(2) 相手に，駅までの道を教えてくださいと依頼するとき。( Please )

＿＿＿＿＿＿＿＿＿＿＿＿＿＿＿＿＿＿＿＿＿＿＿＿＿＿＿＿

**最後にこれだけ確認！**

**□目的語を２つとる動詞**

〈動詞＋人＋もの〉は〈動詞＋もの＋for[to]＋人〉に書きかえられる。for と to のどちらを使うかは動詞によって決まっている。

for を使う動詞：buy，make，cook など　to を使う動詞：give，show，teach など

月　日

# 第7日 比較級・最上級・同等比較

時間 30分
合格点 80点
得点　点

解答→別冊 p.23

**1** **[適語選択]**（　）内から適切な語句を選んで，記号を○で囲みなさい。（3点×5）

(1) Hide is the tallest（ア during　イ in　ウ from　エ of）the four.

(2) You can play baseball（ア more　イ better　ウ best　エ more well）than Ken.

(3) My dog is（ア little　イ many　ウ much　エ more）bigger than yours.

(4) Tomomi runs as（ア fast　イ faster　ウ fastest　エ very fast）as your sister.

(5) Is your city larger（ア to　イ of　ウ than　エ in）ours?

**2** **[適語補充]** 次の日本語の意味になるように，〔　〕内に適切な語を入れなさい。（3点×4）

(1) この質問は最初の質問よりも簡単です。

This question is〔　　　　〕〔　　　　〕the first one.

(2) これは世界でいちばん古い時計です。

This is〔　　　　〕〔　　　　〕clock in the world.

(3) 私はすべての教科の中で英語がいちばん好きです。

I like English the〔　　　　〕〔　　　　〕all the subjects.

(4) 東京は世界で最も有名な都市のうちの１つです。

Tokyo is〔　　　　〕of the most〔　　　　〕〔　　　　〕in the world.

**3** **[並べかえ]** 日本語の意味になるように，次の語句を並べかえなさい。ただし，下線部の語は必要に応じて正しい形にかえること。（5点×3）

(1) ルーシーは家族でいちばん上手に日本語を話します。

（<u>well</u>, her, speaks, in, Lucy, the, Japanese, family）.

________________________________________.

(2) 地球は太陽よりもずっと小さいです。

（<u>small</u>, than, the earth, much, the sun, is）.

________________________________________.

(3) 弟は父ほど早く起きません。

（<u>early</u>, as, get, my brother, up, my father, doesn't, as）.

________________________________________.

よく出る **4** 〔語形変化〕（　）内の語を，正しい形にして〔　〕内に入れなさい。2語になる場合もあります。(5点×5)

(1) You like soccer〔　　　　　〕than baseball.　( well )

(2) This is the〔　　　　　〕picture of the three.　( beautiful )

(3) I came to school〔　　　　　〕than my teacher.　( early )

(4) February is the〔　　　　　〕month of the year.　( short )

(5) August is〔　　　　　〕than November in Japan.　( hot )

**5** 〔適語補充〕次の表の内容に合うように，〔　〕内に適切な語を入れなさい。(6点×3)

| | Junko | Yuka | Kumi |
|---|---|---|---|
| 持っている本の数 | 150冊 | 50冊 | 120冊 |
| 持っているCDの数 | 30枚 | 50枚 | 30枚 |
| 先週土曜日の勉強時間 | 5時間 | 5時間半 | 8時間 |

(1) Junko has〔　　　　　〕books than Yuka and Kumi.

(2) Kumi has〔　　　　　〕〔　　　　　〕CDs as Junko.

(3) Junko and Yuka didn’t study〔　　　　　〕〔　　　　　〕〔　　　　　〕Kumi last Saturday.

**6** 〔同意書きかえ〕次の各組の文が同じ意味になるように，〔　〕内に適切な語を入れなさい。(5点×3)

(1) Hideki is older than Takuma.
Takuma is〔　　　　　〕than Hideki.

(2) You can play the violin better than Yukari.
Yukari〔　　　　　〕play the violin as〔　　　　　〕as you.

(3) Mt. Fuji is the highest mountain in Japan.
Mt. Fuji is higher than any〔　　　　　〕〔　　　　　〕in Japan.

**最後にこれだけ確認！**

□比較級・最上級

- 規則変化するもの（多くの語）　er, est をつける　faster, fast**est**
  - 語尾がeの語　r, st をつける　large**r**, large**st**
  - 語尾が〈子音字＋y〉　y を i にかえて er, est をつける　earl**ier**, earl**iest**
  - 語尾が〈短母音＋子音字〉　子音字を重ねて er, est をつける　hot**ter**, hot**test**
- 比較的長いつづりの語は more, most をつける。**more** important, **most** important

# 第8日 受け身

月　日

時間 30分
合格点 80点
得点　点

解答→別冊 p.24

**1** [適語選択] (　) 内から適切な語句を選んで，記号を○で囲みなさい。(2点×6)

(1) English is ( ア studying　イ studied　ウ studies　エ be studied ) by a lot of students.

(2) ( ア Was　イ Does　ウ Is　エ Be ) this car used in 1965?

(3) What language ( ア is speaking　イ was speaking　ウ is spoken　エ was spoken ) in your country now?

(4) This letter was written in English ( ア in　イ by　ウ from　エ of ) Jane.

(5) Eri ( ア can helping　イ is helped　ウ can help　エ helping ) by Ken.

(6) This park ( ア covered　イ be covered　ウ cover　エ is covered ) with a lot of snow.

よく出る **2** [書きかえ] [　] 内に適切な語を入れて，受け身の文に書きかえなさい。(3点×4)

(1) He broke that cup last night.
That cup [　　　　] [　　　　] by him last night.

(2) In my class, many students know this singer.
In my class, this singer is [　　　　] [　　　　] many students.

(3) Naoki invited me to the party last Sunday.
I [　　　　] [　　　　] to the party by Naoki last Sunday.

(4) Her letter surprised me.
I was [　　　　] [　　　　] her letter.

**3** [適語補充] 次の日本語の意味になるように，[　] 内に適切な語を入れなさい。(4点×4)

(1) この仕事はあの生徒たちがしたのです。
This work was [　　　　] [　　　　] those students.

(2) このカバンはイタリア製です。
This bag was [　　　　] [　　　　] Italy.

(3) この手紙はいつあなたに送られたのですか。
When [　　　　] this letter [　　　　] to you?

(4) 京都は毎日多くの人々に訪問されています。
Kyoto [　　　　] [　　　　] by many people every day.

**4** **[並べかえ]** 日本語の意味になるように，次の語句を並べかえなさい。ただし，必要なbe動詞を補うこと。(5点×2)

(1) 花はこの店では売られていません。

( this, not, at, flowers, store, sold ).

________________________________________.

(2) なぜその国ではたくさんの木が切られたのですか。

( trees, country, in, down, a lot of, that, why, cut )?

________________________________________?

**5** **[適語選択]** 日本語を参考にして，[　] 内に入る適切な語を下から選んで入れなさい。(6点×4)

(1) Japanese is used [　　　　　　] Japan. 「日本で使われている」

(2) This bridge is made [　　　　　　] stone. 「石でできている」

(3) This song is loved [　　　　　　] many young people. 「多くの若者に愛されている」

(4) Butter is made [　　　　　　] milk. 「牛乳から作られている」

| of, from, in, by |
|---|

記述式 **6** **[書きかえ]** 次の英文を( )内の指示にしたがって書きかえなさい。(6点×2)

(1) I was taken to the library by <u>Tom</u>.（下線部を主語にした文に）

________________________________________

(2) When did she cook <u>this lunch</u>?（下線部を主語にした受け身の文に）

________________________________________

記述式 **7** **[英作文]** 次の日本文を英語に直しなさい。( )内の語を参考にすること。(7点×2)

(1) この本は多くの人に読まれました。( book )

________________________________________

(2) 彼の名前はみんなに知られています。( known, to )

________________________________________

**最後にこれだけ確認！**

☐by 以外を使う受け身

| | | | |
|---|---|---|---|
| be made of ～ | ～(材料)でできている | be covered with ～ | ～でおおわれている |
| be made from ～ | ～(原料)から作られる | be filled with ～ | ～でいっぱいだ |
| be known to ～ | ～に知られている | | |
| be interested in ～ | ～に興味がある | | |

月　日

# 第9日 現在完了

時間 30分
合格点 80点
得点　点

解答→別冊 p.24

**1** [用法判定] 次の英文と同じ用法の現在完了を含む文を選びなさい。(5点×3)

(1) I have just finished my homework. [　　]

(2) You have watched this movie before. [　　]

(3) Kenta has used this bike for three years. [　　]

ア My sister has been in Tokyo since she was eighteen.

イ I have just cleaned my room.

ウ My brother has played golf before.

よく出る **2** [適語補充] 次の日本語の意味になるように，[ ] 内に適切な語を入れなさい。(5点×5)

(1) あなたは月曜日からずっと忙しいですか。

[　　　　] you [　　　　] busy since Monday?

(2) サトシはこの果物を一度も食べたことがありません。

Satoshi [　　　　] [　　　　] eaten this fruit.

(3) あなたはもう昼食を食べましたか。

[　　　　] you had lunch [　　　　]?

(4) エミと私は10年間友だちです。

Emi and I have [　　　　] friends [　　　　] ten years.

(5) ユウタはちょうど家を出たところです。

Yuta has [　　　　] [　　　　] home.

**3** [並べかえ] 日本語の意味になるように，次の語句を並べかえなさい。(5点×3)

(1) 彼らはどのくらいの間英語を勉強していますか。

( have, English, they, long, studied, how )?

______________________________________________?

(2) 私はまだ顔を洗っていません。

( haven't, washed, I, yet, my face ).

______________________________________________.

(3) あなたは今までに沖縄に行ったことがありますか。

( to, ever, Okinawa, been, have, you )?

______________________________________________?

**4** ［正誤判定］次の英文の下線部が正しければ○，誤っていれば×を書きなさい。（5点×3）

(1) Mina has stayed in Nara for many times. ［　　］

(2) They have cleaned this street since 2015. ［　　］

(3) I have heard this song two days ago. ［　　］

**5** ［同意書きかえ］次の各組の文が同じ意味になるように，［　］内に適切な語を入れなさい。（5点×3）

(1) Mr. Smith went to Tokyo and isn't here now.
Mr. Smith ［　　　　］［　　　　］ to Tokyo.

(2) Ten years have passed since I started playing the piano.
I have ［　　　　］ the piano ［　　　　］ ten years.

(3) This is her first visit to Hokkaido.
She has ［　　　　］ visited Hokkaido ［　　　　］.

記述式 **6** ［英作文］次の日本文を英語に直しなさい。ただし，（　）内の語を使うこと。（5点×3）

(1) 私はケンに２年間会っていません。( met )

(2) サトミはどこに行ってしまいましたか。( gone )

(3) あなたは何回大阪に行ったことがありますか。( many )

**最後にこれだけ確認！**

□現在完了には３つの用法がある。
継続「ずっと～している」　経験「～したことがある」
完了・結果「～したところだ」，「～してしまった」

□各用法でよく使われる語とセットで覚えておく。

| | |
|---|---|
| 継続 | since ～「～から」，for ～「～の間」 |
| 経験 | ever「今までに」，never「一度も～ない」 |
| 完了・結果 | just「ちょうど」，yet（疑問文で）「もう」・（否定文で）「まだ」，<br>already「すでに」（肯定文で） |

# 第10日 仕上げテスト

時間 30分
合格点 70点
得点　　点

解答→別冊 p.25

**1** ［適語選択］（　）内から適切な語句を選んで，記号を○で囲みなさい。（4点×5）

(1) She found her pencil and looked（ア her　イ it　ウ them　エ happy ）.

(2) This bag was（ア make　イ makes　ウ made　エ be made ）by my sister last year.

(3) I decided（ア to buying　イ to buy　ウ buying　エ buy ）a new bike.

(4) Yuri（ア was listening　イ is listening　ウ is going to listen　エ listens ）to music when I called her.

(5) If he（ア will come　イ is coming　ウ come　エ comes ）to the party, she won't come.

**2** ［並べかえ］対話文が自然な流れになるように，（　）内の語を並べかえなさい。（5点×4）

(1) *A*：Japan（visit，has，places，to，many）.　Please come!
*B*：Sure.
Japan ＿＿＿＿＿＿＿＿＿＿＿＿＿＿＿＿.

(2) *A*：Do you have any pets at home?
*B*：Yes.　I have a dog.（is，care，him，of，taking）a lot of fun.
＿＿＿＿＿＿＿＿＿＿＿＿＿＿＿＿ a lot of fun.

(3) *A*：( book，interesting，which，more，is ), this or that?
*B*：I like that one.
＿＿＿＿＿＿＿＿＿＿＿＿＿＿＿＿, this or that?

(4) *A*：Do you have（drink，cold，something，to）?
*B*：Yes, I have a bottle of water.　You can drink it.
Do you have ＿＿＿＿＿＿＿＿＿＿＿＿＿＿＿＿?

記述式 **3** ［英作文］次の日本文を英語に直しなさい。（8点×3）

(1) 私はあなたと同じくらい上手にバスケットボールをすることができます。

＿＿＿＿＿＿＿＿＿＿＿＿＿＿＿＿＿＿＿＿

(2) あなたは今までに東京に行ったことがありますか。

＿＿＿＿＿＿＿＿＿＿＿＿＿＿＿＿＿＿＿＿

(3) 彼は音楽を聞くのをやめました。

＿＿＿＿＿＿＿＿＿＿＿＿＿＿＿＿＿＿＿＿

**4** **[長文読解]** 次の英文は，中学生のケン(*Ken*)，ケンの母親，アメリカからの留学生マイク(*Mike*)の会話です。この会話を読んで，あとの問いに答えなさい。〔島根―改〕

*Ken*：I'm full.　Mike, do you want to go out and play basketball with me?

*Ken's mother*：Wait, Ken!　You always leave something.　Mike eats everything.　After you finish ①(eat) everything, you can play outside.

*Ken*：I don't want to eat any more because I don't like fish.

*Mike*：Leaving food is *mottainai*.

*Ken's mother*：Oh, Mike, you know a good Japanese word.

*Mike*：Thank you.　I learned it from Ms. Wangari Maathai.

*Ken*：Wangari Maathai?　I don't know the name.

*Mike*：She used to be Kenya's deputy environment minister.　She ②(hear) the Japanese word *mottainai* when she came to Kyoto in 2005.　She was impressed with its meaning.　She introduced it in many other countries.　When I knew that, I decided ③<u>one thing</u>: I won't leave any food.

*Ken*：That's a good story.　There are many *mottainai* things around us.　For example, I sometimes get plastic bags when I go ④(shop).　It is very *mottainai*.　I want to stop getting them.　Mike, [　⑤　] ?

*Mike*：How about *furoshiki*?　It is useful.　We can use it many times.

*Ken*：That's a good idea.　Give me your *furoshiki*, Mom.

*Ken's mother*：OK.　But Ken, you must finish lunch.　Leaving food is *mottainai*.

*Ken*：Of course, I will, Mom.

(注)　full　満腹の　　used to ～　(かつては)～だった
Kenya's deputy environment minister　ケニア(国名)の環境副大臣
be impressed with ～　～に感動する　　meaning　意味　　plastic bag(s)　レジ袋

(1) ①，②，④の（　）内の語を正しい形にしなさい。(4点×3)

①[　　　　　]　②[　　　　　]　④[　　　　　]

記述式 (2) 下線部③の具体的な内容を日本語で書きなさい。(6点)

[　　　　　　　　　　　　　　　　　　　　]

(3) ⑤の[　　]内に入る適切なものを下から選んで，記号を○で囲みなさい。(6点)

**ア** do you have any ideas　　**イ** do you have *furoshiki*

**ウ** may I help you　　**エ** would you like some more

(4) 次の文が本文の内容と合っていれば○を，ちがっていれば×を[　]内に書きなさい。(6点×2)

**ア** マイクは食事をいつも残す。　[　　]

**イ** ワンガリ・マータイさんは「もったいない」の意味を多くの国に伝えた。　[　　]

て、急激に破壊されはじめたのである。しかし、まだ日本人の心の奥《おく》には、自然は無限に豊かで、不落の城であるかのような印象が根を張っている。この状況《じょうきょう》が続けば、かつてのヨーロッパがそうであったように、否《いな》もっと恐《おそ》ろしい形で日本の自然が破壊しつくされるであろう。そうなればもはや取り返しがつかなくなる。今のうちに自然保護と愛好の思想を育てなければならない。

（河合雅雄《かわいまさを》「子どもと自然」）

＊プロシャ＝現在のドイツ北東部に位置し、かつてのドイツ帝国《ていこく》の中核《ちゅうかく》であった王国のこと。

(1)【漢字の読み書き】——線a～eの漢字はひらがなに、カタカナは漢字に直して書きなさい。（2点×5）

a〔　　〕 b〔　　〕 c〔　　〕

d〔　　〕 e〔　　〕

(2)【熟語構成】——線Aと同じ組み立ての熟語を次から一つ選び、記号で答えなさい。（15点）〔　　〕

ア 地震　イ 往復　ウ 創造　エ 実行

(3)【慣用句】——線Bを国語辞典で調べたら、「□を並べること。」という意味が載《の》っていた。この慣用句が完成するように、□に入る漢字を書きなさい。（15点）〔　　〕

記述式
(4)【内容説明】——線①を説明した次の□に入る言葉を、三十字以内で書きなさい。（20点）

・日本は、他の森林国に比べて□こと。

よく出る
(5)【内容説明】——線②とあるが、かつて日本人は、どのように自然と関わって生きていたか。その内容を説明している文の初めの五字を抜《ぬ》き出して書きなさい。（20点）

(6)【内容理解】この文章で述べられている内容と合うものを次から一つ選び、記号で答えなさい。（20点）〔　　〕

ア 日本人は清い水と豊かな緑に覆われた自然の中で育ってきており、自然保護の思想は生まれにくいので、あえて育てていかなくてはならない。

イ 日本の森林の不死鳥のような強靱さに安心していると、自然は不落の城でなくなるので、あるがままにある自然を取り戻《もど》さなくてはならない。

ウ 日本では、自然が豊かすぎて、自然保護の思想が貧困だから、文中の親鸞の言葉のように自然保護と愛好の思想を育てなければならない。

エ わが国は、世界でも有数の天災多発国なので、ヨーロッパの自然認識を学び、巨大な技術の進歩を利用して自然破壊を防がなくてはならない。

# 第10日 仕上げテスト

時間 30分
合格点 70点
得点　　点
月　日

解答→別冊30ページ

**1** 次の文章を読んで、あとの問いに答えなさい。〔秋田〕

1 日本人は自然保護の思想が貧困だといわれる。なぜそうなのかを少し考えてみたい。一言にしていえば、①日本の自然が豊かすぎるからである。国土面積の森林A被覆《ひふく》率は七十パーセント弱、これは森と湖の国フィンランドにB匹敵《ひってき》する世界有数の森林国といえよう。木材の国カナダといえども森林被覆率は三三パーセント、ドイツやフランスで二七パーセントだから、日本は大変な森林国である。それに種類も多い。フィンランドへ行ってびっくりするのは、樹種がaヒジョウに少ないことだ。カンバ類三種と松、トウヒくらい知っていると、どこの森へ行っても間に合う。

2 わが国は、世界でも有数の天災多発国だ。毎年台風が襲来《しゅうらい》して草木をなぎ倒《たお》し、そこここでbコウズイが起こる。地震《じしん》や火山の噴火《ふんか》で山は崩《くず》れ、山火事で全山が燃えつきることもある。しかし、しばらくするとススキや笹《ささ》が生え、ついで低木や松の緑が破《は》壊《かい》された地肌《じはだ》を覆《おお》ってしまう。日本の森は、壊《こわ》れてもcヤかれても復元する強靭《きょうじん》さをもっており、世界中でも最も回復力が強い森だといってよい。

3 清い水と豊かな緑に覆われた自然の中で育った日本人には、それを保護しようなどという考えが生まれようもなかった。どんな災厄《さいやく》からも立ち直る不死鳥のような自然、それはちっぽけな人間の力をはるかに超越《ちょうえつ》した不動の存在で、人間を守りこそすれ、人間に守られるものではありえなかった。

4 大野晋《おおのすすむ》氏によると、大和《やまと》言葉には、〝自然〟にd該当する言葉は見当たらないという。現在われわれが使っている自然という言葉は、ネイチャーの訳語である。親鸞《しんらん》の末燈抄《まつとうしょう》に「自然《じねん》といふは、もとよりしからしむといふことばなり」とあるように、自《おの》ずから然《しか》り、つまり、あるがままにあるものとして自然は認識《にんしき》されてきた。人々は自然との一体感の中で、四時のうつろいに身をゆだね、もののあわれを感じとり、いのちのはかなさに思いをいたした。

5 ヨーロッパの森は日本のそれとは違《ちが》い、e人為に対してもろくて弱い。農耕牧畜《ぼくちく》が始まって以来、ヨーロッパの森林は破壊し続けられ、ほとんどなくなってしまった。自然は人間の対立物としてとらえられ、人間によって支配されるべき対象であった。自然破壊の極致《きょくち》に至ったとき、自然は管理し保護しなければならないという思想が生まれる。プ＊ロシャで自然保護という言葉が誕生するのは、わずか二〇〇年前のことである。

6 日本人にとっては、自然は人間の対立物でもなく、ましてや支配する対象でもなかった。空気や水と同じく、②人間をとりまくごくあたりまえのものであった。人間の力ではびくともしない豊かな自然、それがここ二〇年の間に巨大《きょだい》な破壊技術の進歩によっ

(3) 【空欄補充《くうらんほじゆう》】B に入る言葉として最も適切なものを次から選び、記号で答えなさい。 〔　　〕

ア 悲しみが胸に迫《せま》っている

イ 笑顔《えがお》で送り出そうとしている

ウ また会いたいと思っている

**3** 次の資料A・Bは、陸績《りくせき》という人物の同じ逸話《いつわ》に基《もと》づく詩や文章である。これらを読んで、あとの問いに答えなさい。(10点×4)
〔沖縄—改〕

【資料A】

(漢詩)

孝悌《てい》皆天性

人間六歳ノ児

袖《しう》中《ちゆう》ニ①懐《くわい》シテ二*緑橘ヲ一

②遺母報含飴

(現代語訳)

親に孝を尽《つ》くし年長者に従順に仕えるのもみな生まれつきのものである。

人の世に六歳《さい》の子があって

袖《そで》の中に緑橘《りよくきつ》を入れて

母に贈《おく》り、飴《あめ》を与えられた恩に報いる。

*緑橘＝橘《たちばな》。柑橘《かんきつ》類(ミカン類)の果物。

【資料B】

(漢文の書き下し文)

*陸績、*字《あざな》は公紀《こうき》。年六歳、九江《きゆうこう》《九江という所で》に於《おい》て*袁術《えんじゆつ》《お目にかかった》に見《まみ》ゆ。術《袁術は》橘を出す。績三枚《陸績は三個》を懐《ふところ》にして去る。拝して《お辞儀して》地に堕《おと》す。③術が曰《いは》く、「陸郎賓客《ひんかく》と《陸坊やお客と》作《な》りて《なって》橘を懐にするや《懐にいれるのか》」と。績跪《ひざまづ》いて《膝をついて》答へて曰く、「帰りて母に遺《おく》らん《贈ろうと》と欲《ほつ》すと。」術大いに之《これ》を④奇とす。

(「新刊全相二十四孝詩選」陸績)

*陸績＝後漢の人。

*字＝人の通称《つうしよう》。中国で成人男子が実名以外につけた名。

*袁術＝後漢の人。

(1) 【歴史的かなづかい】——線①を、送りがなを含《ふく》めて現代かなづかいに直し、ひらがなで書きなさい。 〔　　〕

(2) 【返り点】——線②を書き下し文に直すと、「母に遺《おく》つて含《がん》飴《い》を報ず」となる。このように読むことができるように、漢文に返り点をつけなさい。

〔遺《おく》ツテ母ニ報ズ含《がん》飴《い》ヲ〕

(3) 【会話文】——線③とあるが、袁術のせりふは「陸郎」から始まってどこで終わるか。次から選び、記号で答えなさい。

ア「～橘を懐にするや」　イ「～答へて曰く」

ウ「～母に遺らんと欲す」　エ「～之を奇とす」

〔　　〕

(4) 【語意】——線④とあるが、本文と同じ意味で使われている語句として最も適切なものを次から選び、記号で答えなさい。

ア 奇怪《きかい》　イ 奇才　ウ 奇襲《きしゆう》　エ 奇数

〔　　〕

# 古典②（漢詩）

時間 30分
合格点 70点
得点 　　点

**これだけ確認！**

- □ 漢詩の代表的な形式を覚え、鑑賞《かんしょう》する。
- □ 返り点や送りがなに注意して漢詩を読む。
- □ 表現技法や情景を理解し、主題や心情を読み取る。

月　　日

## 1

次の漢詩を読んで、あとの問いに答えなさい。

春《しゅん》　暁《げう》

孟浩然《まうかうねん》

春眠暁《しゅんみんあかつき》を覚えず
処処啼鳥《ていてう》を聞く
夜来風雨の声
花落つること知る多少

---

春眠不《ず》レ覚エレ暁ヲ
処処聞ク二啼鳥ヲ一
夜来風雨ノ声
花落ツルコト知ル多少

よく出る
(1)【押韻《おういん》】押韻している漢字を三字、順に書きなさい。（10点）
〔　　・　　・　　〕

(2)【内容理解】この詩の鑑賞文として適切でないものを次から一つ選び、記号で答えなさい。（20点）

ア いよいよ春になったぞという喜びを、夜が明けたのも気づかない眠《ねむ》りで表現している。
イ 季節の訪《おとず》れにも気づかず、あくせくと過ごす人がいる一方で、悠然《ゆうぜん》と自然にとけ入った世界を歌っている。
ウ 作者は前日の風雨で多くの花が散っていることを期待している。
エ 作者は寝床《ねどこ》の中にいて、明るくのどかな気分に浸《ひた》っている。

〔　　〕

## 2

次の漢詩と解説文を読んで、あとの問いに答えなさい。（10点×3）

解答→別冊30ページ

臨高台　黎拾遺《れいしふゐ》を送る

王維《わうゐ》

相送りて［A］
川原杳《えう》として何ぞ極《きは》まらん
日暮飛鳥還《かへ》る
行人去って息《や》まず

---

臨高台送ル二黎拾遺ヲ一

王維

相送リテ①臨メバ二高台ニ一
川原杳トシテ何ゾ極マラン
日暮還ル二飛鳥一
行人去ツテ不レ息マ

【解説文】
この詩は、作者が友人の②黎拾遺を見送る時の心情を詠《よ》んだ作品である。まず高台から川の流れる果てしない平原を眺《なが》め、次に「飛鳥」に目を転じ、最後に友人の姿を追っている。「飛鳥」は巣に帰るのに、友人はとどまることなく、はるか遠くへ去っていくことから、二度と会えないかもしれないということを予感して、［B］。

よく出る
(1)【書き下し文】——線①を、［A］に入るように書き下し文に直して書きなさい。
〔　　〕

よく出る
(2)【内容説明】——線②は、漢詩の中では何と表現されているか。抜《ぬ》き出して書きなさい。
〔　　〕

## 2 次の文章を読んで、あとの問いに答えなさい。〔福岡—改〕

＊相模守時頼《さがみのかみときより》の母は、松下＊禅尼《まつしたのぜんに》とぞ申しける。守を入れ申さるる事ありけるに、禅尼みづから、明り＊障子《さうじ》の破ればかりを、小刀して①切りまはしつつ張られければ、兄の義景《よしかげ》、その日の＊けいめいして候《さうら》ひけるが、「給《たま》はりて、なにがし男に張らせ候はん。さやうの事に心得たる者に候ふ。」と申されければ、「その男、尼《あま》が細工に＊よもまさり侍《はべ》らじ。」とて、なほ＊一間《ひとま》づつ②張られけるを、義景、「③皆《みな》を張りかへ候はんは、はるかにたやすく候ふべし。まだらに候ふも見苦しくや。」と、重ねて申されければ、「尼も、後は、＊さはさはと張りかへんと思へども、④今日ばかりは、わざと、かくてあるべきなり。物は破れたる所ばかりを修理して用ゐる事ぞと、若き人に見ならはせて＊心づけんためなり。」と申されける、⑤いとありがたかりけり。

（「徒然草」）

＊相模守時頼＝鎌倉幕府の権力者、北条時頼《ほうじょうときより》のこと。
＊禅尼＝仏門に入った女性。
＊守を入れ申さるる事＝相模守をお招きなさること。
＊明り障子＝明かりとりのための紙を張った障子。
＊けいめいして＝世話をして。　＊よも～じ＝まさか～ないだろう。
＊一間＝障子の桟《さん》(ほね)でしきられた部分の一区切り。
＊さはさはと＝さっぱりと。　＊心づけん＝気づかせようとする。

よく出る
(1)【歴史的かなづかい】——線①を、現代かなづかいに直し、すべてひらがなで書きなさい。（10点）〔　　〕

よく出る
(2)【動作主】——線②は、だれの動作か。最も適切なものを次から選び、記号で答えなさい。（10点）〔　　〕

ア　相模守時頼　　イ　松下禅尼
ウ　義景　　エ　なにがし男

よく出る
(3)【語意】——線③の意味として最も適切なものを次から選び、記号で答えなさい。（10点）〔　　〕

ア　障子の一間ずつを張り替《か》える方が容易だということ。
イ　障子をまだらに張り替える方が容易だということ。
ウ　障子を一度に全部張り替える方が容易だということ。
エ　障子を破れたままにしておく方が容易だということ。

記述式
(4)【内容説明】——線④とあるが、禅尼は、「わざと、こうしておくこと」で、どのようなことを「若き人(時頼)」に気づかせたいと話しているのか。次の文の a・b に入る言葉を書きなさい。（10点×2）

・物は a ところだけを、 b して用いるものだということ。

a〔　　〕　b〔　　〕

(5)【現代語訳】——線⑤の現代語訳として最も適切なものを次から選び、記号で答えなさい。（10点）〔　　〕

ア　それはとても心が改まることであった。
イ　それは非常にとんでもないことであった。
ウ　それはたいそう優《すぐ》れていることであった。
エ　それはまことに珍《めずら》しくりっぱなことであった。

# 古典①（古文）

時間 30分
合格点 70点
得点　　点

**これだけ確認！**

- □ 歴史的かなづかいを現代かなづかいに直せるようになる。
- □ 古文の表現に注意して、言葉づかいのきまりを覚える。
- □ 筆者の行動や意見などをもとにして、主題を読み取る。

月　　日

解答→別冊29ページ

**1** 次の文章を読んで、あとの問いに答えなさい。［徳島］

a春はあけぼの。やうやう白くなりゆく山ぎは、すこしあかりて、紫《むらさき》だちたる雲のほそくたなびきたる。

b夏は夜。月のころはさらなり、やみもなほ、蛍《ほたる》の多く飛びちがひたる。また、ただ一つ二つなど、ほのかにうち光りて行くもをかし。雨など降るもをかし。

c秋は夕暮れ。夕日のさして山の端《は》いと近うなりたるに、烏《からす》の寝《ね》どころへ行くとて、三《み》つ四《よ》つ、二つ三つなど、飛びいそぐさへあはれなり。まいて雁《かり》などのつらねたるが、いと小さく見ゆるはいとをかし。日入りはてて、風の音、虫の音《ね》など、はたいふべきにあらず。

d冬はつとめて。雪の降りたるはいふべきにもあらず、霜《しも》のいと白きも、またさらでもいと寒きに、火など急ぎおこして、炭もて渡《わた》るもいとつきづきし。昼になりて、ぬるくゆるびもていけば、火桶《ひおけ》の火も白き灰がちになりてわろし。

（「枕草子《まくらのそうし》」）

(1) 次の問いに答えなさい。

① ［適語補充《ほじゅう》］——線a～dのあとには、同じ言葉が入る。その言葉を、文中から五字以内で抜《ぬ》き出して書きなさい。（5点）

② ［語意］①で答えた言葉の意味として最も適切なものを次から選び、記号で答えなさい。（5点）［　　］

ア みっともない　イ かわいらしい
ウ 似つかわしい　エ 風情《ふぜい》がある

(2) ［内容理解］この文章の特徴《とくちょう》を説明した文として適切でないものを次から一つ選び、記号で答えなさい。（10点）［　　］

ア 詳細《しょうさい》な自然描写《びょうしゃ》によって、無常観が描《えが》き出されている。
イ 視覚や聴覚《ちょうかく》でとらえた情景の描写の中に、季節感が凝縮《ぎょうしゅく》されている。
ウ 情景描写は、自然だけでなく日常生活にも及《およ》んでいる。
エ 繊細《せんさい》なものやかすかなものが、鋭《するど》い観察眼でとらえられている。

よく出る
(3) ［文学史］「枕草子」の作者を漢字で答えなさい。また、この作品と同じ文の種類で、鎌倉《かまくら》時代に書かれた作品をあとから一つ選び、記号で答えなさい。（10点×2）

作者［　　］　作品［　　］

ア 平家物語　イ おくのほそ道
ウ 徒然草《つれづれぐさ》　エ 万葉集

それぞれの作品の成立した時代を調べてみよう。

ウ 言葉の数や音数を一定にすることによって、人々の心のつながりが強固であるさまを表現している。

エ 言葉の繰《く》り返しや対句《ついく》的な言い回しを用いて、空間の広がりと時間の進行するさまを表現している。

**2** 次の短歌を読んで、あとの問いに答えなさい。〔福島―改〕

A *吾妻《あづま》やまに雪かがやけばみちのくの我《わ》が母の国に汽車入りにけり　斎藤《さいとう》　茂吉《もきち》

B 天の川白き真下の山あひに我がふるさとは眠《ねむ》りてありけり　佐佐木《ささき》信綱《のぶつな》

C 母恋《こい》しかかる夕べのふるさとの桜咲《さ》くらむ山の姿よ　若山《わかやま》　牧水《ぼくすい》

D ふるさとの訛《なまり》なつかし
停車場の人ごみの中に
*そを聴《き》きにゆく　石川《いしかわ》　啄木《たくぼく》

E 海恋し潮の遠鳴りかぞへては少女《をとめ》となりし父母の家　与謝野《よさの》晶子《あきこ》

F なんでもない会話なんでもない笑顔《えがお》なんでもないからふるさとが好き　俵《たわら》　万智《まち》

*吾妻やま＝福島市西部にある福島・山形県境をなす山。
*そ＝それ。

よく出る
(1)［表現技法］擬人法《ぎじんほう》が使われている短歌をA～Fから選び、記号で答えなさい。(10点)〔　　〕

(2)［内容理解］Fの短歌の説明として最も適切なものを次から選び、記号で答えなさい。(20点)〔　　〕

ア 久しぶりに帰ったふるさとで感じる、ふるさとの優しさ、ありがたさを歌っている。

イ 遠くにある雪山を見てふるさとへの思いをつのらせている。

ウ 普段《ふだん》言葉では言えないふるさとの母への感謝の気持ちを歌っている。

エ ふるさとの優しさを、都会の冷たさと対照させて歌っている。

よく出る
(3)［短歌鑑賞《かんしょう》］次の文章はA～Fの中にある短歌の鑑賞文の一部である。この鑑賞文の□に入る言葉を、その短歌から九字で抜《ぬ》き出して書きなさい。(20点)

ふるさとは人に優しさや温かさを感じさせてくれます。そして、人はさまざまなものからその優しさや温かさを感じ取ります。

この短歌は地方から都会に出てきた作者が、ふるさとを思って詠《よ》んだものです。都会の人々が何気なく話す言葉を聞いた作者は、ふと自分だけが他人とは違《ちが》う言葉を話しているのではないだろうかと感じ、そうした寂《さび》しさのなかでふるさとを強く思ったのでしょう。作者は、その思いを慰《なぐさ》めるため、「□」へと向かうのです。

# 詩・短歌

時間 30分
合格点 70点
得点 　点

これだけ確認！
□ 音数や用語に注意して、詩歌の形式をとらえる。
□ 独特な表現技法を理解し、作者の心情を読み取る。
□ 中心となることがらに注目して、主題をとらえる。

月　日

解答→別冊29ページ

**1** 次の詩を読んで、あとの問いに答えなさい。〔岩手—改〕

空をかついで

石垣《いしがき》りん

肩《かた》は
首の付け根から
なだらかにのびて。
肩は
地平線のように
つながって。
人はみんなで
空をかついで
きのうからきょうへと。
子どもよ
おまえのその肩に
おとなたちは
きょうからあしたを移しかえる。
この重たさを
この輝《かがや》きと暗やみを
あまりにちいさいその肩に。
少しずつ
少しずつ。

(1) **[詩の形式]** この詩の形式として最も適切なものを次から選び、記号で答えなさい。(10点)　〔　　〕

ア 口語定型詩　イ 口語自由詩
ウ 文語定型詩　エ 文語自由詩

(2) **[文脈把握《はあく》]** ——線について、ここに込《こ》められた作者の気持ちはどのようなものか。最も適切なものを次から選び、記号で答えなさい。(20点)　〔　　〕

ア あせらずゆっくりと進めていこうという気持ち。
イ 少しでも本気でやっていくべきだという気持ち。
ウ わずかでも先に延ばしておきたいという気持ち。
エ 少し考えておかなければならないという気持ち。

(3) **[内容理解]** この詩の表現について述べたものとして最も適切なものを次から選び、記号で答えなさい。(20点)　〔　　〕

ア 語りかけるような優《やさ》しい口調を用い、おとなたちが子どもたちを先導していくさまを表現している。
イ 印象的なたとえを用いることにより、子どもたちが成長し視野が広がっていくさまを表現している。

**2** 〔資料の読み取り〕 次は、ある中学生が「書き言葉によるコミュニケーション」について発表した資料の一部である。

国語の授業で、「文字で伝える際、重視すること」について、一人一人が自分の考えを文章にまとめることにした。この資料から読み取ったことをもとに、あとの《注意》に従って、あなたの考えを書きなさい。（50点）〔埼玉〕

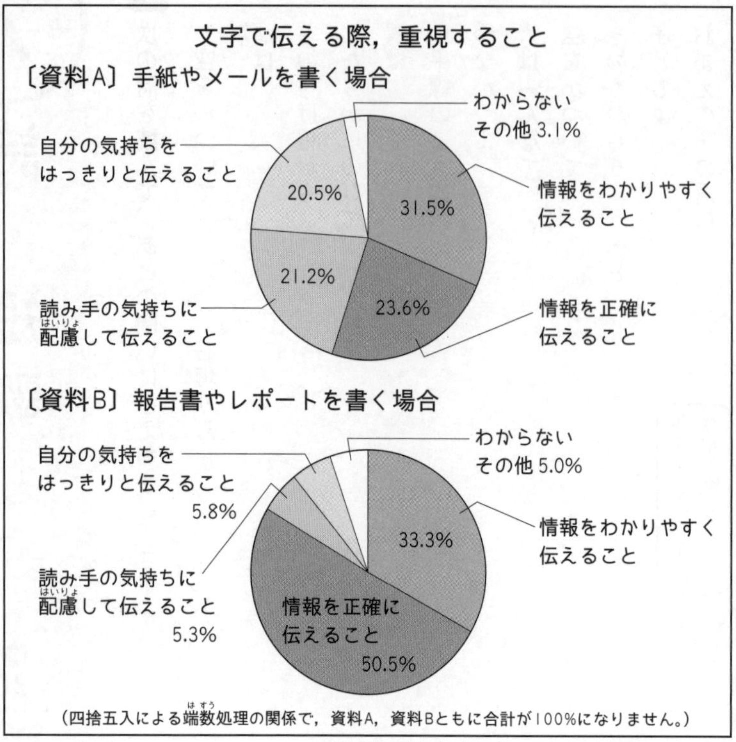

文化庁「平成28年度 国語に関する世論調査」により作成

《注意》
① 段落や構成に注意して、自分の体験（見たことや聞いたことなども含《ふく》む）をふまえて書くこと。
② 文章は、十三行以上、十五行以内で書くこと。
③ 原稿用紙の正しい使い方に従って、文字、かなづかいも正確に書くこと。
④ 題名・氏名は書かないで、一行目から本文を書くこと。

第6日

# 図表・資料などの読み取り

時間 30分
合格点 70点
得点
点

これだけ確認！
□ グラフや図表などの資料を設問にあわせて読み取る。
□ 資料の特に目立つ点に注目して、具体的な数値を示す。
□ 資料からわかることや、自分の意見をまとめて書く。

月　日

**1** 【資料の読み取り】次の資料は、全国の中学三年生を対象に行った調査の中の、友達との話し合いについての質問と、その質問に対する回答結果をグラフで表したものである。この資料を見て「気づいたこと」と、そのことについての「あなたの考えや意見」を、あとの《条件》に従って書きなさい。（50点）〔福島〕

次のことは，あなたにどれくらい当てはまりますか。
Ⅰ「友達と話し合うとき，友達の話や意見を最後まで聞くことができる」
Ⅱ「友達と話し合うとき，友達の考えを受け止めて，自分の考えをもつことができる」
Ⅲ「友達の前で自分の考えや意見を発表することは得意だ」

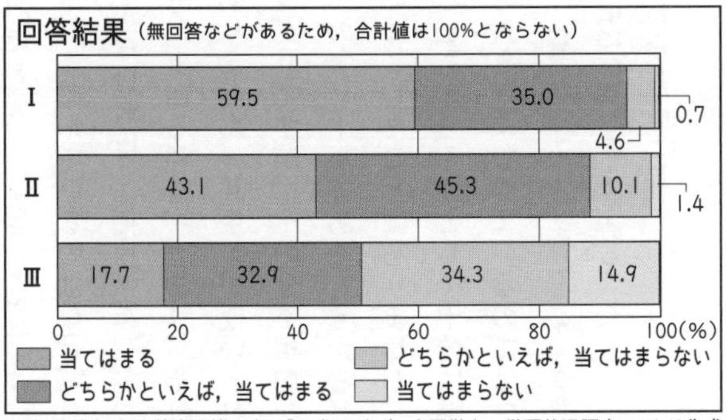

文部科学省　国立教育政策研究所「平成29年度　全国学力・学習状況調査」により作成

《条件》① 二段落構成とし、前段では資料を見て「気づいたこと」を書き、後段ではそのことについての「あなたの考えや意見」を書くこと。
② 全体を百五十字以上、二百字以内でまとめること。
③ 氏名は書かないで、本文から書き始めること。
④ 原稿《げんこう》用紙の正しい使い方に従って、文字やかなづかいなどを正しく書き、漢字を適切に使うこと。

解答→別冊28ページ

150

う問題があります。栄養豊富なナッツ類は、害虫たちにとってもとても魅力的なえさです。害虫に食べられてしまっては健全な芽生えをつくることができません。それほどまでに大きな犠牲《ぎせい》を払《はら》って、大きなドングリを少なくつくる方針を選んでいるのはなぜでしょうか。投資した費用に見合う利益がなければ「＊損得勘定《かんじょう》」がつりあわないはずです。その費用を十分に上回る利益、つまり、それだけ多くの子孫を残せるからに違《ちが》いありません。芽生えが使いきれないほど多くの栄養をためているドングリですが、その＊分不相応な大きさは、ドングリを運ぶ動物たちへのアピールであると考えるとうまく説明ができます。えさは大きいにこしたことはありません。リスやネズミたちが容易に運べて、しかもごちそうとして十分に魅力のある大きさが、実際のドングリの大きさになっているのではないでしょうか。

（鷲谷《わしたに》いづみ「タネはどこからきたか?」）

＊損得勘定＝自分にとって得になるか損になるか考え定めること。
＊分不相応＝自分や自分の能力にふさわしくないこと。

よく出る
(1)【接続語補充《ほじゅう》】□に入る言葉として適切なものを次から選び、記号で答えなさい。（20点）

ア しかし　イ そして　ウ さらに　エ つまり

〔　　〕

(2)【脱文挿入《だつぶんそうにゅう》】次の一文は、文中のどの文のあとに入るのが適切か。その文の終わりの七字を抜き出して書きなさい。（20点）

・だから、大きくすれば数を犠牲にしなければならないのです。

(3)【内容理解】――線②とあるが、具体的にはどのような関係を表しているか。最も適切なものを次から選び、記号で答えなさい。

〔　　〕（20点）

ア リスが大きな実のなる木を見つけて栽培し、リスの子孫たちがさらに木を引きついでいって、ずっと守り育てていくような関係。
イ リスが忘れたり食べ残したりした木の実を、リスの子孫たちがえさの不足する冬に備え、食料として何度も利用するような関係。
ウ リスが埋めたことを忘れてしまった木の実から、樹木が芽を出して成長し、みのった実をリスの子孫たちがえさとする関係。
エ リスが埋めた木の実から新しい芽が出て、大きな樹木に成長し、みのった実をそのリスが再び冬のえさとして活用するような関係。

記述式
(4)【内容説明】――線①・③の「貯え」とは何か。二つの「貯え」の違いが分かるように、①は十字以内、③は十五字以内で考えて書きなさい。（20点×2）

①

③

# 説明文・論説文

時間 30分
合格点 80点
得点 　点

これだけ確認！
□ 話題のポイントが何かをおさえる。
□ 指示語の指し示す内容に注意し、文章の筋道をとらえる。
□ 筆者の考えやものの見方に注意して主張の根拠《こんきょ》をおさえる。

月　日

**1** 次の文章を読んで、あとの問いに答えなさい。〔宮崎―改〕

　リスやネズミ、カケスやホシガラスなど獣《けもの》や鳥の中には、えさの不足しがちな冬に備えて秋にえさをためこむ習性をもつものがいます。秋に実るクリやドングリ、ハシバミ、マツの実などの木の実（ナッツ類）は動物たちの貯《たくわ》えとしてとくに人気が高いものです。脂肪《しぼう》分が多く重量あたりのカロリーが高いうえ、水分が少ないため腐《くさ》りにくく保存がきくからです。動物たちの冬の①貯えとして理想的なこれらナッツ類は、冬に備えてえさをためこむ動物たちの習性と深くかかわりながら進化したものです。

　木の実をみのらせる植物の繁殖《はんしょく》の成功は、貯えられたものの一部が、食べ残されたり、忘れられたりすることにかかっています。えさを貯える知恵《ちえ》をもちながら、利用しつくすほどに抜《ぬ》け目ないとはいえない動物たち、隠《かく》す知恵はあるもののすべてを覚えていられるほどの記憶力《きおくりょく》はない動物たちが、このタイプのタネの運び手として最適といえます。動物はタネを親木から離《はな》れた場所に埋《う》めてくれます。ちょうどいい深さの土の中に潜《もぐ》るなどということのできないタネにとって、発芽に適した深さに埋めてもらえれば好都合です。

　動物たちが忘れたり、食べ残すことで樹木の新たな芽生えが健全に育つことができれば、それは将来たくさんのえさを実らせて、動物たちにお返しをしてくれます。忘れっぽい祖先のお陰《かげ》で、何世代か後のネズミやリスの子孫たちは、冬のえさを確保することができるのです。また、その地域のナッツ類をためる動物たちは、共同でナッツ類のなる木を栽培《さいばい》しているといえるかもしれません。そこには②世代をこえた植物と動物の共生的な関係を認めることができます。

　ナッツ類には脂肪やデンプンなど、たくさんの貯蔵物が貯えられています。それは、動物にとってえさとして魅力的《みりょくてき》であると同時に、大きな芽生えをつくるための貯えとしても重要です。豊富な貯えをもつタネがつくる大きな芽生えは、無事に生き抜くうえでも有利だからです。とくに植物が光をめぐって激しく競《きそ》いあう場面では、少しでも高い位置に葉を広げることができるかどうかが勝敗を決めます。十分な③貯えがあれば、大きな芽生えをつくって競争でも優位に立つことができるのです。

　ミズナラやコナラなどのドングリに貯えられている栄養は、大きな芽生えをつくるのに役に立つ一方で、貯えが芽生えの成長にすっかり使われてしまうことはないようです。

　[　　]、大きなドングリをつくるのは植物にとってはそうとうに負担が大きいことです。第一に、大きなドングリをつくればそのぶんだけドングリの数を減らさなければなりません。光合成で稼《かせ》ぎ出した有機物のうちで繁殖に使える量には限りがあるからです。第二に、大きなドングリはそれを食べる害虫などを引き寄せやすいとい

解答→別冊28ページ

とを考えるべきで、われわれの周囲にあるひ弱い樹木などは大切にしてやらねば息が絶えて死んでゆくのは当然だ。私の自動車は同じ道をもどり、老ノ坂を下って海のような竹やぶの中の道を走っている。この竹やぶも秋の光の中に波のように起伏《きふく》して輝《かがや》くように美しい。

（大佛次郎《おさらぎじろう》「ちいさい隅《すみ》」）

＊丹波路＝京都から丹波地方に通じる街道。
＊老ノ坂＝京都市と亀岡市との間にある峠。
＊亀岡＝京都府の中部にある都市。
＊やぶ枯らし＝ブドウ科の多年生のつる草。

(1)【四字熟語】□に入る言葉として最も適切なものを次から選び、記号で答えなさい。　〔　　〕

ア 突然《とつぜん》変異　イ 適者生存
ウ 千変万化　エ 日進月歩

よく出る
(2)【内容理解】——線①とあるが、これはどういうことか。その説明として最も適切なものを次から選び、記号で答えなさい。　〔　　〕

ア あるがままにすべて肯定《こうてい》する心の余裕《よゆう》
イ 自然のままよりも美しいとする心の変化
ウ 美しいものとして受け止める心の用意
エ 自然であることに満足している心の平安

(3)【語意】——線②の意味として最も適切なものを次から選び、記号で答えなさい。　〔　　〕

ア 自然の世話をして
イ 自然を奪《うば》い取って
ウ 自然の変化を見て
エ 自然をえり分けて

よく出る
(4)【要旨《ようし》】この文章で筆者が述べたいことをまとめた次の文の□に入る言葉を、第2段落から九字で抜《ぬ》き出して書きなさい。

自然は、□、必ずしも美しいとは限らないものである。われわれは、自然のままだからよいと言うのではなく、まず育てることを考えるべきである。

| | | | | | | | | |
|---|---|---|---|---|---|---|---|---|
| | | | | | | | | |

よく出る
(5)【内容理解】この文章で述べられている内容と合うものを次から一つ選び、記号で答えなさい。　〔　　〕

ア 京都から亀岡に出る道ぞいに色づいた柿の美しい村があると聞き、冬晴れの日に行ってみた。
イ 京都をかこむ野山の美しさは自然のままの美しさで、荘厳に見る者に威圧を感じさせる。
ウ 人間が建てた寺の境内などの森が美しく保存されているのは、すべて自然の働きによる。
エ 京都や奈良の眺めが美しいと感じられるのは、長い歳月にわたる人々の丹誠の結果である。

# 第4日 随筆

時間 30分

合格点 80点

得点　　点

**これだけ確認！**

- □ 何について書かれた文章か、話題をおさえる。
- □ 時間や出来事に注意し、文脈をとらえる。
- □ 事実と意見の部分を区別し、筆者の考えを読み取る。

月　　日

解答↓別冊28ページ

**1** 次の文章を読んで、あとの問いに答えなさい。〔愛知〕（20点×5）

[1] 古くからの日本紙、純粋《じゅんすい》な和紙をすいている村があると聞いて、＊丹波路《たんばじ》の秋をさぐりながら行ってみた。美しい秋晴れの日だったので、ドライブして秋の山々を見ながら行くのが楽しかろうと車で出かけた。＊老ノ坂《おいのさか》から＊亀岡《かめおか》に出る道は前に幾度《いくど》か通っている。峠《とうげ》を越《こ》えて丹波に入ると、四方を山にかこまれて美しく豊かな盆《ぼん》地《ち》がひらける。色づいた柿《かき》のこずえが花火のように、どこにも眺《なが》められた。

[2] 京都《きょうと》から亀岡へ出る道が美しいので、丹波路を奥《おく》に入ったらもっと美しかろうと期待したのに、山の樹木も浅く、野も乾燥《かんそう》して見えた。いつの間にか私は、自然というものがやはり人が手を入れないと、必ずしも美しいとは限らぬものだなと考え込《こ》んでいた。京都をかこむ野山の美しさは、やはり作られたものだからである。ただ、作った手を感じさせぬから、自然のままのように見えるのだが、畑を作るように人が耕して作った山なのである。

[3] 荘厳《そうごん》に人に威圧《いあつ》を感じさせるような高山や原始林の美しさは、もとより自然のものだ。しかし、そこにも□の法則はあって、滅《ほろ》びるものは朽《く》ち枯《か》れて、なくなってゆく。熱帯のジャングルが美しいとは必ずしも言えない。＊やぶ枯らしなどの繁殖《はんしょく》におおわれて、美しい大木も呼吸をふさがれ、立ち枯れてゆくのを見られよう。京都の美しい赤松の山は人が創作したものなのだ。北山杉《きたやますぎ》の山も植林である。耕した畑と同じことなので、人間の労働が害になる下草を刈《か》り、木の姿をととのえ、杉の木だけにそろった山に作り上げているのである。

[4] 奥丹波の山はもとより原始林ではなく雑木山なのである。あるがままに美しいのは、新緑や紅葉に染められる時に限られよう。捨てられたわけでないが、人手が入って美しくなっているのでない。自然がそのままで美しいとは、あるいは、言えないのではないか。自然のままで美しいと言う時、既《すで》に人間の目が美しいものをえり分けているのである。虫の音、小鳥の歌が美しいのも、人間の方に①聞く心の支度《したく》があるからである。今日、人間の生活の中で森を保存しているのは、人間が建てた社や寺の境内《けいだい》か、古い城のあとだけである。美しいフランスの森についてもそれを言えよう。保存して美しいものにしてあるのは人間の働きである。

[5] 自然のままだからよいと言うのでは決してない。京都、奈良《なら》の眺めが美しいのは、やはり代々の人間がかわいがって大切にしてきたからである。むやみやたらに手を入れたのでなく、謙虚《けんきょ》に②自然をみとってきたせいのように見える。一株を大木に育てるだけでも、数十年数百年の歳月《さいげつ》の人々の丹誠が要《い》る。奥山に人知れずにあるものでも実は周囲の条件と闘《たたか》って生き残ってきたもののはずだ。自然のものが美しいと単純に言う前に、まず育てるこ

*雨鱒＝サケ科イワナ属の魚。体長六十㎝になるものもある。
*ヒデ＝心平の母親。　*ヤス＝魚を突《つ》く道具。
*堰堤＝水や土砂《どしゃ》をせき止めるための堤防《ていぼう》。　*鱗光＝鱗《うろこ》に反射した光。

記述式
(1) 【心情理解】――線aとあるが、これは心平の気持ちがどのような状態にあることを表現しているか。「…こと」に続くように、三十字以内で書きなさい。

こと

よく出る
(2) 【内容理解】――線bとあるが、心平は魚を見つけるたびにどのようなことをするのか。「いつもしている」ことがわかる語句を含《ふく》む表現を、文中から十字以内で抜《ぬ》き出して書きなさい。

よく出る
(3) 【心情理解】――線cとあるが、ここから読み取ることができる心平の心の動きとして最も適切なものを次から選び、記号で答えなさい。〔　　〕

**ア** 驚きが続く中、ひとりで対決するのが急に心細くなった。
**イ** さらに驚きが増して、ヤスが構えられずに焦《あせ》りを覚えた。
**ウ** 少し冷静さを取り戻《もど》して、身体の状態を自覚しはじめた。
**エ** 冷静になって、闘志《とうし》をみなぎらせている自分に気づいた。

(4) 次は、ユミとケンの会話である。この会話の内容が正しくなるように、あとの問いに答えなさい。

ユミ　雨鱒を見つけたときの心平の気持ちは「面喰らった」と書かれているけど、その気持ちがよくわかって自分が心平になったような感じで読めるわ。
ケン　「眼の前いっぱいに大きな口が現れた」には［A］という表現技法が使われていて臨場感があるよ。
ユミ　雨鱒の描写の仕方も、部分から全体へと描《えが》かれていて、見たことはないけど、その大きさや美しさが想像できたわ。
ケン　彼《かれ》はまだ雨鱒だと確信していないけど、「丸く黒い眼がじっと心平をみていた」の後に続く描写の中では、「［B］」の一文が心の出会いのような感じがするよ。
ユミ　そうね。この先、互いに深くかかわり合っていくことを最も強く予感させる表現になっていて、印象的だわ。

① 【表現技法】［A］に入る言葉として最も適切なものを次から選び、記号で答えなさい。〔　　〕

**ア** 擬人《ぎじん》法　**イ** 倒置《とうち》法
**ウ** 反復法　**エ** 誇張《こちょう》法

よく出る
② 【情景理解】［B］に入る一文の初めの五字を、文中から抜き出して書きなさい。

# 第3日 小説

解答→別冊27ページ

時間 30分

合格点 80点

得点　　点

**これだけ確認!**

- □ 出来事やだれがどうしたのかをとらえ、あらすじをつかむ。
- □ 人物の行動や発言から、心の動きや感情をとらえる。
- □ 特徴《とくちょう》ある表現や情景描写《びょうしゃ》から、作者の意図をつかむ。

月　日

**1** 次の文章を読んで、あとの問いに答えなさい。〔秋田〕（20点×5）

〈小学校二年生の心平《しんぺい》は、ヤマメやウグイなどの魚とりを何よりも楽しみにして、毎日のように川へ行っていた。今日は、近所のじいちゃんから聞いた＊雨鱒《あめます》に出会うことになる。〉

学校が終わると、心平は放たれた矢のように家に飛んで帰った。a心は川で溢《あふ》れていた。＊ヒデとの約束の水汲《みずく》み仕事はどこかへいってしまい、＊ヤスを手にすると川へ走った。（中略）

心平は＊堰堤《えんてい》の下のコンクリートを慎重《しんちょう》に歩いた。川の水は少し冷たかったが、それでも、しばらく入っていて慣れると、水の冷たさはさほど気にならなくなった。頭上で、大きな鷲《わし》が急降下して、対岸の豊かな森の中に消えた。川には心平のほかには誰《だれ》もいなかった。太陽は、レースのカーテン越《ご》しにみるように、高い薄《うす》雲《ぐも》を通してやさしく光っていた。

心平はb魚をみつけようと勢い止めの中に入っていった。流れの弱い所だった。心平は丸太に手をかけて水中をのぞきみた。とたんに、眼《め》の前いっぱいに大きな口が現れた。丸く黒い眼がじっと心平をみていた。大きな口が閉じたり開いたりしていた。とてつもなく大きな魚の頭だった。これまで、心平がみたこともない、ものすごく大きな魚だった。心平は面喰《めんく》らった。じっと魚にみ入っていた。「いた！」と叫《さけ》ぶ儀式《ぎしき》や、ヤスを構えることさえできなかった。魚は、手をのばせば届きそうなところにいた。丸太の陰《かげ》や石の間に隠《かく》れようとせず、真正面から心平をみていた。尖《とが》った大きな面構《つらがま》えだった。頭から背にかけては黒っぽく、ところどころで、鈍《にぶ》い金色に光っていた。白い唐草《からくさ》模様が背に踊《おど》っていた。体側にはみごとな白い水玉模様が規則正しく並んでみえた。大きな魚は、優雅《ゆうが》に身体をくねらせて、一点にとどまっていた。少し左右に揺《ゆ》れると、白い水玉が鮮《あざ》やかに浮《う》きあがってみえた。心平は息をするのも忘れて魚にみ入っていた。大きな魚も逃《に》げようとしなかった。心平と魚は、互《たが》いにじっとみつめあっていた。

ついに、心平は水面から顔をあげた。急いで大きく息を吸い込《こ》んだ。

「いた……。」心平はつぶやくようにいった。驚《おどろ》きが大きすぎたのだった。しばらく、顔をあげたままぼうっとしていた。

「でっけえ……。雨鱒だべが……。」

心平は、おそるおそる川の中をのぞいた。cヤスを持つ手に力が入っていた。手が震《ふる》えているのが分かった。すると、大きな魚は素早《すばや》く反転してあっという間に姿を消した。鮮やかな銀色の＊鱗光《りんこう》がみてとれた。

「あッ」心平は水中で声をあげた。それから魚が去った水中に眼をこらした。すると、遠くにまた鱗光が光った。

心平は急いで大きな魚のあとを追った。

（川上健一《かわかみけんいち》「雨鱒の川」一部省略がある。）

よく出る

## 4 【動詞の活用形】次の――線の動詞の活用形をあとから選び、記号で答えなさい。（4点×5）

(1) 高くても、品質のよいものを買います。
(2) 明日はもっと早く起きろ。
(3) 潮が満ちる前に帰途《きと》につこう。
(4) ここには、だれも来ない。
(5) みんなが集まるときは教えてください。

ア 未然形　イ 連用形　ウ 終止形　エ 連体形　オ 仮定形　カ 命令形

| (1) | (2) | (3) | (4) | (5) |
|---|---|---|---|---|
| | | | | |

## 5 【副詞・連体詞】次の各文の＝＝線が修飾《しゅうしょく》している部分を――線から選び、記号で答えなさい。（3点×2）

(1) どうして　ア雨が　イ全く　ウ降らないのだろう。
(2) あらゆる　ア方法を　イ試みたが　ウうまく　エいかない。

| (1) | (2) |
|---|---|
| | |

よく出る

## 6 【助動詞】次の――線の助動詞の意味をあとから選び、記号で答えなさい。（3点×3）

(1) 私は明日の朝六時に起きようと思います。
(2) 山口先生は三時ごろにいらっしゃるそうだ。
(3) 満員電車の中で足を踏《ふ》まれる。

ア 受け身　イ 伝聞　ウ 完了《かんりょう》　エ 意志

| (1) | (2) | (3) |
|---|---|---|
| | | |

## 7 【助詞】次の――線の助詞の種類をあとから選び、記号で答えなさい。（4点×5）

(1) ぼくはバナナや桃《もも》といった、甘《あま》い果物が好きだ。
(2) テストの時間はあと五分しかないが、最後まで考え抜くぞ。
(3) もし雨が降れば、明日の遠足は中止になるそうだ。
(4) ぼくも明日のサッカーの試合を見に行くよ。
(5) 海へ出かけて、きれいな貝がらをたくさん拾った。

ア 格助詞　イ 副助詞　ウ 接続助詞　エ 終助詞

| (1) | (2) | (3) | (4) | (5) |
|---|---|---|---|---|
| | | | | |

第2日

# 文法

時間 30分

合格点 70点

得点　　点

**これだけ確認！**

- □ 自立語と付属語の特徴《とくちょう》や性質を覚え、見分ける。
- □ 用言の活用形と活用の種類の違《ちが》いを理解する。
- □ 助動詞と助詞の意味やはたらきを覚える。

月　日

解答→別冊27ページ

**1** 【自立語と付属語】次の各文から自立語をそのままの形ですべて抜《ぬ》き出して書きなさい。（3点×6）

例 庭にバラの花がさきました。　（答え）庭・バラ・花・さき

(1) 谷川の水はとても冷たかった。

(2) 白いテーブルはいかにも清潔だ。

(3) 健康のために毎日駅まで歩く。

(4) 山の上に一本の大木がありました。

(5) 金賞に選ばれたのは兄の絵だった。

(6) 今日、学校に外国人の先生が来た。

| (1) | (2) | (3) | (4) | (5) | (6) |
|---|---|---|---|---|---|
| | | | | | |

**2** 【用言】次の各文から用言を二つずつ抜き出して、それぞれ言い切りの形(終止形)で書きなさい。（3点×6）

(1) 晴れた秋の空はどこまでも青かった。

(2) 警報が鳴り響《ひび》く中を出口へと急いだ。

(3) 雨が降らないから練習を休めない。

| (1) | (2) | (3) |
|---|---|---|
| | | |
| | | |

よく出る

**3** 【動詞の活用】次の動詞の活用の種類をあとから選び、記号で答えなさい。（3点×3）

(1) 答える　(2) 感動する

(3) 試みる

ア 五段活用　イ 上一段活用　ウ 下一段活用

エ カ行変格活用　オ サ行変格活用

| | |
|---|---|
| (1) | |
| (2) | |
| (3) | |

**4** **[漢字の組み立て]** 次の各組の漢字は、二つの漢字をそれぞれ二つの部分に分け、大きさを同じにして並べ換《か》えてある。例にならって、それぞれのわくにあてはめて、熟語を書きなさい。(2点×4)

例 日 言 正 月 → 証明
(1) 色 女 子 糸 →
(2) 木 田 安 心 →
(3) 木 言 且 周 →
(4) 目 田 各 少 →

| (1) | (2) | (3) | (4) |
| --- | --- | --- | --- |
| | | | |

よく出る

**5** **[熟語の成り立ち]** 次の熟語の成り立ちとして最も適切なものをあとから選び、記号で答えなさい。(2点×4)

(1) 攻守 (2) 国旗 (3) 豊富 (4) 開会

ア 意味が似ている漢字の組み合わせ 例 善良〔善＝良〕
イ 意味が対《つい》になる漢字の組み合わせ 例 善悪〔善↔悪〕
ウ 上の漢字が下の漢字を修飾《しゅうしょく》する関係 例 悪人〔悪い人〕
エ 下の漢字が上の漢字の目的や対象を示す関係 例 改心〔心を改める〕
オ 主語と述語の関係 例 国営〔国が営む〕

| (1) | (2) | (3) | (4) |
| --- | --- | --- | --- |
| | | | |

よく出る

**6** **[同訓異字]** 次の各文の□には、それぞれ同じ訓読みをもつ漢字が入る。あとの[ ]から選んで書きなさい。(2点×6)

(1) ① 敵を□つ。 ② 弾《たま》を□つ。
(2) ① くつを□く。 ② 息を□く。
(3) ① 太陽が□る。 ② 山に□る。

[ 上 撃 打 掃 吐 登 履 昇 討 ]

| (1)① | (1)② | (2)① | (2)② | (3)① | (3)② |
| --- | --- | --- | --- | --- | --- |
| | | | | | |

**7** **[送りがな]** 次の各組の漢字のうち、送りがなの正しいほうを選び、記号で答えなさい。(2点×7)

(1) ア 操る イ 操つる
(2) ア 穏やか イ 穏か
(3) ア 築ずく イ 築く
(4) ア 少い イ 少ない
(5) ア 廃れる イ 廃たれる
(6) ア 滅ぼす イ 滅ろぼす
(7) ア 短い イ 短かい

| (1) | (2) | (3) | (4) | (5) | (6) | (7) |
| --- | --- | --- | --- | --- | --- | --- |
| | | | | | | |

# 第1日　漢字・語句

時間 30分
合格点 80点
得点 　点

これだけ確認！
確認チェック
- □ 共通する部分をもつ漢字の音読みに注意する。
- □ 漢字の意味をとらえ、熟語の成り立ちを知る。
- □ 送りがなの付け方の原則と例外を確かめる。

月　　日

よく出る

## 1 【漢字の読み書き】次の——線の漢字はひらがなに、カタカナは漢字に直して書きなさい。（2点×8）〔(2)(3)千葉・(4)(7)(8)北海道〕

(1) 厄介なことに巻きこまれる。
(2) 真偽を確かめる。
(3) 広告を載せる。
(4) めざましい発展を遂げる。
(5) 欠点をシテキされる。
(6) 流木が波間にタダヨう。
(7) 倉庫に米をチョゾウする。
(8) 空が淡《あわ》い紫《むらさき》にソまっている。

| (1) | (2) | (3) | (4) | (5) | (6) | (7) | (8) |
|---|---|---|---|---|---|---|---|
|  |  | せる | げる |  | う |  | まって |

よく出る

## 2 【共通する部分をもつ漢字】次の——線の漢字の音読みをカタカナで書きなさい。（2点×6）

解答→別冊26ページ

(1) ① 徐行　② 途中　③ 叙述
(2) ① 海岸　② 侮辱　③ 敏感

| | ① | ② | ③ |
|---|---|---|---|
| (1) |  |  |  |
| (2) |  |  |  |

## 3 【複数の訓読み】次の漢字の送りがなに注意して、二通りの訓読みをひらがなで書きなさい。（3点×10）

(1) 割る——割く
(2) 優しい——優れる
(3) 著す——著しい
(4) 訪ねる——訪れる
(5) 閉じる——閉める

| (1) | (2) | (3) | (4) | (5) |
|---|---|---|---|---|
| る | しい | す | ねる | じる |
| く | れる | しい | れる | める |

本書に関する最新情報は，当社ホームページにある本書の「サポート情報」をご覧ください。(開設していない場合もございます。)


**中1･2　復習ワーク　5科**

編著者　高校入試問題研究会
発行者　岡本明剛
印刷所　ユニックス

発行所　受験研究社





〒550-0013 大阪市西区新町２丁目19番15号
注文・不良品などについて：(06)6532-1581(代表)／本の内容について：(06)6532-1586(編集)





Printed in Japan　高廣製本
落丁・乱丁本はお取り替えします。

ひっぱると，はずして使えます。

中1・2

# 5科 復習ワーク

## 《解答編》

# 解答編

中1・2/復習ワーク5科

## 数学

### 第1日 数と式の計算 ——— p.4~p.5

**1** (1)3　(2)$-3.1$　(3)1, 3　(4)$-\frac{25}{6}$

**2** (1)$-8$　(2)4　(3)$-\frac{11}{24}$　(4)0

**3** (1)$-42$　(2)$\frac{2}{5}$　(3)900　(4)4

**4** (1)$2^3\times3$　(2)$2^2\times3^2\times5$

**5** (1)$-\frac{1}{8}$　(2)22

**6** (1)$x^2+2x$　(2)$3x+4y$

**7** (1)$24a^3b^4$　(2)$-15xy^2$　(3)$9a^2$　(4)$9x^3$

**8** (1)$11x-10y$　(2)$\frac{a+b}{12}$

**9** 48

#### 解説

**1** (2)負の数のうち，数直線上で原点に近い数を選ぶ。

(4)数直線上で原点からの距離が最も大きい数を選ぶ。

**2** (3)与式$=\frac{9}{24}-\frac{20}{24}=-\frac{11}{24}$

(4)与式$=-29-18+6+41=-47+47=0$

**3** (3)与式$=(-9)\times(-25)\times4=-9\times(-100)$
$=900$

(4)与式$=\frac{3}{8}\times\frac{4}{9}\times\frac{24}{1}=4$

**4** 整数を2, 3, 5, …と小さい素数でわっていく。同じ素数の積は，指数を使って表す。

覚えておこう　**素　数**

2以上の整数で，1とその数自身の他に約数をもたない数を，「**素数**」という。

**5** (1)与式$=\frac{1}{8}-\frac{1}{4}=\frac{1}{8}-\frac{2}{8}=-\frac{1}{8}$

(2)与式$=8\times9+(-25)\times2=72-50=22$

**6** (2)与式$=5x+3y-2x+y$
$=5x-2x+3y+y=3x+4y$

**7** (3)与式$=\frac{a^2b}{2}\times6a\div\frac{ab}{3}=\frac{a^2b}{2}\times6a\times\frac{3}{ab}$
$=\frac{a^2b\times6a\times3}{2\times ab}=9a^2$

(4)与式$=x^2\times9x^2y^2\div xy^2=\frac{x^2\times9x^2y^2}{xy^2}=9x^3$

**8** (2)与式$=\frac{3(3a-b)-4(2a-b)}{12}$
$=\frac{9a-3b-8a+4b}{12}=\frac{a+b}{12}$

**9** 与式$=\frac{2a^4\times6b^2}{3a^2b}=4a^2b$
$=4\times(-2)^2\times3=4\times4\times3=48$

### 第2日 1次方程式 ——— p.6~p.7

**1** (1)$x=-8$　(2)$x=\frac{15}{4}$

**2** (1)$x=5$　(2)$x=2$　(3)$x=45$　(4)$x=2$

**3** (1)$x=-13$　(2)$x=12$

**4** (1)$x=2$　(2)$x=10$

**5** $a=5$

**6** 27，28，29

**7** 参加人数…34人，費用…10000円

**8** 3年後

**9** 260g

#### 解説

**1** (2)$5(4-x)-3(x-7)=11$
$20-5x-3x+21=11$
$-8x=-30$
$x=\frac{15}{4}$

**2** (4)両辺を10倍すると，
$3(2x+8)=13x+10$
$6x+24=13x+10$
$-7x=-14$
$x=2$

**3** (1)両辺に20をかけて，
$5(x-7)=4(2x+1)$
$5x-35=8x+4$
$-3x=39$
$x=-13$

**4** (2) $2x=5(x-6)$
$2x=5x-30$
$-3x=-30$
$x=10$

> 覚えておこう　**比例式の性質**
> $a：b=m：n$ ならば，$an=bm$

**5** 1次方程式 $3x-a=2(a-x)-5$ に $x=2$ を代入して，$6-a=2(a-2)-5$
これを $a$ について解くと，
$6-a=2a-4-5$
$-3a=-15$
$a=5$

**6** 最も小さい整数を $x$ とすると，真ん中の整数は $x+1$，最も大きい整数は $x+2$ と表せる。
$x+(x+1)+(x+2)=84$，
$3x+3=84$，$3x=81$，$x=27$
よって，求める3つの整数は27，28，29
(別解)真ん中の整数を $x$ とすると，最も小さい整数は $x-1$，最も大きい整数は $x+1$ と表せる。
$(x-1)+x+(x+1)=84$，
$3x=84$，$x=28$
よって，求める3つの整数は27，28，29

> 覚えておこう　**1次方程式の文章題**
> 何を $x$ とするかで，方程式は違ってくる。
> 最初に，何を $x$ とするか書こう。

**7** 参加人数を $x$ 人とすると，
$250x+1500=300x-200$
これを解くと，$x=34$
費用は，$300\times34-200=10000$(円)

**8** 今から $x$ 年後，母は $(45+x)$ 歳，子どもは $(13+x)$ 歳となるから，$45+x=3(13+x)$
これを解くと，$x=3$

**9** 砂糖を $x$ g混ぜるとすると，
$100：40=650：x$
これを解くと，$x=260$

## 第3日　連立方程式 —— *p.8～p.9*

**1** (1) $x=-4$，$y=-11$　(2) $x=-\dfrac{1}{2}$，$y=4$
**2** (1) $x=1$，$y=-3$　(2) $x=5$，$y=-2$
(3) $x=2$，$y=\dfrac{2}{3}$
**3** $x=2$，$y=1$
**4** $a=-1$，$b=3$
**5** (1) $\begin{cases} x+y+26+30=158 \\ 300x+100y+500\times26+200\times30=36000 \end{cases}$
(2) 大人…34人，子ども…68人
**6** (1) $\begin{cases} x+y=1400 \\ \dfrac{x}{50}+\dfrac{y}{80}=25 \end{cases}$
(2) 歩いた道のり…1000m，
走った道のり…400m

### 解説

**1**, **2** は，連立方程式の上式を①，下式を②とする。

**1** (1) ①を②に代入すると，
$5x-2(4x+5)=2$　$5x-8x-10=2$
$-3x=12$　$x=-4$…③
③を①に代入すると，
$y=4\times(-4)+5=-11$
(2) ②$\times2-$①$\times3$ から，$y=4$

**2** (1) ①から，$3x-y=6$…①′
②から，$-7x+3y=-16$…②′
①′$\times3+$②′から，$2x=2$　$x=1$…③
③を①′に代入すると，$3\times1-y=6$　$y=-3$
(2) ①の両辺に10をかけると，$3x-2y=19$…①′
②の両辺に10をかけると，$2x+y=8$…②′
①′$+$②′$\times2$ から，$7x=35$　$x=5$…③
③を②′に代入すると，$2\times5+y=8$　$y=-2$
(3) ①の両辺に12をかけると，$3x-6y=2$…①′
②の両辺に6をかけると，$2x+3y=6$…②′
①′$+$②′$\times2$ から，$7x=14$　$x=2$…③
③を②′に代入すると，$2\times2+3y=6$　$y=\dfrac{2}{3}$

**3** $\begin{cases} 2x+y=x+2y+1 \\ 3x-y=x+2y+1 \end{cases}$ の形の連立方程式になおして解く。

**4** $x=2$，$y=-1$ を与えられた連立方程式に代入すると，$\begin{cases} -2a-b=-1 \\ 2b-a=7 \end{cases}$ → $\begin{cases} 2a+b=1 \\ -a+2b=7 \end{cases}$
$a$，$b$ についての連立方程式を解くと，
$a=-1$，$b=3$

**5** 人数の関係と，料金の関係から2つの方程式をつくる。

**6** 道のりの関係と，時間の関係から2つの方程式をつくる。

| | 歩いた | 走った | 合計 |
|---|---|---|---|
| 道のり(m) | $x$ | $y$ | 1400 |
| 速さ(m/分) | 50 | 80 | |
| かかった時間(分) | $\frac{x}{50}$ | $\frac{y}{80}$ | 25 |

覚えておこう **連立方程式の文章題**

数量の関係を図や表にまとめると，方程式がつくりやすくなる。

## 第4日 比例と反比例 ―――― p.10～p.11

**1** ア，イ，ウ

**2** (1) $y=-6x$　(2) $y=-18$　(3) $x=1$

**3** (1) $y=-\frac{24}{x}$　(2) $y=3$　(3) $x=-12$

**4** (1)

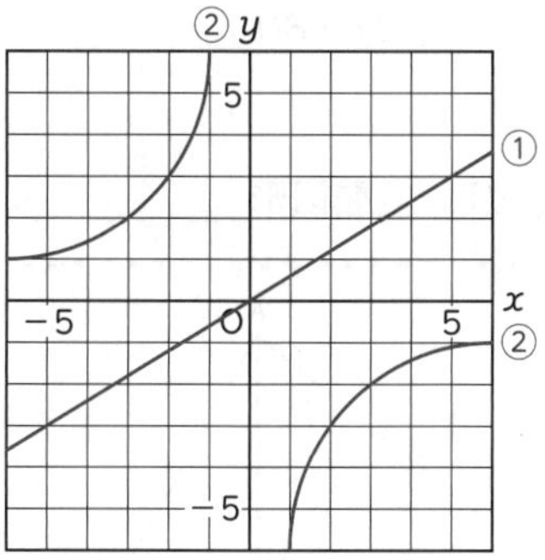


(2)③ $y=-\frac{2}{3}x$　④ $y=\frac{8}{x}$

**5** (1)ア，ウ　(2)イ

### 解説

**1** $x$の値を決めると，それに対応して$y$の値がただ1つに決まるものを選べばよい。
エは，横の長さによって，$y$はただ1つに決まらないので，$y$が$x$の関数であるとは言えない。

**2** (1) $y=ax$に，$x=-2$，$y=12$を代入すると，
$12=a\times(-2)$，$a=-6$
よって，$y=-6x$

**3** (3) $y=-\frac{24}{x}$より，$xy=-24$，
これに$y=2$を代入すると，$2x=-24$，
$x=-12$

**4** (1)①原点Oと点(5, 3)を通る直線をひく。②点(1, −6), (2, −3), (3, −2), (6, −1)ならびに，点(−1, 6), (−2, 3), (−3, 2), (−6, 1)を，なめらかな曲線で結ぶ。

**5** (2)グラフが直線であることから，比例の関係であることがわかり，右下がりであることから，比例定数は負であることがわかる。

覚えておこう **比例定数の正負とグラフ**

・比例　$y=ax$のグラフ

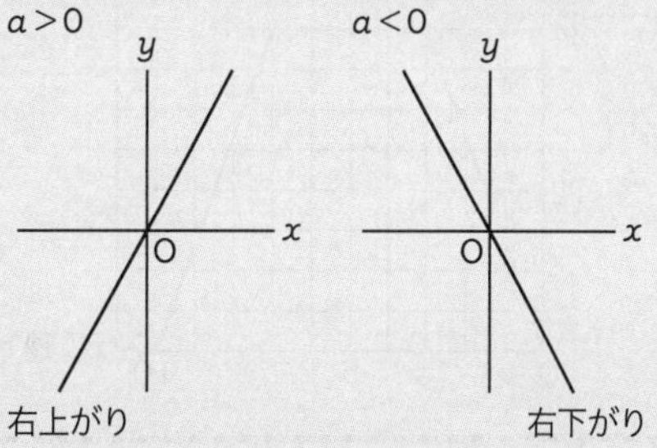


・反比例　$y=\frac{a}{x}$のグラフ

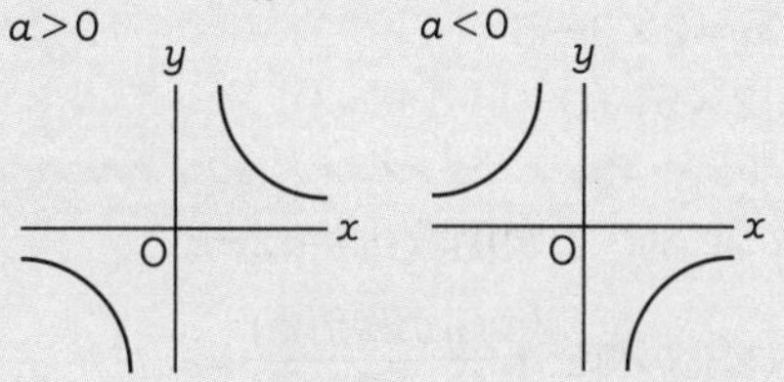


## 第5日 1次関数 ―――― p.12～p.13

**1** (1) $y=1$　(2) 10

**2**

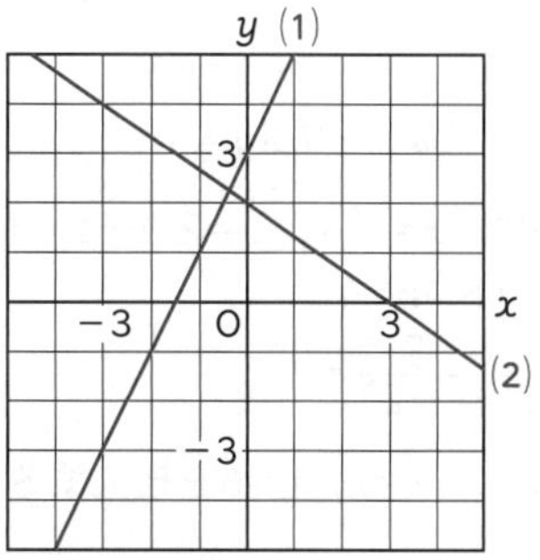


**3** $-9\leqq y\leqq 7$

**4** (1) $y=2x+4$　(2) $y=-\frac{1}{2}x+7$
(3) $y=-4x+4$

**5**

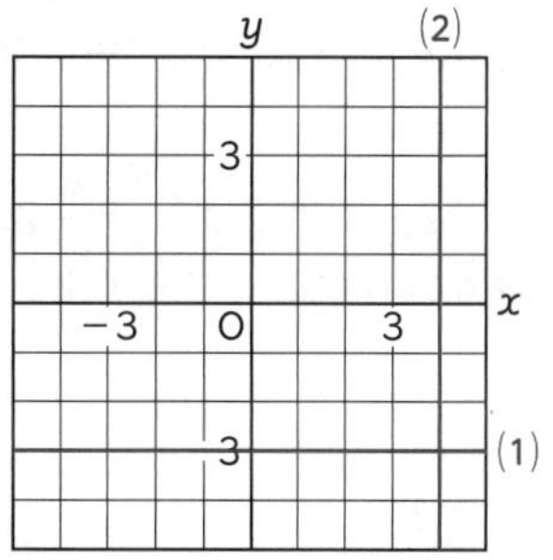

**6** $\left(\frac{5}{3}, -\frac{1}{3}\right)$

**7** (1)① $y=8x$

② $y=24$

③ $y=-8x+80$

(2)

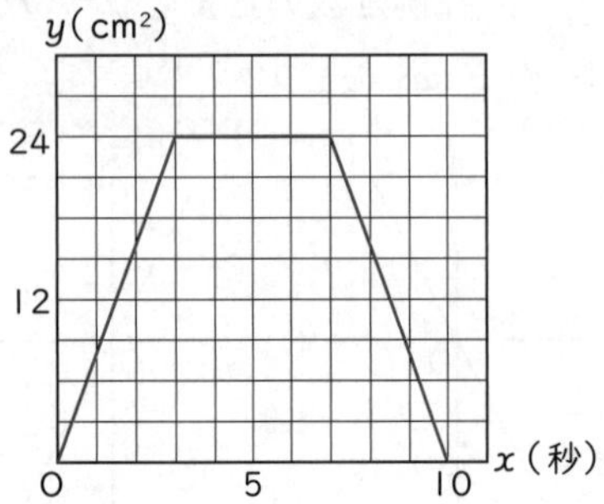


## 解説

**1** (1) $y=2\times3-5=1$

(2) $2\times5=10$

覚えておこう **1次関数 $y=ax+b$**

$(\text{変化の割合})=\dfrac{(y\text{の増加量})}{(x\text{の増加量})}=a$ だから，

$(y\text{ の増加量})=a\times(x\text{ の増加量})$

**2** (2)切片が2で，傾きが$-\frac{2}{3}$のグラフだから，2点(0，2)，(3，0)を通る。

**3** $x=-1$ のとき，$y=-4\times(-1)+3=7$

$x=3$ のとき，$y=-4\times3+3=-9$

よって，$y$の変域は，$-9\leqq y\leqq7$

**4** (1) $y=2x+b$に，$x=-1$，$y=2$ を代入すると，

$2=2\times(-1)+b$　$b=4$

(2) 傾きは，$\dfrac{6-8}{2-(-2)}=-\dfrac{1}{2}$

$y=-\frac{1}{2}x+b$ に，$x=2$，$y=6$を代入すると，

$6=-\frac{1}{2}\times2+b$　$b=7$

(3) $y=-4x+b$ に，$x=1$，$y=0$を代入すると，

$0=-4\times1+b$　$b=4$

**5** それぞれの方程式を$y$，$x$について解くと，

(1) $y=-3$　(2) $x=4$

**6** ①の式は，$y=x-2$，②の式は，$y=-2x+3$

①，②の式を連立方程式として解くと，

$x=\frac{5}{3}$，$y=-\frac{1}{3}$

よって，$\left(\frac{5}{3}, -\frac{1}{3}\right)$

覚えておこう **連立方程式の解とグラフの交点**

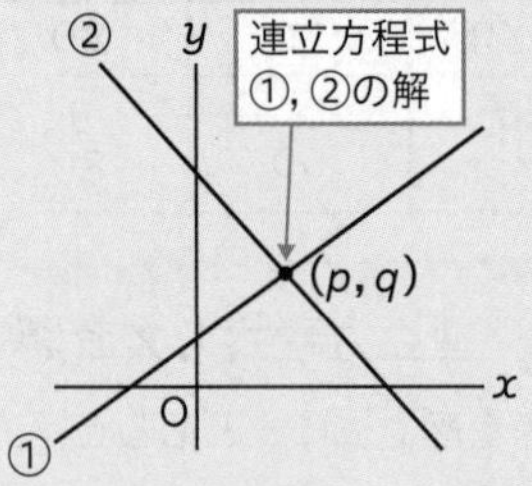


**7** (1)① $\triangle APD=\frac{1}{2}\times AD\times AP=\frac{1}{2}\times8\times2x$

$=8x(cm^2)$　よって，$y=8x$

② $\triangle APD=\frac{1}{2}\times8\times6=24(cm^2)$

よって，$y=24$

③ $\triangle APD=\frac{1}{2}\times AD\times DP$

$=\frac{1}{2}\times8\times(20-2x)=80-8x(cm^2)$

よって，$y=-8x+80$

## 第6日 平面図形・空間図形 ―――― *p.14~p.15*

**1** (1)

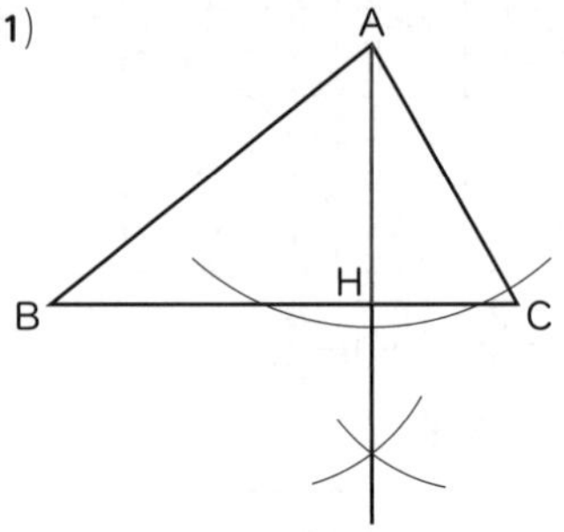


(2)

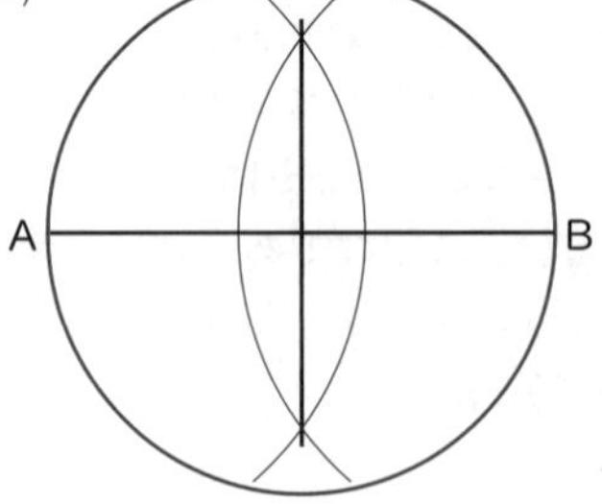


(3)

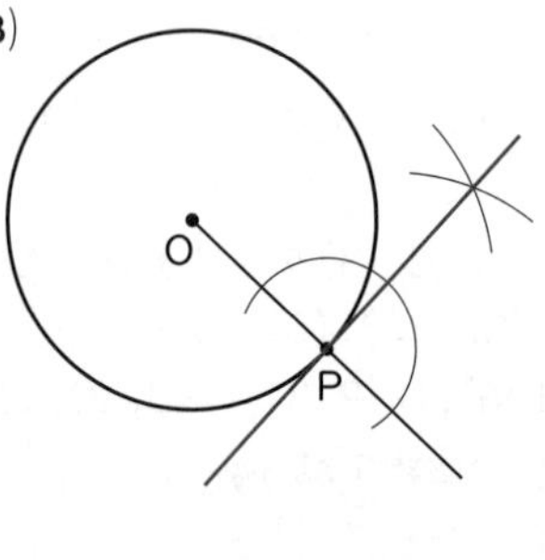

(4)

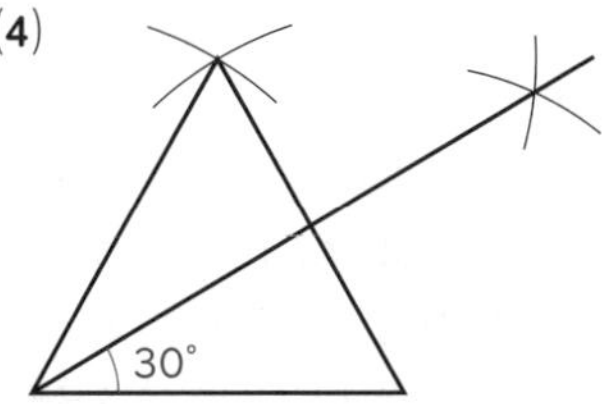


**2** 弧の長さ…$8\pi$cm，面積…$24\pi$cm$^2$

**3** (1)辺 AD，BE，CF

(2)面 ABC，DEF，ABED

(3)辺 BE，DE，EF

**4** (1)体積…400cm$^3$，表面積…360cm$^2$

(2)体積…$324\pi$cm$^3$，表面積…$216\pi$cm$^2$

**5** 体積…$288\pi$cm$^3$，表面積…$144\pi$cm$^2$

### 解説

**1** (4)正三角形を作図し，正三角形の角60°の二等分線を作図すればよい。

覚えておこう **作　図**

垂線

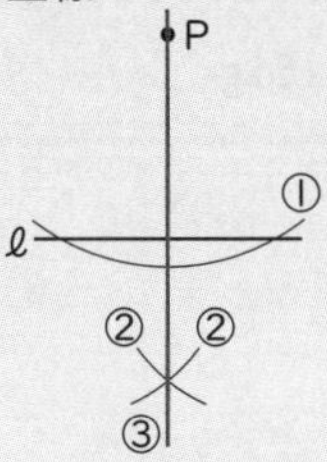


垂直二等分線

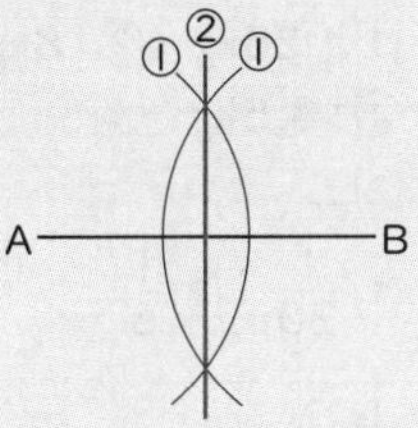


角の二等分線

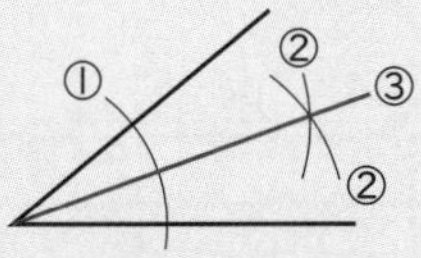


**2** 弧の長さ…$2\pi\times6\times\dfrac{240}{360}=8\pi$(cm)

面積…$\pi\times6^2\times\dfrac{240}{360}=24\pi$(cm$^2$)

**3** (3)2直線が交わらず，平行でないとき，ねじれの位置にあるという。辺ACと同じ平面上にない辺を考えればよい。

**4** (1)体積…$\dfrac{1}{3}\times10^2\times12=400$(cm$^3$)

表面積…$10^2+\dfrac{1}{2}\times10\times13\times4=360$(cm$^2$)

(2)体積…$\dfrac{1}{3}\times\pi\times9^2\times12=324\pi$(cm$^3$)

表面積…$\pi\times9^2+\pi\times15^2\times\dfrac{2\pi\times9}{2\pi\times15}$

$=81\pi+135\pi=216\pi$(cm$^2$)

**5** 体積…$\dfrac{4}{3}\pi\times6^3=288\pi$(cm$^3$)

表面積…$4\pi\times6^2=144\pi$(cm$^2$)

## 第7日 平行と合同 ―――― p.16〜p.17

**1** (1)105°　(2)130°

**2** (1)35°　(2)80°

**3** (1)80°　(2)60°

**4** (1)125°　(2)67°

**5** 128°

**6** (1)△ACB≡△ECD，ウ

(2)△ACB≡△ACD，ア

(3)△ACB≡△DCE，イ

### 解説

**1** (1)$\angle x=45°+60°=105°$

(2)右の図より，

$\angle x=65°+25°+40°$

$=130°$

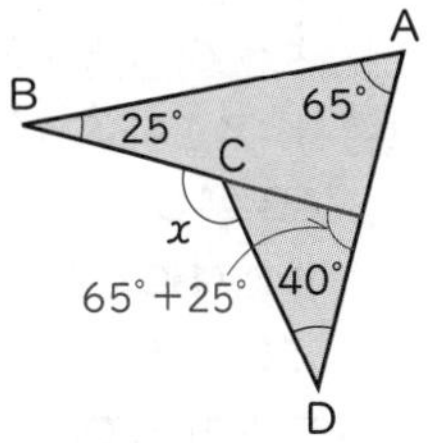


覚えておこう **三角形の内角と外角**

三角形の外角はそれととなり合わない２つの内角の和に等しい。

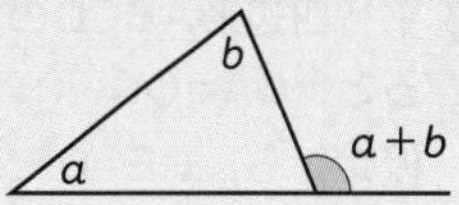


**2** (1)$\angle x=75°-40°=35°$

(2)$115°-60°=55°$，$\angle x=55°+25°=80°$

**3** (2)$180°-120°=60°$

$\angle x=360°-(90°+70°+60°+80°)=60°$

**4** (1)$\angle x=180°-\dfrac{180°-70°}{2}=125°$

(2)$180°-46°=134°$

$\angle x=180°-\dfrac{360°-134°}{2}=67°$

**5** 右の図で，折り返してできた角だから，

$\angle$B′FE$=\angle$BFE$=71°$

$\angle$A′ED$=\angle$B′FC

$=180°-71°\times2=38°$

$\angle x=\angle$A′ED$+90°$

$=38°+90°=128°$

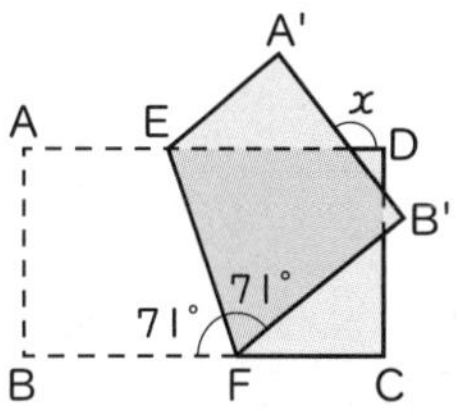


**6** 2つの合同な三角形を対応する頂点の順に並べる。

## 第8日 三角形と四角形 ———— p.18〜p.19

**1** 仮定から，AB=AC…①
BM=CM…②
共通な辺だから，AM=AM…③
①，②，③から，3組の辺がそれぞれ等しいので，

**2** BとEを結ぶ。△ABEと△DBEで，
仮定から，∠BAE=∠BDE=90°…①
AB=DB…②
共通な辺だから，BE=BE…③
①，②，③から，直角三角形の斜辺と他の1辺がそれぞれ等しいので，△ABE≡△DBE
よって，AE=DE

**3** (1) ア△ABCが二等辺三角形ならば，
AB=AC
イ△ABCと△DEFで，∠A=∠D，∠B=∠E，∠C=∠Fならば，△ABC≡△DEF
ウ△ABCで，AB=BC=CAならば，
△ABCは正三角形
(2)ウ

**4** 平行四辺形ABCDの対角線の交点をOとすると，OA=OC…①　OB=OD…②
仮定から，BE=DF…③
②，③から，OE=OF…④
①，④から，対角線がそれぞれの中点で交わるので，四角形AECFは平行四辺形である。

**5** △BDE，△BDF，△ADF

**6**

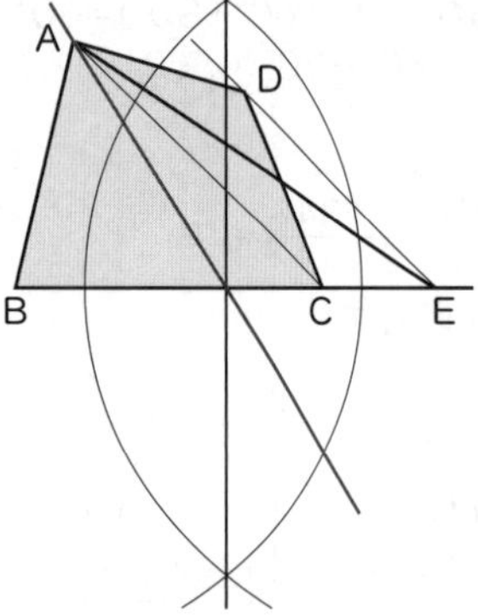


### 解説

**3** (2)ア AB=BCの場合もある。
イ 対応する辺の長さが違う場合もある。

**5** 底辺BEが共通で，AD//BCだから，
△ABE=△BDE　底辺BDが共通で，EF//BDだから，△BDE=△BDF
底辺DFが共通で，AB//DCだから，
△BDF=△ADF
よって，△ABE=△BDE=△BDF=△ADF

**6** 頂点Dを通って対角線ACに平行な直線をひき，辺BCの延長との交点をEとする。△DAC=△EACだから，四角形ABCDと△ABEの面積は等しくなる。したがって，頂点Aを通り，△ABEの面積を2等分する直線を作図すればよい。

覚えておこう　**三角形の面積を2等分する直線**

三角形の頂点とその対辺の中点を結ぶ直線は，面積を2等分する。
BM=CMならば
△ABM=△ACM

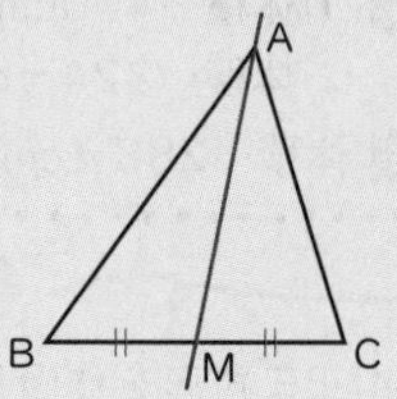


## 第9日 データの整理と確率 ———— p.20〜p.21

**1** (1)①25kg　②18kg　③31.5kg
④13.5kg
(2)エ

**2** (1)$\frac{1}{20}$　(2)$\frac{1}{6}$

**3** $\frac{1}{3}$

**4** $\frac{1}{6}$

**5** $\frac{7}{8}$

**6** $\frac{3}{5}$

**7** $\frac{13}{25}$

### 解説

**1** (1)①データの数は9つあるから，第2四分位数は5番目の25kg。
②1番目から4番目までの値の中央値が，第1四分位数だから，(17+19)÷2=18(kg)
③6番目から9番目までの値の中央値が第3四分位数だから，(30+33)÷2=31.5(kg)
④第3四分位数から第1四分位数をひいた値が四分位範囲だから，31.5－18=13.5(kg)

**2** (1)すべての場合の数は20通り。
(2)AとBを選ぶことと，BとAを選ぶことは同じである。すべての場合の数は6通り。

**3** すべての場合の数は12通り。そのうち，34以上になるのは，34，41，42，43の4通り。

**4** 2つのさいころの目の出方は36通り。このうち，$p+q$の値が7となるのは，$(p,\ q)=(1,\ 6)$，$(2,\ 5)$，$(3,\ 4)$，$(4,\ 3)$，$(5,\ 2)$，$(6,\ 1)$の6通り。

**5** 3枚の硬貨の表裏の出方は8通り。1枚も表が出ないのは1通り。少なくとも1枚は表となるのは7通り。

**6** 当たりくじを①②はずれくじを[3][4][5]と区別して考えると，くじのひき方は全部で10通り。このうち，1本が当たりで1本がはずれとなるのは6通り。

**7** 白玉2個と，黒玉3個をそれぞれ区別して考えると，玉の取り出し方は全部で，
$5\times5=25$(通り)
ここで，2回とも白玉が出る場合は，
$2\times2=4$(通り)
2回とも黒玉が出る場合は，$3\times3=9$(通り)
よって，確率は $\dfrac{4+9}{25}=\dfrac{13}{25}$

## 第10日 仕上げテスト ―――――― p.22~p.23

**1** (1) $17a-12$　(2) $-\dfrac{4a}{9b}$

**2** (1) $x=-3$，$y=2$　(2) $x=\dfrac{5}{7}$，$y=-\dfrac{12}{7}$

**3** (1) $a=3d-b-c$　(2) 51°

**4** 男子…270人，女子…336人

**5** (1)① $-3$　② 12　(2) $-\dfrac{3}{2}$　(3) $\dfrac{9}{2}$

**6** △ACE と△DCB で，
△DAC は正三角形だから，AC=DC ……①
△ECB は正三角形だから，CE=CB ……②
∠ACE=∠ACD+∠DCE ……③
∠DCB=∠DCE+∠ECB ……④
また，∠ACD=∠ECB=60°……⑤
③，④，⑤から，∠ACE=∠DCB ……⑥
①，②，⑥から，2組の辺とその間の角がそれぞれ等しいので，
△ACE≡△DCB
合同な三角形の対応する辺は等しいから，
AE=DB

**7** $\dfrac{2}{9}$

## 解説

**1** (1) 与式 $=8a-6-6+9a$
$=17a-12$
(2) 与式 $=-\dfrac{8a^2b}{6ab\times3b}=-\dfrac{4a}{9b}$

**2** (2) $\begin{cases}4x-3y=8\\6x-y+2=8\end{cases}$ の形の連立方程式になおして解く。

**3** (1) A君，B君，C君の数学の得点の平均は，
$\dfrac{a+b+c}{3}$(点)
これが$d$点と等しいから，
$\dfrac{a+b+c}{3}=d$
両辺を3倍すると，$a+b+c=3d$
$b$と$c$を右辺に移項すると，$a=3d-b-c$
(2) AD∥BCより，∠ADF=∠DFC=52°(錯角)
∠EDF=∠ADF−∠ADE=52°−26°=26°
△DEFで，DE=DFより，
∠DFE=(180°−∠EDF)÷2
=(180°−26°)÷2=77°
∠EFB=180°−(∠DFE+∠DFC)
=180°−(77°+52°)=51°

**4** 10月の男子を$x$人，女子を$y$人とすると，
$\begin{cases}x+y=580\\-0.1x+0.2y=26\end{cases}$
これを解くと，$x=300$，$y=280$
11月の男子は，$300\times0.9=270$(人)，
女子は，$280\times1.2=336$(人)

**5** (1)① $y=\dfrac{3}{2}x+b$に，$x=6$，$y=6$ を代入すると，
$6=\dfrac{3}{2}\times6+b$　$b=-3$
② $y=\dfrac{3}{2}x-3$ に$y=0$ を代入すると，
$0=\dfrac{3}{2}x-3$　$x=2$ だから，P(2, 0)
よって，$△ABP=\dfrac{1}{2}\times(6-2)\times6=12$

(2) 直線$\ell$が対角線OB の中点(3, 3)を通ればよいから，$y=\dfrac{3}{2}x+b$に$x=3$，$y=3$を代入すると，
$3=\dfrac{3}{2}\times3+b$　$b=-\dfrac{3}{2}$
(3) $y=\dfrac{3}{2}x+b$ に$y=0$ を代入すると，
$0=\dfrac{3}{2}x+b$　$x=-\dfrac{2}{3}b$ だから，$P\left(-\dfrac{2}{3}b,0\right)$

$y=\frac{3}{2}x+b$ に $y=6$ を代入すると，

$6=\frac{3}{2}x+b$　$x=4-\frac{2}{3}b$ だから，

$Q\left(4-\frac{2}{3}b, 6\right)$

$OP=0-\left(-\frac{2}{3}b\right)=\frac{2}{3}b$,

$BQ=6-\left(4-\frac{2}{3}b\right)=2+\frac{2}{3}b$ だから，

$\frac{2}{3}b+\left(2+\frac{2}{3}b\right)=8$　これを解くと，$b=\frac{9}{2}$

**7** 2点A，Bを通る直線の式は，$y=-\frac{2}{3}x+4$

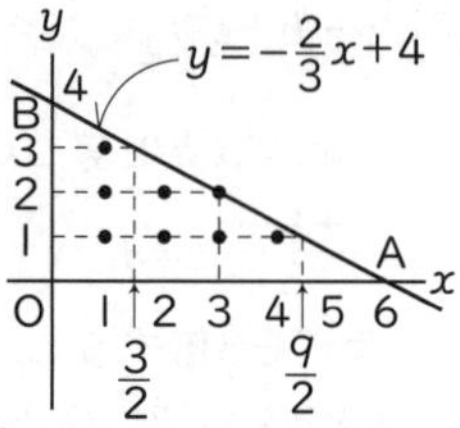


大小2つのさいころの目の出方は36通り。このうち，条件を満たすP($a$, $b$)は，右の図から，

$b=3$ のとき，$a=1$

$b=2$ のとき，$a=1$，2，3

$b=1$ のとき，$a=1$，2，3，4

の計8通り。

よって，確率は，$\frac{8}{36}=\frac{2}{9}$

# 社会

## 第1日 世界と日本のすがた ―― p.24~p.25

**1** (1)X：大西洋　Y：インド洋　Z：太平洋

(2)ユーラシア大陸

(3)本初子午線　(4)海洋国(島国)

(5)d　(6)ウ

(7)宗教名：イスラム教　記号：ウ

**2** (1)ア

(2)3(月)25(日)午前2(時)　(3)イ

(4)排他的《はいたてき》経済水域

(5)A：カ　B：キ　C：ウ　D：ア

(6)エ

### 解説

**1** (1)三大洋のなかで，最も面積が大きいのは太平洋である。 (3)本初子午線は，イギリスの首都のロンドンを通っている。 (4)海洋国(島国)は，日本のほかにイギリスやフィリピンなどがある。 (6)Bは降水量が極めて少ない乾《かん》燥《そう》帯気候のカイロ。 (7)メッカはイスラム教の聖地で，イスラム教徒は1日5回，メッカにむかっていのりを行う。**ア**はヒンドゥー教，**イ**はキリスト教，**エ**は仏教である。

**2** (2)日本とサンフランシスコの経度差は，135＋120＝255度である。経度差が15度で1時間の時差が生じることから，日本とサンフランシスコの時差は255÷15＝17で17時間。日本のほうが時刻が早く進んでいることから，日本が3月25日の午後7時のとき，サンフランシスコは17時間前の3月25日午前2時になる。 (3)**ア**の与那国島《よなぐにじま》は日本の西端《せいたん》，**イ**の南鳥島《みなみとりしま》は日本の東端《とうたん》，**ウ**の沖ノ鳥《おきのとり》島《しま》は日本の南端《なんたん》，**エ**の択捉島《えとろふとう》は日本の北端《ほくたん》である。 (4)排他的経済水域では，沿岸国が水産資源や鉱産資源を管理することができる権利をもっている。 (5)日本の河川の特徴《とくちょう》としては，大陸の大きな河川に比べて，長さが短いこと，流れが急であること，流域面積が狭《せま》いこと，季節によって水量の変化が大きいことがあげられる。 (6)Zは，冬の降水量が多い日本海側の気候に属する金沢《かなざわ》市である。よって，**エ**があてはまる。**ア**は，一年を通して降水量が少なく，冬と夏の気温の差が大きい中

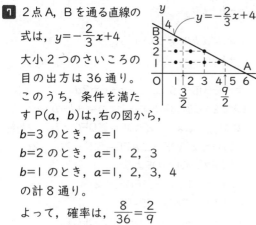

央高地の気候に属する松本市のグラフである。**イ**は，夏の降水量が多い太平洋側の気候に属する静岡《しずおか》市のグラフである。**ウ**は，**イ**にくらべて年降水量は少ないが，夏の降水量が多い東京のグラフである。

覚えておこう **時差の計算**

・**経度差 15 度**で**1 時間**の時差。
足してから 15 で割る。
・東経どうし，西経どうしの時差の計算は，経度の引き算をしてから 15 で割る。

## 第2日 世界のさまざまな地域 —— *p.26～p.27*

**1** (1)偏西風《へんせいふう》　(2)ナイル川　(3)ウ
(4)アパルトヘイト　(5)ヨーロッパ連合(EU)
(6)ユーロ
**2** (1)アンデス山脈
(2)焼畑農業　(3)ア
**3** (1)ヒマラヤ山脈　(2)イ
(3)経済特区(経済特別区)　(4)イ
(5)アボリジニ
**4** (1)ロッキー山脈　(2)イ
(3)シリコンバレー
(4)ヒスパニック

### 解説

**1** (1)偏西風と暖流の北大西洋海流の影響《えいきょう》で，ヨーロッパは高緯《い》度《ど》の割に比較的温暖である。
(3)地中海式農業は，高温で乾燥《かんそう》している夏にオリーブやオレンジ，降水量が多い冬に小麦などを栽培《さいばい》する農業。　(5)(6)ヨーロッパ連合（ＥＵ）は 1993 年に結成され，2018 年 10 月現在 28 か国が加盟している。加盟国間では国境を越《こ》えて技術協力を行って航空機を生産している。また，ユーロの流通によって，国境を越えた買い物や人々の移動がさかんに行われている。しかし，近年ではＥＵ加盟国間での経済格差が問題になっている。

**2** (3) Ａはブラジル。ブラジルはスペインではなくポルトガルに植民地支配されていたことから，**ア**は誤り。

**3** (2) Ａは中国，Ｂはタイ，Ｃはインド，Ｄはインドネシアである。生産量は中国やインド，インドネシアが多く，輸出量はインドやタイが多いことから，米があてはまる。　(4)Ｙはペルシャ湾《わん》である。ペルシャ湾岸は世界有数の石油産出地域で，沿岸国のサウジアラビアやイラン，イラク，アラブ首長国連邦などは産出量が多い。

**4** (2)アメリカ合衆国南部に□が分布していることから，綿花である。かつてアフリカの人々が綿花栽培の労働力のために，奴隷《どれい》として連れてこられた。　(4)ヒスパニックと呼ばれる人々は，働く機会と高い賃金を求めて，アメリカ合衆国へ移住している。

覚えておこう **おもな地域統合組織**

・ASEAN（東南アジア諸国連合）
・EU（ヨーロッパ連合）
・NAFTA（北米自由貿易協定）

## 第3日 日本のさまざまな地域 ① —— *p.28～p.29*

**1** (1)カルデラ　(2)ウ
**2** (1)イ　(2) Ａ：広島県　Ｂ：島根県
**3** (1)①琵琶湖《びわこ》
②例 家庭からの排水の流入が増えたから。
(2)リアス海岸　(3)ア　(4)ア

### 解説

**1** (2) Ａは福岡県，Ｂは長崎県，Ｃは宮崎県，Ｄは鹿児島県。宮崎県は，温暖な気候を利用した野菜の促成栽培《そくせいさいばい》がさかんなことから，ピーマンの収穫量《しゅうかくりょう》が最も多い**ウ**である。**ア**は牛肉の生産量が最も多いことから畜産業《ちくさんぎょう》のさかんな鹿児島県，**イ**は漁獲量《ぎょかくりょう》が最も多いことから長崎県，**エ**は米の収穫量が最も多いことから福岡県。

**2** (2) Ａは人口・製造品出荷額等がともに多いことから広島県，Ｂは人口が少なく，１月の降水量が多いことから，日本海側に位置する島根県，Ｃは果実の産出額が多いことから，みかんの栽培がさかんな愛媛県。

**3** (1)① Ｘは滋賀県で，琵琶湖は「近畿《きんき》地方の水がめ」と呼ばれる。　(3)①は兵庫県，②は京都府，③は大阪府，④は和歌山県。**資料Ⅰ**を見ると，製造品出荷額等や小売販売《はんばい》額，府県庁所在地人口が最も多いＢが，近畿地方の中心で，阪神工業地帯にふくまれる大阪府があてはまる。次に農業生産額が最も多く，製造品出荷額等や府県庁所在地人口が２番目に多いＣが，近郊《きんこう》農業がさかんで，阪神工業地帯にふくまれる兵庫県である。Ｄは農業生産額が２番目に多いことから，みかんの栽培がさかんな和歌山県。残ったＡは京都府。 (4)地図中の④は和歌山県で，和歌山県の割合が最も高く，愛媛県や静岡県も多いことから，みかんがあてはまる。**イ**のいちごは栃木県や福岡県など，**ウ**のねぎは千葉県や埼玉県など，**エ**の茶は静岡県や鹿児島県などで生産量が多い。

覚えておこう **本州四国連絡橋**

**児島《こじま》－坂出《さかいで》ルート**（瀬戸《せと》大橋がある），**神戸《こうべ》－鳴門《なると》ルート**（明石海峡大橋《あかしかいきょうおおはし》がある），**尾道《おのみち》－今治《いまばり》ルート**（しまなみ海道がある）の３ルートが存在している。

## 第4日 日本のさまざまな地域 ② — *p.30～p.31*

**1** (1)①横浜市　②ヒートアイランド現象
(2)東京都：エ　Ｂ県：ア

**2** (1)釧路湿原《くしろしつげん》　(2)酪農《らくのう》　(3)アイヌ

**3** (1)ウ
(2)記号：Ｂ　県名：岩手県

**4** (1)エ　(2) 750m

### 解説

**1** (1)Ａは神奈川県。 (2)Ｂ県は群馬県，Ｃ県は埼玉県，Ｄ県は千葉県。表のうち，特徴《とくちょう》のあるものから考える。印刷・同関連業の出荷額が最も多い**エ**は東京都，化学工業の出荷額が最も多い**イ**は京葉工業地域にふくまれる千葉県，繊維《せんい》工業の出荷額が最も多く東京都に次いで印刷・同関連業の出荷額が多い**ウ**は埼玉県。よって群馬県は**ア**となる。

**2** (3)アイヌの人々の民族としての誇《ほこ》りが尊重される社会をめざし，1997年にはアイヌ文化振興法が制定された。

**3** (1)矢印は，Ｃの山形県からＤの宮城県に向かって移動している。 (2)**イ**は面積が最も大きいことからＢの岩手県。**ア**は人口からＤの宮城県，**ウ**は果実からＣの山形県。残った**エ**はＡの秋田県。

**4** (1)**エ**：駅の南東の方向にあるのは交番。
(2)実際の距離は，(地図上の長さ)×(縮尺の分母)で求める。 3×25000＝75000〔cm〕＝750〔m〕。

覚えておこう **地形図の実際の距離**

地形図から実際の距離を計算するときは，地図上の長さ×縮尺の分母。

## 第5日 文明のおこりと古代の日本 — *p.32～p.33*

**1** (1)新人　(2)磨製石器《ませいせっき》　(3)ア
(4)イスラム教

**2** (1)縄文《じょうもん》土器　(2)貝塚《かいづか》
(3)土器：弥生《やよい》土器　記号：エ　(4)ア

**3** (1)①大和《やまと》政権(ヤマト王権)　②大王《おおきみ》《だいおう》
(2)十七条の憲法　(3)イ
(4)平城京《へいじょうきょう》
(5)例 新たに開墾《かいこん》した土地の私有を認めた。

**4** (1)例 自分の娘《むすめ》を天皇のきさきにして，その子を天皇に立てて政治の実権をにぎった。
(2)仮名文字《かなもじ》
(3)ウ

### 解説

**1** (2)磨製石器や土器を使い，農耕や牧畜《ぼくちく》を始めた時代を新石器時代という。 (3)**イ**はメソポタミア文明，**ウ**はインダス文明，**エ**は中国文明がさかえた地域である。

**2** (3) Ａは縄文《じょうもん》土器，Ｂは弥生土器である。**エ**の打製石器が使われ始めたのは旧石器時代で，弥生時代より以前のできごとである。 (4) 3世紀に邪馬台国《やまたいこく》の卑弥呼《ひみこ》が中国の魏《ぎ》に使いを送り，皇帝から「親魏倭王《しんぎわおう》」という称号《しょうごう》と金印《きんいん》などを授《さず》けられたことが，「魏志倭人伝《ぎしわじんでん》」という中国の歴史書に記されている。

**3** (3)**ア**は天智《てんじ》天皇の弟で，天智天皇がなくなったあと，あとつぎ争いの戦いである壬申《じんしん》の乱に勝利し，即位した飛鳥《あすか》時代の天皇。**ウ**は，聖徳太子《しょうとくたいし》が摂政《せっしょう》であったころの飛鳥時代の天皇。**エ**は奈良《なら》時代から平安《へいあん》時代にかけての天皇。 (5)奈良時代後半の８世紀中ごろになると，人口の増加などによって口分田が不足してきた。朝廷《ちょうてい》は口分田を増やすために人々に開墾《かいこん》をうながす墾田永年私財法《こんでんえいねんしざいのほう》を出した。これ以降，寺社や貴族の私有地が増え，やがて荘園《しょうえん》と呼ばれるようになった。

**4** (1)藤原《ふじわら》氏が摂政や関白《かんぱく》の職について行った政治を，摂関《せっかん》政治という。　(2)仮名文字を使った女性による文学作品が多く生まれ，紫式部《むらさきしきぶ》が「源氏物語《げんじものがたり》」という小説を著《あらわ》し，清少納言《せいしょうなごん》が「枕草子《まくらのそうし》」という随筆《ずいひつ》を著した。
(3)**ア**・**エ**は奈良時代につくられた歴史書，**イ**は天皇や貴族，防人《さきもり》や農民の歌をまとめた和歌集である。

覚えておこう　**聖徳太子の政治**

・**冠位十二階《かんいじゅうにかい》の制度**…家柄《いえがら》にとらわれず，功績や才能ある人物を役人にとり立てる制度。
・**十七条の憲法**…仏教や儒学《じゅがく》の考え方をとり入れ，天皇の命令に従うなどの役人の心構えを示した憲法。
・**遣隋使《けんずいし》**…隋の進んだ制度や文化をとり入れようと，**小野妹子《おののいもこ》**などを隋に派遣《はけん》した。

## 第6日　中世の日本 ―――― *p.34～p.35*

**1** (1) A：守護《しゅご》　B：地頭《じとう》
(2)**ウ**
(3)御成敗式目《ごせいばいしきもく》(貞永式目《じょうえいしきもく》)
(4)記号：**い**　戦い：元寇《げんこう》
(5)**イ**
(6)㋱ 倭寇《わこう》と正式な貿易船を区別するため。
(7)**エ**

**2** (1)二毛作《にもうさく》
(2)馬借《ばしゃく》
(3)①惣《そう》(惣村《そうそん》)
②㋱ 借金の帳消しを求めた。
(4)座《ざ》

**3** (1) A：浄土真宗《じょうどしんしゅう》(一向宗《いっこう》)　B：時宗《じ》
C：禅宗《ぜん》
(2)金閣《きんかく》
(3)**エ**

**解説**

**1** (2)承久《じょうきゅう》の乱は，後鳥羽上皇《ごとばじょうこう》が鎌倉幕府《かまくらばくふ》を倒《たお》そうと兵をあげたことがきっかけでおこった戦いである。朝廷《ちょうてい》軍は幕府軍にやぶれ，後鳥羽上皇は隠岐《おき》(島根県)に流された。　(3)御成敗式目(貞永式目)は，その後長い間，武士の法律の見本となった。　(6)倭寇とは，貿易を強要し，船をおそって大陸沿岸をあらしていた人々である。
(7)六波羅探題《ろくはらたんだい》は，承久の乱のあとに設置された。

**2** (3)②借金の帳消しを求める土《つち》《ど》一揆《いっき》の１つに，1428年に，近江《おうみ》(滋賀県)の馬借の蜂起《ほうき》をきっかけにおこった正長《しょうちょう》の土一揆がある。

**3** (1)親鸞《しんらん》は，法然《ほうねん》の弟子で，法然の教えをすすめ，阿弥陀仏《あみだぶつ》の救いを信じる心をより強調した浄土真宗《じょうどしんしゅう》（一向宗《いっこう》）を広めた。一遍《いっぺん》は，踊念仏《おどりねんぶつ》によって布教を行う時宗《じしゅう》を広めた。栄西《ようさい》《えいさい》や道元《どうげん》は，座禅によって自分の力でさとりを開こうとする禅宗《ぜん》を中国から伝えた。　(3)**エ**は，平安《へいあん》時代の貴族の住宅のつくりである。

覚えておこう　**14世紀～15世紀の周辺国**

・**朝鮮国《ちょうせん》**…14世紀末に高麗《こうらい》をほろぼした**李成桂《りせいけい》《イソンゲ》**によって建国される。
・**琉球王国《りゅうきゅうおうこく》**…15世紀初めに尚《しょう》氏が沖縄島を統一し，首里《しゅり》を都とする琉球王国を建国する。
・**アイヌ民族**…蝦夷地《えぞち》の先住民。15世紀に本州の人々が蝦夷地に進出。

## 第7日　近世の日本 ―――― *p.36～p.37*

**1** (1) A：ローマ教皇(法王)　B：十字軍
C：ルネサンス(文芸復興)
(2)**ア**
(3)ルター

**2** (1)**エ**
(2)刀狩令《かたながりれい》
(3)**ウ**

**3** (1)①外様大名《とざまだいみょう》
②㋱ 大名に１年ごとに江戸《えど》と領地を往復させる。
(2)①出島《でじま》　②**ウ**
(3)① D　② E　③ C
(4)文化：元禄《げんろく》文化　記号：**イ**

**解説**

**1** (2)コロンブスは，1492年に西インド諸島に到達した。**イ**はマゼラン船隊が1522年に世界一周に初めて成功したときの航路，**ウ**はバスコ・ダ・ガマが1498年にアフリカ南端《なんたん》の喜望峰《きぼうほう》をまわってインドに到達したときの航路である。
(3)ドイツではルターが，フランスやスイスではカルバンが宗教改革を行った。ルターらの考えを支持する人々はプロテスタントと呼ばれた。これに対抗《たいこう》してカトリック教会も改革を始め，イエズス会を結成し，アジアなどへの布教を進めた。

**2** (1)**ア**，**イ**は豊臣秀吉《とよとみひでよし》，**ウ**は足利義満《あしかがよしみつ》が行ったことである。　(2)刀狩令は，農民の一揆《いっき》を防ぎ，耕作に専念させるために出された。

**3** (1)①将軍《しょうぐん》家の親戚《しんせき》を親藩《しんぱん》，関ヶ原《せきがはら》の戦い以前から徳川《とくがわ》氏に従っていた大名を譜代《ふだい》大名という。②参勤交代《さんきんこうたい》によって藩は多くの出費を強いられ，大きな負担となった。　(2)②アイヌの人々は松前《まつまえ》藩と交易を行い，琉球王国《りゅうきゅうおうこく》は薩摩《さつま》藩に服属し，貿易を行っていた。

覚えておこう **幕政の三大改革**

- **享保《きょうほう》の改革**…徳川吉宗《よしむね》→新田開発，公事方御定書《くじかたおさだめがき》
- **寛政《かんせい》の改革**…松平定信《まつだいらさだのぶ》→出版の統制，寛政異学の禁，旗本《はたもと》・御家人《ごけにん》の借金帳消し
- **天保《てんぽう》の改革**…水野忠邦《みずのただくに》→人返し令，株仲間《かぶなかま》の解散，上知《あげち》(地)令《れい》

## 第8日 近・現代の日本と世界 ① —— *p.*38～*p.*39

**1** (1)①日米修好通商条約　②**ア**・**エ**
(2)大政奉還《たいせいほうかん》
(3)岩倉具視《いわくらともみ》
(4)五箇条《ごかじょう》の御誓文《ごせいもん》

**2** (1)地租改正《ちそかいせい》
(2)A：地価　B：現金
(3)例 安定した財政収入を確保するため。

**3** (1)大正デモクラシー
(2)A：三国同盟　B：三国協商
(3)原敬《はらたかし》
(4)治安維持法《ちあんいじほう》
(5)①ブロック経済　②ファシズム
③政策：ニューディール(政策)
大統領：(フランクリン=)ルーズベルト

### 解説

**1** (1)①日米修好通商条約は，1858年に結ばれた。②**イ**・**ウ**は1854年にアメリカ合衆国と結ばれた日米和親条約の内容。日米修好通商条約によって開港したのは，神奈川(横浜)，函館《はこだて》，新潟《にいがた》，兵庫(神戸《こうべ》)，長崎の5港。
(2)大政奉還は，徳川《とくがわ》氏を中心に諸藩が連合した新しい政府の実現を期待してのものであったが，これに対抗《たいこう》する王政復古の大号令によって徳川氏の権力は否定された。

**2** (2)地価の3％を地租として現金で納めさせた。のちに地租は2.5％に引き下げられた。
(3)それまでの収入であった年貢《ねんぐ》を納めるしくみから全国で統一された税を現金で払うしくみに変えたことによって，政府の財政は安定した。

**3** (1) 1912年に藩閥《はんばつ》の桂《かつら》内閣が組織されたことをきっかけに，憲法にもとづく政治を求める第一次護憲運動がおこった。その後1918年におこった米騒動《こめそうどう》により藩閥の寺内《てらうち》内閣が退陣すると，立憲政友会の原敬が首相となり，内閣を組織した。この内閣は，陸軍，海軍，外務の3大臣以外はすべて立憲政友会の党員で組織された本格的な政党内閣であった。
(5)②ドイツではヒトラー率いるナチスが，イタリアではムッソリーニ率いるファシスト党がファシズムを推進した。

覚えておこう **世界恐慌《きょうこう》への対応**

- アメリカ…**ニューディール政策**
- イギリス・フランス…**ブロック経済(政策)**
- ドイツ・イタリア…**ファシズム**

## 第9日 近・現代の日本と世界 ② —— *p.*40～*p.*41

**1** (1)ポツダム宣言
(2)アメリカ(合衆国)
(3)**イ**
(4) 20歳《さい》以上の男女
(5)財閥《ざいばつ》
(6)**イ**

**2** (1)非核三原則
(2)ベルリンの壁
(3)ソ連(ソビエト社会主義共和国連邦)

**3** (1)①冷たい戦争(冷戦)　②**エ**
(2)台湾
(3)**イ**・**ウ**
(4)①**ア**
②日米安全保障条約

## 解説

**1** (1)ポツダム宣言は，アメリカ・イギリス・中国の３か国の名で出された。　(6)農地改革の目的は，地主制を解体し，自作農をつくり出すことにあった。このため，地主から国が土地を買い上げ，小作農に対して安い価格で売り渡した。

**2** (2)ベルリンの壁の崩壊《ほうかい》は，冷戦の終わりを象《しょう》徴《ちょう》するできごとであった。

**3** (1)②日本の国際連合加盟は，ソ連の支持を得て実現した。　(3)(4)①**イ**は1914年から1918年まで続いた第一次世界大戦の後のできごと，**ウ**は1904年におこった日露戦争の講和条約であるポーツマス条約の内容，**エ**は1921年から1922年に行われたワシントン会議の内容である。

> **覚えておこう　高度経済成長**
>
> ・1955年から1973年までの間の，年平均で約10%の経済成長を続けた期間。
>
> ・1973年の第四次中東戦争がおこったことによる石油危機(オイル・ショック)により，高度経済成長は終わった。

## 第10日　仕上げテスト ——— p.42～p.43

**1** (1)記号：**イ**　都道府県名：兵庫県

(2)環《かん》太平洋造山帯

(3)**エ**

(4)**ア**

**2** (1)①徳川吉宗《とくがわよしむね》

②株仲間

③**エ**

(2)①**イ→ウ→ア**

②**イ**

## 解説

**1** (1)日本標準時の基準となる経線は東経135度で，兵庫県明石《あかし》市を通っている。　(3)グラフのXは金属工業，Yは機械工業，Zは食料品工業。地図の●は，愛知県，神奈川県，関東内陸などにあることから，生産されている製品は自動車とわかる。　(4)Aは日本海側の新潟県に位置していることから，冬の降水量が多い**ア**があてはまる。

**2** (1)①享保《きょうほう》の改革を行った徳川吉宗は第８代将軍《しょうぐん》。③**ア**は老中の田沼意次《たぬまおきつぐ》の政治，**イ**は老中の水《みず》野《の》忠邦《ただくに》による天保《てんぽう》の改革，**ウ**は徳川吉宗による享保の改革で行われた政策について述べた文である。

(2)①Aは下関《しものせき》条約（**イ**），Bはポーツマス条約（**ウ**），Cは二十一か条の要求（**ア**）。

> **覚えておこう　日清《にっしん》戦争・日露《にちろ》戦争**
>
> **日清戦争**…1894～1895年。講和条約は下関条約。
>
> **日露戦争**…1904～1905年。講和条約はポーツマス条約。

# 理 科

## 第1日 身のまわりの現象 p.44～p.45

**1** (1)イ (2)ア (3)全反射

**2** (1)ウ (2)エ

**3** (1)ア (2)①ア ②ウ

(3)おんさを強くたたく。

**4** (1)エ

(2)①垂直抗力《こうりょく》(抗力) ②重力

### 解説

**1** (2)チョークから出る光は，右の図の実線のように屈折《くっせつ》して点Pまで進む。観察者には点線のように，光が直進してきたように見えるため，ガラスを通して見たチョークの下の部分は，上の部分より右にずれて見える。

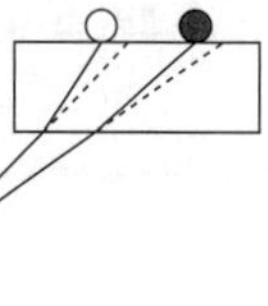


**覚えておこう 屈折角**

光が空気中から水やガラスへ進むとき，屈折角は入射角より小さくなる。

**2** (1)物体が焦点《しょうてん》より外側にあるとき，物体と上下左右が逆向きの実像ができる。焦点距離《きょり》の2倍の位置と焦点の間に物体があるとき，凸《とつ》レンズを使ってできる実像の大きさは物体よりも大きくなる。

(2)物体が焦点の内側にあるとき，物体と上下左右が同じ向きで，物体よりも大きい虚像《きょぞう》ができる。

**3** (2)図2よりも図1のほうが振幅《しんぷく》が大きく，振動数も多いので，おんさAのほうが音が大きく，音の高さも高い。

**4** (1)2力がつりあうには，次の3つの条件がすべて必要である。

・2力が一直線上にある。

・2力の大きさが等しい。

・2力の向きが逆向きである。

(2)地球が物体を地球の中心に向かって引っ張る力を重力といい，重力のはたらきを打ち消すように，床《ゆか》が物体を支える力を垂直抗力という。

## 第2日 身のまわりの物質 p.46～p.47

**1** (1)ア，エ (2)炭素

**2** (1)エ (2) 3.0 $\text{cm}^3$ (3) 8.97 g/$\text{cm}^3$

**3** (1)ウ (2)①イ ②カ

**4** (1)アンモニア (2)イ

(3)方法：気体が入ったびんに線香《せんこう》の火を入れる。

結果：線香が激しく燃える。

**5** (1) 32% (2) 16.4 g

### 解説

**1** (2)炭素を含《ふく》む物質を有機物といい，有機物以外の物質を無機物という。

**2** (1)磁石につくのは，鉄など一部の金属のみの性質である。

(2) 60.0 $\text{cm}^3$ よりふえた分が金属Aの体積だから，$63.0-60.0=3.0$〔$\text{cm}^3$〕

(3) 物質の密度〔g/$\text{cm}^3$〕＝

$\dfrac{\text{物質の質量〔g〕}}{\text{物質の体積〔cm}^3\text{〕}}$ だから，

$\dfrac{26.9\,\text{g}}{3.0\,\text{cm}^3}=8.966\cdots\,\text{g/cm}^3$ より，

8.97 g/$\text{cm}^3$

**3** (1)物質の状態が変化しても粒子《りゅうし》の大きさや数，種類は変化しない。

(2)物質が液体から気体に変わると，物質をつくる粒子と粒子の間隔《かんかく》が広がるため，袋《ふくろ》B内のほうが体積は大きくなるが，粒子の数は変わらないので，質量は等しい。

**覚えておこう 状態変化**

温度が上がると，物質は固体から液体，気体へと状態変化する。状態が変化しても物質の質量は変わらない。

**4** (2)石灰水《せっかいすい》を白く濁《にご》らせるのは二酸化炭素の性質で，二酸化炭素は石灰石にうすい塩酸を加えると発生する。亜鉛《あえん》にうすい塩酸を加えると発生する気体は水素，二酸化マンガンにうすい過酸化水素水を加えると発生する気体は酸素である。

**5** (1)溶質《ようしつ》の質量が 48 g，溶媒《ようばい》の質量が 100 g だから，$\dfrac{48\,\text{g}}{(100+48)\,\text{g}}\times 100=32.4\cdots\%$ より，

32%

(2)結晶《けっしょう》の質量〔g〕
＝溶質の質量〔g〕－ 20℃での溶解度〔g〕
より，48－31.6 ＝ 16.4〔g〕

このように，物質を水に溶《と》かしてから，溶解度の差を利用して結晶《けっしょう》をとり出す方法を再結晶という。

## 第3日 生物のからだと分類 ―――― *p.*48～*p.*49

**1** (1)A：しぼり　B：反射鏡
C：視度調節リング
(2) 140 倍
(3)①ア　②オ

**2** (1)①胚珠《はいしゅ》　②子房《しぼう》
③被子《ひし》　④裸子《らし》
(2)イ，ウ，オ　(3)イ

**3** ①両生類　②肺　③えら　④恒温《こうおん》
⑤うろこ　⑥胎生《たいせい》　⑦卵生

**4** (1)エ　(2)外とう膜《まく》　(3)外骨格
(4)名称《めいしょう》：節足動物　記号：ウ

### 解説

**1** (2)顕微鏡《けんびきょう》の倍率＝接眼レンズの倍率×対物レンズの倍率より，
7×20＝140〔倍〕
(3)ルーペで観察をするとき，ルーペは目に近づけたまま動かさない。観察するものが動かせない場合，ルーペを顔に近づけたまま，顔を前後に動かしてよく見える位置をさがす。

**2** (2)被子植物は単子葉類と双子葉類《そうしようるい》に分類される。ユリは単子葉類である。
(3)Fのグループは合弁花類である。

**覚えておこう　種子植物の分類**

種子植物は，胚珠が子房の中にあるかどうかで被子植物と裸子植物に分類でき，被子植物は根の形，葉脈，子葉の数などで単子葉類と双子葉類に分類できる。また，双子葉類は花弁のつき方によって合弁花類と離弁花類《りべんかるい》に分類できる。

**3** 背骨がある動物をセキツイ動物，背骨のない動物を無セキツイ動物という。セキツイ動物は呼吸のしかたや子の産み方などにより，大きく5つに分類される。

**4** (1)アサリやザリガニは，背骨をもたない無セキツイ動物である。
(2)アサリやイカのように，内臓がやわらかい外とう膜でおおわれていて，節のないやわらかいあしがある動物のなかまを軟体《なんたい》動物という。
(3)(4)ザリガニのような甲殻《こうかく》類と，カブトムシのような昆虫《こんちゅう》類は，からだの外側にかたい殻のようなつくりの外骨格でおおわれ，からだが多くの節からできている節足動物のなかまである。

**覚えておこう　セキツイ動物の分類**

セキツイ動物は，呼吸方法，体温，なかまのふやし方などの特徴《とくちょう》によって，魚類，両生類，ハ虫類，鳥類，ホ乳類の5つのグループに分類できる。

## 第4日 大地の変化 ―――― *p.*50～*p.*51

**1** (1)C　(2)A　(3)A

**2** (1)太平洋プレート
(2)ア・ウ　(3)断層

**3** ①初期微動《びどう》　②主要動
③P波　④S波
⑤初期微動継続《けいぞく》時間
⑥緊急地震《きんきゅうじしん》速報

**4** (1)A
(2)化石：示準化石　記号：ウ
(3)つくり：等粒状《とうりゅうじょう》組織
記号：エ

### 解説

**1** (1)(2)Aの形の火山がマグマのねばりけが最も強く，B，Cの順にマグマのねばりけは弱くなる。一般に，マグマのねばりけが強い火山ほど，噴《ふん》火《か》が激しい。

**2** (2)海洋側のプレートが大陸側のプレートの下に沈《しず》みこみ，大陸側のプレートが海洋側のプレートに引きこまれている。大陸側のプレートがゆがみにたえられなくなったときに，岩石が破壊《はかい》されて地震が起こる。
(3)断層ができるときに地震が発生する。断層の中で再びずれる可能性があるものを活断層とよび，活断層がずれることで発生する地震を内陸型地震とよぶ。

**3** 初期微動を起こす波はＰ波，主要動を起こす波はＳ波である。Ｐ波のほうがＳ波よりもはやいので，初期微動が先に起こる。

**4** (1)地層はしゅう曲や地層のずれがない場合，下から順に堆積《たいせき》する。

(2)堆積した当時の環境を示す手がかりとなる化石を示相化石，堆積した時代を推定する手がかりとなる化石を示準化石という。

**覚えておこう　火成岩**

火成岩は，つくりと，含《ふく》まれるおもな鉱物の割合によって分類される。火山岩は玄武岩，安山岩，流紋岩《りゅうもんがん》の３種類，深成岩は斑れい岩，せん緑岩，花こう岩の３種類に分けられる。

## 第5日　オームの法則と電気の性質 — p.52~p.53

**1** (1)＋端子《たんし》：C　−端子：D　(2) 8.3 Ω
(3) E，G，F　(4) 25 Ω

**2** (1) 0.15 A　(2) 0.2 A

**3** ア・エ

**4** (1)電子　(2)−極　(3)イ

### 解説

**1** (2) 2.5V ÷ 0.30 A=8.33…Ωより，8.3 Ω

(3)実験１より，抵抗器《ていこうき》に加わる電圧は，
5.5−2.5=3.0 〔V〕だから，抵抗の大きさは，
3.0 V ÷ 0.30 A=10 Ω
並列《へいれつ》回路では，抵抗が小さいほど大きい電流が流れる。

(4)実験１より，豆電球に加わる電圧が 2.5 V のとき，0.30 A の電流が流れる。よって，抵抗器の抵抗は，
(10.0 − 2.5) V ÷ 0.30A=25 Ω

**2** (1) 3 V ÷ 20 Ω =0.15 A

(2)回路全体の抵抗を $R$ とすると，$\frac{1}{20}+\frac{1}{30}=\frac{1}{R}$
したがって，$R$=12〔Ω〕
電源装置の電圧は，$V_2$=12 Ω× 0.5 A=6 V
よって，30 Ωの抵抗に流れる電流は，
6 V÷30 Ω=0.2 A

**3** 電気器具はすべて並列につながれていて，すべての電気器具に同じ電圧(電源電圧)が加わるため，Ｓ点を流れる電流は，電気器具の数をふやすほど大きくなっていく。

**4** (1)(2)クルックス管の電極に電圧を加えると，−の電気をもつ電子が−極から＋極に向かって移動する。

(3)電子は−の電気をもっているので，陰極線《いんきょくせん》は＋極側に曲がる。

**覚えておこう　回路に流れる電流の大きさ**

直列回路では，電流が回路のどの部分でも同じ。並列回路では，各部分を流れる電流の和が，枝分かれする前や再び合流した後の電流の大きさに等しい。

## 第6日　電流とその利用 ———— p.54~p.55

**1** ①電流　②電圧　③大き

**2** (1) 3.2 W　(2) 2160 J　(3)ウ

**3** (1)ウ　(2)大きくなった。

**4** (1)ア　(2)地球の磁界

### 解説

**2** (1) 4.0 V × 0.8 A=3.2 W

(2) 6.0 V × 1.2 A=7.2 W
7.2 W ×(5 × 60) s=2160 J

(3)表より，電圧が２倍になると水の上昇《じょうしょう》温度は４倍になる。3.6×4=14.4〔℃〕

**3** (1)導線(銅線 PQ)が受ける力の向きは，電流の向きを逆にする，または，磁界の向きを逆にすると逆になる。電流の向きと磁界の向きの両方が逆になるときは，導線が受ける力の向きは変わらないので，**ウ**の向きの力を受ける。

(2)導線に流れる電流が大きいほど，受ける力は大きい。

**4** (1)図中の矢印の向きに電流を流すと，コイルの左端《ひだりはし》がＮ極，右端がＳ極になる。磁石が引きつけられたので，磁石の左側はＮ極である。

(2)地球も大きな磁石であり，北極付近にＳ極があり，南極付近にＮ極がある。

**覚えておこう　電流のまわりにできる磁界**

直線電流のまわりには，電流が流れる向きに対して右まわりの磁界，コイルのまわりには棒磁石と同じような磁界ができる。

## 第7日 化学変化と原子・分子 ——— p.56~p.57

**1** (1)酸素　(2)イ

**2** (1)①分割する(分ける)
　　②分子
(2)単体

**3** (1)① C　② Cu　③ $CO_2$
(2)還元《かんげん》
(3)①酸素　②二酸化炭素

**4** (1)ウ　(2)吸熱反応

**5** (1) 72.1　(2)質量保存の法則
(3)①気体(二酸化炭素)
　②小さく

### 解説

**1** (1)酸化銀 ⟶ 銀＋酸素
酸素は分子の形で存在する。
(2)金属である銀は，みがくと光り，電気を通す。また，引っ張ると延《の》びたり，たたくと広がるという性質もある。磁石につくという性質は，鉄などの一部の金属に見られる性質で，すべての金属に共通する性質ではない。

**2** (2) 1種類の原子からできている物質を単体，2種類以上の原子からできている物質を化合物という。

覚えておこう　**原子の3つの性質**
・それ以上分割することができない。
・種類により，質量や大きさが決まっている。
・他の原子に変わったり，なくなったり，新しくできたりしない。

**3** (1)酸化銅＋炭素 ⟶ 銅＋二酸化炭素
炭素の化学式はCである。
(2)酸化銅が還元されて銅になった。
(3)炭素が酸化されて二酸化炭素が発生した。

覚えておこう　**還元と酸化**
酸化物から酸素をとり除く化学変化を還元といい，このとき酸素を奪《うば》った物質は酸化される。

**4** 塩化アンモニウムと水酸化バリウムが反応すると，アンモニアが発生して温度が下がる。一方，鉄と硫黄《いおう》の混合物を加熱すると，熱が発生する。このように，熱が発生する反応を発熱反応という。

**5** この反応の化学反応式は
$NaHCO_3 + HCl \longrightarrow NaCl + CO_2 + H_2O$
(1)化学反応が起こっても，密閉容器内では反応の前後で質量が保存される。よって，実験Iのときと質量は変わらない。

覚えておこう　**質量保存の法則**

| 化学変化前の物質の質量の総和 | ＝ | 化学変化後の物質の質量の総和 |
|---|---|---|

これは，化学変化によって物質をつくる原子の組み合わせが変わっても，全体の原子の種類と数は変わらないので成立する。

## 第8日 生物のからだのつくりとはたらき — p.58~p.59

**1** ①動物　②植物　③細胞膜《さいぼうまく》　④核《かく》
⑤細胞質　⑥液胞《えきほう》　⑦葉緑体　⑧細胞壁《さいぼうへき》

**2** (1)イ　(2) b・c

**3** (1)葉からの蒸散量が多い。
(2)①裏　②気孔

**4** (1)エ　(2)血しょう　(3)ア　(4) b

**5** (1)反射　(2) A → D → E

**6** (1)赤血球
(2)酸素の多い所では酸素と結びつき，酸素の少ない所では酸素をはなす性質。

### 解説

**1** 核，細胞膜，細胞質は植物の細胞にも動物の細胞にもあるが，液胞，葉緑体，細胞壁は植物の細胞にしかない。

**2** (1)酢酸《さくさん》オルセイン液，または酢酸カーミン液を使って，染色すると核が赤く染まる。
(2) a は葉緑体，b は核，c は細胞膜，d は細胞壁。

**3** (1)Aは葉や葉以外の部分からの蒸散量，Dは葉以外の部分からの蒸散量である。葉からの蒸散量は，$8.3-2.6=5.7$〔$cm^3$〕
だから，葉以外の部分よりも葉からの蒸散量が多いことがわかる。
(2)Bは葉の裏側と葉以外の部分からの蒸散量，Cは葉の表側と葉以外の部分からの蒸散量である。Bのほうが蒸散量が多いので，葉の裏側のほうが蒸散量が多いことがわかる。

**4** (1)図のYは小腸である。消化されてアミノ酸まで分解されるのはタンパク質である。

(2)吸収されたアミノ酸やブドウ糖などの栄養分は，血液の液体成分である血しょうに溶《と》けてからだの各部へ運ばれる。

(3)図のXは肝臓《かんぞう》である。肝臓には，さまざまな毒性物質を無毒化するはたらきがある。アンモニアはアミノ酸の分解により生じ，肝臓で無害な尿素《にょうそ》に変えられる。

(4)血液中の尿素は，腎《じん》臓でこしとられて尿として体外へ排出《はいしゅつ》される。よって，腎臓を通ったあとの部分を選ぶ。

**5** 反射の反応では，感覚器官からの信号が脊髄《せきずい》を通って大脳に伝わると同時に運動神経にも直接伝わる。そのため，刺激《しげき》を受けとってから反応が起こるまでの時間が短く，危険からからだをまもる反応として役立っているものが多い。

**6** 血液の成分のうち，酸素の運搬を行うのは赤血球で，赤血球に含《ふく》まれるヘモグロビンという物質と酸素が結びつくことで，肺胞内から酸素をとりこみ，全身の細胞へ酸素を運んでいる。

> 覚えておこう　**血液の循環《じゅんかん》経路**
>
> ・栄養分を最も多く含む血液→小腸から肝臓へつながる血管を流れる。
>
> ・尿素が最も少ない血液→じん臓を通ったあとの血管を流れる。

## 第9日　気象観測と天気の変化 ―― p.60~p.61

**1** (1)カ　(2)ア　(3)イ　(4)エ
**2** (1)イ　(2)冬　(3)イ
**3** (1)A　(2)ウ

### 解説

**1** (2)低気圧の中心と寒冷前線の後方，温暖前線の前方が雨の地域になる。

(4)寒冷前線は寒気が暖気の下にもぐりこみ，暖気をおし上げながら進む。

> 覚えておこう　**前線通過による天気の変化**
>
> 寒冷前線…短時間に激しい雨，気温が下がる。
>
> 温暖前線…長時間のおだやかな雨，気温が上がる。

**2** (2)西の大陸上に高気圧，日本列島の東の太平洋上に低気圧がある。このような気圧配置は西高東低の気圧配置であり，冬に特徴《とくちょう》的な気圧配置である。

**3** (1)空気 1 $m^3$ 中の水蒸気量が少ないほど露点《ろてん》は低い。Aが約6 ℃, Bが約10 ℃, Cが約11 ℃。

(2)気温が同じ場合，湿度が高いほど露点は高くなる。また，湿度が同じ場合，気温が高いほど露点は高くなる。

> 覚えておこう　**湿度の求め方**
>
> 湿度〔%〕=
>
> 1 $m^3$ の空気中に含《ふく》まれる水蒸気量〔g/$m^3$〕
> ―――――――――――――――――― ×100
> その気温での飽和《ほうわ》水蒸気量〔g/$m^3$〕

## 第10日　仕上げテスト ―― p.62~p.63

**1** (1)ア・エ　(2)イ
(3)容器1・電熱線aで消費する電力のほうが大きいから。
**2** (1)①イ　②エ　(2)①4　②3
**3** (1)肺　(2)b・d　(3)動脈血
(4)①ウ　②エ
**4** (1)ふもとに比べ山頂の気圧が低いから。
(2)イ　(3)寒冷

### 解説

**1** (1)図は，直列回路である。

(2)電源装置の電圧が変化しても，電源装置の電圧：電圧計の値は，つねに3：2である。

(3)電源装置の電圧は，電熱線a，bにかかる電圧の和なので，電熱線にかかる電圧は，

a：b=2：1

2つの電熱線に流れる電流は等しい。消費する電力は電流や電圧が大きいほど大きくなるから，電熱線aのほうが消費する電力が大きく，発生する熱量が大きくなる。

**2** (2)反応の前後で原子の種類と数は変わらない。反応の前後で，鉄原子は4個，酸素原子は6個である。

**3** (2)血液が肺から出て心臓に向かって流れる肺静脈と，心臓からからだ全体に向かって流れる大動脈。

**4** (1)高いところほど気圧は低いので，菓子袋《かしぶくろ》の中の空気が膨張《ぼうちょう》し，袋がふくらむ。

(2)上空では気圧が低く空気が膨張するため，気温が下がり，露点《ろてん》以下になると水滴《すいてき》や氷の粒《つぶ》となり，上空に浮《う》かぶ。→雲の発生

(3)短時間に激しい雨が降ったことから，通過した前線は寒冷前線であるとわかる。また，低気圧は周辺から低気圧の中心に向かって風が吹《ふ》いており，寒冷前線では，寒気が暖気をおしている。そのため，寒冷前線通過後は，北よりの風が吹き，寒気におおわれるため，気温が下がる。

# 英語

## 第1日 現在形・過去形 p.64～p.65

**1** (1) was (2) studied (3) came
(4) stopped

**2** (1) I'm not (2) were, was
(3) are swimming (4) are
(5) didn't eat[have], this

**3** (1) This movie is very interesting
(2) A lot of people were cutting trees on that
(3) Do you use this computer

**4** (1) ate[had] (2) bought[got]
(3) practiced (4) went

**5** (1) Was Ken on the soccer team?
(2) She didn't[did not] read a newspaper during breakfast.
(3) Where were these books?
(4) Were you running around our school then?

### 解説

**1** すべて動詞を過去形にする問題。
(1)主語がIで過去の文なのでwas。 (2) studyはyをiにかえてedをつけて，studiedとする。 (3) comeの過去形はcame。 (4) stopはpを２つ重ねてedをつけてstoppedとする。

**2** (1)「私は～ではありません」はI am not ～. で表す。解答欄の数からI amの短縮形I'mを入れる。 (2)「～にいる」からbe動詞の文にする。過去の文では主語がyouのときbe動詞はwere，主語がIのときはwasを使う。 (3)「泳いでいます」と現在行われていることは現在進行形〈be動詞＋動詞の-ing形〉で表す。主語が複数なのでbe動詞はareを使う。 (5)解答欄の数からdid notの短縮形didn'tを使う。

**3** (1)「～です」で主語が三人称単数なのでbe動詞はisを使う。 (2) cutはtを２つ重ねてingをつける。 (3)主語がyouで，一般動詞の現在の疑問文なので主語の前にdoを置く。

**4** 表を見て，時を表す語句を参考にしながら答える。(1)(2)(4)は不規則動詞。have—had，eat—ate，buy—bought，get—got，go—went

**5** (2) readの語尾にsがついていないので過去形。過去の一般動詞の否定文はdid not [didn't]を動詞の前に置く。 (3)場所をたずねるので

where で文を始めて be 動詞の疑問文〈be 動詞＋主語～?〉を続ける。

**覚えておこう　-ing 形にならない動詞**

次のような動詞は，動詞そのものに「(ずっと)～である」という意味があるので，ふつう進行形にはしない。

・**継続的な状態**を表す動詞
…have「持っている」，seem「～に見える」

・**知覚・感覚**を表す動詞
…see「見える」，hear「聞こえる」

・**心理・感情**を表す動詞
…like「好きだ」，know「知っている」

※have は「食べる」の意味のときは，進行形にすることができる。

## 第2日　未来を表す表現 ―――― *p.66～p.67*

**1** (1)エ　(2)ア　(3)ウ　(4)イ
**2** (1)イ　(2)ア　(3)イ
**3** (1) is going, be[become]
(2) will be　(3) Will, be
(4) are, going
**4** (1) going, be[become]　(2) will[can]
**5** (1) I am not going to read this book
(2) Who will join that volunteer activity
**6** (1) I'll[I will] be busy tomorrow.
(2) How long will they stay in Japan?
**7** (1) I'm[I am] going to visit Tom today.
(2) Will it be sunny[fine] tomorrow?

**解説**

**1** (1) tomorrow があるので未来の文。will のあとは動詞の原形。　(2) be going to のあとに動詞の原形を置いて，未来を表すこともできる。

**2** (2) who で聞かれているので，人物を具体的に答える。will で聞かれたら will で答える。
(3)「あなたは～何をするつもりですか」と聞かれているので，自分の具体的な予定を答える。

**3** (2) will のあとの動詞は原形なので，be 動詞の原形 be を入れる。

**4** (1)「私は来週，14 歳になります。」

**5** (1)否定文なので，I am not going to の語順にする。will が不要。　(2) who が主語の文だが，will のあとは動詞の原形を置くので，s がついた joins が不要。

**6** (2) How long＝「どのくらい」

**7** (1) visit ～＝「～を訪ねる」　(2) sunny[fine]＝「晴れの」

**覚えておこう　will のいろいろな意味**

will は未来を表す以外にも，次のような意味で使われることがある。

・**依頼「～してくれませんか」**
**Will** you help me?
「私を手伝っ**てくれませんか**。」

・**勧誘「～しませんか」**
**Will** you have some tea?
「紅茶は**いかがですか**。」

※依頼を表す Will you ～？は，Can you ～？と言いかえることができる。

## 第3日　助動詞・接続詞 ―――― *p.68～p.69*

**1** (1)イ　(2)ア　(3)ウ　(4)ウ
**2** (1) have to　(2) Must　(3) if, is
(4) because　(5) don't have to
**3** (1)イ　(2)カ　(3)ア
**4** (1) You mustn't[must not] eat this cake. / Don't eat this cake.
(2) Should we study English today?
(3) Ken doesn't[does not] know (that) Mika will visit Tokyo.
(4) I'll[I will] stay home if it's[it is] rainy[if it rains] tomorrow.
**5** (1) You may use this dictionary
(2) I was reading a book when Ken called
(3) You don't have to help us
**6** (1) Will[Can] you carry this box?
(2) May[Can] I sit (down) here?

**解説**

**1** (1)「～することができる」は can を使う。
(2)「～しなければなりませんか」は〈Do[Does]＋主語＋have to＋動詞の原形～?〉か〈Must＋主語＋動詞の原形～?〉で表せる。Does があるので have to を選ぶ。　(3)「～なので」は because を使う。　(4)「～しなければなりません」は must を使う。

**2** (1)「しなければならない」を 2 語で表すので

have to を使う。 (2) must の疑問文なので主語の前に must を置く。 (3)「晴れたら」なので if を使う。if ～の中では未来のことも現在形で表す。 (5)「～する必要はない」は don't have to ～で表せる。

**3** (1)「～してもいいですか」は May I ～？で表せる。 (2)「～してくださいませんか」と丁寧に依頼するときは Could you ～? を使う。 (3)「～しましょうか」と勧誘するときは Shall we ～? を使う。

**4** (1)「～してはいけません」と禁止する文は must notを使って表す。Don't ～.とほぼ同じ意味になる。「あなたはこのケーキを食べてはいけません。」 (2)「～するべき」は should で表せる。疑問文なので should を主語の前に置く。「私たちは今日英語を勉強するべきですか。」 (3)「ミカは東京を訪れるでしょう。」と「ケンはそれを知りません。」を1文にする。「それ」とはミカが東京を訪れることなので，接続詞 thatを使って1文にするが，この thatは省略できる。「ケンは，ミカが東京を訪れる(だろう)ということを知りません。」 (4)「もし～なら」は ifで表せる。if ～の中では未来のことでも現在形で表すので「もし明日雨なら」は if it's[it is] rainy[it rains] とする。「もし明日雨なら私は家にいるつもりです。」

**5** (1)「～してもよい」と許可を与える文は may を使って表せる。 (2)「読んでいました」から過去進行形の文。「ケンが私に電話をかけてきたとき」を when を使って表す。 (3)「～する必要はない」は don't have to ～で表せる。

**6** (1)「～してくれませんか」と依頼するときは Will[Can] you ～? を使って表す。「～を運ぶ」＝ carry ～ (2)「(私は)～してもいいですか」と許可を求めるときは May[Can] I ～? を使って表す。「座る」＝ sit (down)

覚えておこう **if ～の時制**

if ～の中では未来のことも現在形で表す。
明日晴れなら，公園に行きましょう。
× If it will be sunny tomorrow, let's go to the park. **未来**
○ If it is sunny tomorrow, let's go to the park. **現在形**

## 第4日 There is / are ～.・前置詞 — *p.70 ~ p.71*

**1** (1) are, on (2) There are, in

**2** (1) is, by[near]
(2) was, under
(3) were, on
(4) is, between
(5) are, around

**3** (1) There are
(2) There will be
(3) were

**4** (1) There were many people on the train
(2) How many schools are there near your house
(3) There were not any clouds over the mountains
(4) Is there a cup on the table

**5** (1) There are two windows in this room.
(2) How many trees are there in that park?

### 解説

**1** 「～がある」は There is[are]～. で表せる。「～」の名詞の単数・複数によって be 動詞を使い分ける。 (1)「～の上に」＝ on 「机の上に3本のペンがあります。」 (2)「空に」＝ in the sky 「空に2羽の鳥がいます。」

**2** (1)(4)「あります」なので現在の文でそれぞれ名詞が単数なので There is ～. の文。 (2)「ありました」なので過去の文。a convenience store は単数なので was を入れる。 (3)「ありませんでした」なので過去の否定文。clocks は複数なので were を使う。 (5)「います」なので現在の文。runners は複数なので are を入れる。

**3** (1)「1週間は7日あります。」 (2)「来月は雨がたくさん降るでしょう。」 (3)「店に卵が1つもありませんでした。」

**4** (1)「電車に」＝ on the train。was が不要。 (2)「いくつ～がありますか」は how many ～で文を始めて There are の疑問文を続ける。is が不要。 (3)「～の上に」はものが接していないときは over や above を，接しているときは on を使う。was が不要。 (4) There is ～. の疑問文。「テーブルの上に」＝ on the table in が不要。

**5** (1)「この部屋に」は「この部屋の中に」と考えて in this room とする。 (2)「何本あるか」は「いくつあるか」と考えて how many で文を始める。

### 覚えておこう　There is ～. で表せるもの

There is ～. は「**(不特定なものが)ある**」という意味なので，the ～や my ～など特定できるものに対しては使えない。

・不特定なもの

　○　There is **a** pen on the desk.

　○　There are **two** balls in this box.

・特定できるもの

　×　There is **my** pen on the desk.

　×　There are **the** balls in this box.

## 第5日　不定詞・動名詞 ―――― *p.72 ~ p.73*

**1** (1)イ　(2)イ　(3)ア　(4)エ　(5)イ　(6)エ

**2** (1) To play　(2) going　(3) stopped singing
(4) to do　(5) cold to　(6) for calling
(7) at speaking

**3** (1) listening　(2) study

**4** (1) They are interested in watching movies
(2) Are you happy to come here
(3) Do your homework before having
(4) I want something interesting to read
(5) came to see me yesterday

**5** (1) I went to the library to study English.
(2) There are a lot of[many] places to visit in Kyoto.
(3) Watching baseball is exciting.

### 解説

**1** (1) enjoy のあとに「すること」を表すときは動名詞を使う。「私たちは昨夜テレビを見ることを楽しみました。」 (2) wants のあとなので，不定詞の to swim を選ぶ。want to ～＝「～したい」「彼は海で泳ぎたいと思っています。」
(3)「作ること」となるよう making を選ぶ。「私の仕事は毎日朝食を作ることです。」 (4)不定詞が主語になる文。to のあとの(be)動詞は原形。「宇宙飛行士になることが私の夢です。」
(5)「～してうれしい[残念だ]などの感情の原因は不定詞で表せる。その知らせを「聞いて残念だ」 (6)不定詞で nothing を後ろから説明する。「私は今何も飲むものがありません。」

**2** (1)「ひくこと」を２語で表すので，To play。
(2) How about ～ing? ＝「～してはどうですか。」
(3) stop ～ing ＝「～するのをやめる」 (4)「～するために」という不定詞の副詞的用法。
(5) something to drink「何か飲むもの」に cold が入り込んだ形。 (6) thank you for ～ing ＝「～してくれてありがとう」 (7) be good at ～ing ＝「～するのが上手だ」

**3** (1)「～することが好きだ」は like to do と like ～ing で表せる。「私は音楽を聞くことが好きです。」 (2)「～し始める」は begin to do と begin ～ing で表せる。「英語を勉強し始めましょう。」

**4** (1) be interested in ～ing ＝「～することに興味がある」watch が不要。 (2)「～してうれしい」＝ be happy to ～　coming が不要。 (3) before ～ing ＝「～する前に」 have が不要。 (4)形容詞 interesting は something のすぐあとに置く。anything が不要。 (5)「会いに来る」は「会うために来る」と考えて不定詞の副詞的用法で表す。coming が不要。

**5** (2)「訪れるべき場所」＝ place(s) to visit　(3)「見ること」を動名詞 watching で表す。

### 覚えておこう　主語の不定詞・動名詞

不定詞や動名詞が主語のときは三人称単数扱いになる。

Playing the guitar **is** fun.
「ギターをひくことは楽しいです。」
To read many books **is** important.
「たくさんの本を読むことは大切です。」

## 第6日　look など+A，give など+A+B ― *p.74 ~ p.75*

**1** (1)ウ　(2)イ　(3)ウ　(4)イ

**2** (1) sounds　(2) told me
(3) look beautiful　(4) looked like

**3** (1) for me　(2) to me　(3) to you

**4** (1)彼女は写真[絵]を見ています。
(2)彼女は今日忙しそうに見えます。
(3)彼女は歌手のように見えます。

**5** (1) Mr. Suzuki doesn't teach math to us on
(2) This chocolate tastes bitter
(3) I will send him this card
(4) Takuya became famous in

**6** (1) She looks angry today.
(2) Please write a letter to me soon.

**7** (1) I made Kazuya a cake. / I made a cake

for Kazuya.
(2) Please tell[show] me the way[how to get] to the station. / Please tell[show] the way[how to get] to the station to me.

**解説**

**1** (1) あとに形容詞 young があるので looks を選ぶ。look ～＝「～に見える」 (2)あとに形容詞 good があるので sounds を選ぶ。sound ～＝「～に聞こえる」 (4)あとに名詞 an actor があるので looks like を選ぶ。look like ～＝「～のように見える」

**2** (2) tell は前置詞を使った形で表すこともできるが，ここでは解答欄の数と位置から，〈動詞＋A＋B〉の形と考える。

**3** 前置詞を使った文に書きかえる。それぞれの動詞と前置詞はセットで覚えておく。 (1) 〈buy＋A＋B〉＝〈buy＋B for A〉 (2) 〈give＋A＋B〉＝〈give＋B to A〉 (3) 〈show＋A＋B〉＝〈show＋B to A〉

**4** look の訳しかたに注意する。 (1) look at ～＝「～を見る」 ここでは進行形。 (2)〈look ＋形容詞〉＝「～に見える」 (3) look like ～＝「～のように見える」

**5** (1)〈teach ＋ B to A〉の形にする。for が不要。
(2)「～な味がする」＝ taste sounds が不要。
(3)〈send ＋ A ＋ B〉の形にする。for が不要。
(4)「～ になる」＝ become ～　was が不要。

**6** (1)「怒っているように見える」＝ look angry
(2) write a letter to me の形にする。

**7** (2)「(道を)教える」は，tell または show で表す。〈tell＋A＋B〉または〈tell＋B to A〉を使う。

覚えておこう **〈giveなど+A+B〉の書きかえ**

〈give など＋A＋B〉などの形のものは，前置詞 to または for を使って，同じ意味の文に書きかえることができる。

・**to** を用いる動詞
…give, show, teach, tell, send, write など
She gave me a present.
She gave a present **to** me.
「彼女は私にプレゼントをくれました。」

・**for** を用いる動詞
…buy, make, find, get など
She bought me a present.
She bought a present **for** me.
「彼女は私にプレゼントを買ってくれました。」
※書きかえた文の to ～，for ～の部分は，動詞の目的語ではなく**修飾語**。

## 第7日 比較級・最上級・同等比較 — *p.76 ~ p.77*

**1** (1)エ (2)イ (3)ウ (4)ア (5)ウ

**2** (1) easier than (2) the oldest
(3) best of (4) one, famous cities

**3** (1) Lucy speaks Japanese the best in her family
(2) The earth is much smaller than the sun
(3) My brother doesn't get up as early as my father

**4** (1) better (2) most beautiful
(3) earlier (4) shortest (5) hotter

**5** (1) more (2) as many (3) as long as

**6** (1) younger (2) can't[cannot], well
(3) other mountain

**解説**

**1** (2)あとの than から比較級の文にする。well—better—best と不規則に変化する。 (3)比較級を強める語は much。「ずっと大きい」の意味。

**2** (1)「簡単な」＝ easy の比較級は，y を i にかえて er をつけ，easier とする。 (4)〈one of the ＋最上級〉のあとには名詞の複数形が続く。

**4** (1)「あなたは野球よりもサッカーが好きです。」
(5) hot ＝「暑い」の比較級は，t を 2 つ重ねて er をつけ，hotter とする。

**5** (1)「ジュンコはユカとクミよりも多くの本を持っています。」 many—more—most と不規則に変化する。 (2)「クミはジュンコと同じくらいの CD を持っています。」 (3)「先週の土曜日にジュンコとユカはクミほど長く勉強しませんでした。」

**6** (3) than any other のあとの名詞は単数。

覚えておこう **最上級の in と of の使い分け**

・in：あとに単数を表す語句が続く
the tallest **in** our class（私たちのクラスで）
the earliest **in** my family（私の家族で）
the biggest **in** the world（世界で）
・of：あとに複数を表す語句が続く
the tallest **of** the four（4 人の中で）

the fastest **of** all（すべての中で）

## 第8日 受け身 ——— *p.*78 ~ *p.*79

**1** (1)**イ**　(2)**ア**　(3)**ウ**　(4)**イ**　(5)**イ**　(6)**エ**

**2** (1) was broken　(2) known to
(3) was invited　(4) surprised at[by]

**3** (1) done by　(2) made in
(3) was, sent　(4) is visited

**4** (1) Flowers are not sold at this store
(2) Why were a lot of trees cut down in that country

**5** (1) in　(2) of　(3) by　(4) from

**6** (1) Tom took me to the library.
(2) When was this lunch cooked by her?

**7** (1) This book was read by many[a lot of] people.
(2) His name is known to everyone [everybody].

### 解説

**1** (1)前に is，あとに by a lot of students があることから，studied を選んで受け身の文にする。 (2) in 1965 は過去を表すので，Was を選んで過去の受け身の文にする。 (4) by ＝「～によって」 (5)あとに by Ken とあるので，受け身の文にする。 (6) be covered with ～＝「～に(よって)おおわれている」

**2** (1)(3)過去の文なので，受け身の文でも be 動詞を過去形にする。 (4) be surprised at[by] ～＝「～に驚く」

**3** (1)「する」＝ do の過去分詞は done。
(2)「イタリアによって作られた」というわけではないので，made by にしない。 (3) When のあとに受け身の疑問文を続ける。

**4** (1)「売られていない」＝ are not sold とする。are を補う。 (2) cut は原形・過去形・過去分詞の形は同じ。were を補う。

**5** (2)「石」は橋をつくる材料(石だと見てわかる)なので of を使う。 (4)「牛乳」はバターを作る原料(牛乳からできていると，見た目ではわからない)なので from を使う。

**6** (1)「トムが私を連れていった」という文にする。過去の文なので動詞は took とする。 (2)「この昼食はいつ彼女によって料理されましたか」という文にする。

**7** (1) read は原形・過去形・過去分詞の形は同じ。発音はかわるので注意する。(過去形・過去分詞は[red]) (2) be known to ～＝「～に知られている」

覚えておこう　**take care of ～ などの受け身の文**

take care of ～ などの形を受け身の文にするときは，前置詞を忘れないよう注意する。
Ken **took care of** this cat.
→ This cat was **taken care of** by Ken.
└→ ひとまとまりに
※ This cat was taken care by Ken. のように前置詞 **of** を忘れないようにする。

## 第9日 現在完了 ——— *p.*80 ~ *p.*81

**1** (1)**イ**　(2)**ウ**　(3)**ア**

**2** (1) Have，been　(2) has never
(3) Have，yet　(4) been，for　(5) just left

**3** (1) How long have they studied English
(2) I haven't washed my face yet
(3) Have you ever been to Okinawa

**4** (1)×　(2)○　(3)×

**5** (1) has gone　(2) played，for
(3) never[not]，before

**6** (1) I haven't[have not] met Ken for two years.[Ken and I haven't[have not] met each other for two years.]
(2) Where has Satomi gone?
(3) How many times have you (ever) been to Osaka?

### 解説

**1** (1)「私はちょうど宿題を終えたところです。」(完了) (2)「あなたはこの映画を以前に見たことがあります。」(経験) (3)「健太はこの自転車を３年間使っています。」(継続) **ア**「私の姉[妹]は彼女が18歳のときから東京にいます。」(継続) **イ**「私はちょうど私の部屋を掃除したところです。」(完了) **ウ**「私の兄[弟]は以前にゴルフをしたことがあります。」(経験)

**2** (1)「ずっと～である」＝ have been。疑問文なので have を主語の前に置く。 (2)「一度も食べたことがない」は現在完了(経験)の否定文で

notのかわりにneverを使う。主語が三人称単数なので〈has＋過去分詞〉にする。 (3)「もう食べましたか」なので現在完了(完了)の疑問文。 (4)「～間」＝for ～ (5)「ちょうど」＝just

**3** (1)「どのくらいの間～」＝How long ～? (2) yetは否定文で「まだ」という意味。ふつう文末に置く。 (3)「～に行ったことがある」＝have[has] been to ～

**4** (1)「何度も」はmany times なのでforが不要。「ミナは何度も奈良に滞在したことがあります。」 (2)「～から」という時間の起点はsince～なので正しい。「彼らは2015年からこの通りを掃除しています。」 (3) two days ago「2日前」は過去を表す語句なので，現在完了の文では使えない。動詞は過去形heardが正しい。「私は2日前にこの歌を聞きました。」

**5** (1)「スミスさんは東京に行って，今ここにいません。」→「スミスさんは東京に行ってしまいました。」 (2)「私がピアノをひき始めてから10年たちました。」→「私は10年間ピアノをひいています。」 (3)「これは彼女の初めての北海道への訪問です。」→「彼女はこれまでに北海道を訪れたことがありません。」

**6** (1)「2年間会っていない」は「2年間ずっと会っていない」と考えてhave not metで表す。
(2) where「どこ」で始めて現在完了の疑問文を続ける。 (3) how many times「何回」で文を始める。

覚えておこう 〈主語＋have[has]〉の短縮形

| | |
|---|---|
| I have = I've | we have = we've |
| you have = you've | |
| he has = he's | she has = she's |
| they have = they've | |

## 第10日 仕上げテスト ——— p.82 ~ p.83

**1** (1)エ (2)ウ (3)イ (4)ア (5)エ

**2** (1) has many places to visit
(2) Taking care of him is
(3) Which book is more interesting
(4) something cold to drink

**3** (1) I can play basketball as well as you.
(2) Have you ever been to Tokyo?
(3) He stopped listening to music.

**4** (1)① eating ② heard ④ shopping
(2)食べ物を残さないこと。
(3)ア (4)ア× イ○

### 解説

**1** (1)文の意味から「うれしそうに見えた」＝looked happyとする。 (2)前のwasとあとのby my sisterから，madeを選んで受け身の文にする。 (3) decideのあとに動名詞を続けることはできないので，to buyを選ぶ。
(4) when以下が過去なので，過去の文。was listeningを選んで過去進行形の文にする。
(5) if ～では未来のことも現在形で表す。

**2** (1)「訪れるべき場所」は不定詞の形容詞的用法を使って表す。
A：日本には訪れるべき場所がたくさんあります。来てください！
B：もちろんです。
(2)動名詞のtaking (care of him)が文の主語。
A：あなたは家で何かペットを飼っていますか。
B：はい。私はイヌを1匹飼っています。彼の世話をするのはとても楽しいです。
(3) moreがあることから比較の文にする。
A：これとあれ，どちらの本がよりおもしろいですか。
B：私はあれが好きです。
(4) -thingの形の代名詞は，形容詞を後ろに置く。
A：何か冷たい飲み物はありますか。
B：はい，水が入ったびんがあります。あなたはそれを飲むことができます。

**3** (1)「～と同じくらい上手に」は，as well as ～で表す。 (2)「～に行ったことがある」はhave[has] been to ～で表す。 (3) stop ～ing＝「～するのをやめる」 stop to ～にすると「～するために立ち止まる」という意味になるので誤り。

**4** (1)① finish ～ing＝「～し終える」 ④ go shopping＝「買い物に行く」 (2)直後にあるコロン(:)のあとの文，I won't leave any food.を日本語にする。 (3)空所の直後でマイクが「風呂敷はどうですか。」と提案している。空所には提案を促す文を入れる。ア「何か考えがありますか」
(4)ア ケンの母親の1番目の発言にマイクは全部食べる，とある。また，マイクの3番目の発言にある最後の文に食べ物を残さないと決めた，とあるので，合わない。 イ マイクの3番目の発言にマータイさんが*mottainai*を多くの国に紹介したとある。

**〈全訳〉**

ケン：おなかがいっぱいだ。マイク，外に出て，ぼくとバスケットボールをしない？

ケンの母親：待ちなさい，ケン！　あなたはいつも何か残すわね。マイクは全部食べるのに。全部食べ終わったら，外で遊んでもいいわよ。

ケン：もう食べたくないよ，魚は嫌いなんだ。

マイク：食べ物を残すことはもったいないよ。

ケンの母親：あら，マイク，あなたはいい日本語を知っているのね。

マイク：ありがとう。ぼくはそれをワンガリ・マータイさんから学んだよ。

ケン：ワンガリ・マータイ？　ぼくはその名前を知らないよ。

マイク：彼女は以前，ケニアの環境副大臣だった。2005 年に京都に来たとき，彼女はもったいないという日本語を聞いたんだ。彼女はその意味に感動した。彼女はそれを他のたくさんの国に紹介したんだ。それを知ったとき，ぼくは 1 つのことを決めたよ，食べ物を残さないって。

ケン：それはいい話だね。ぼくたちのまわりにはもったいないことがたくさんあるね。たとえば，買い物に行くとき，ぼくはときどきレジ袋をもらうよ。それはとてももったいない。ぼくはそれらをもらうのをやめたいんだ。マイク，何か考えがあるかい？

マイク：風呂敷はどうかな。それは便利だ。何度も使うことができるからね。

ケン：それはいい考えだね。お母さん，ぼくにお母さんの風呂敷をちょうだい。

ケンの母親：いいわよ。でもケン，昼食を終わらせないとだめよ。食べ物を残すことはもったいないわ。

ケン：もちろん食べるよ，お母さん。

# 国語

## 第1日　漢字・語句 ―――― *p.103～p.102*

**1** (1)やっかい　(2)しんぎ　(3)の　(4)と
(5)指摘　(6)漂　(7)貯蔵　(8)染

**2** (1)①ジョ　②ト　③ジョ
(2)①カイ　②ブ　③ビン

**3** (1)わ・さ　(2)やさ・すぐ
(3)あらわ・いちじるる　(4)たず・おとず
(5)と・し

**4** (1)絶好　(2)思案　(3)調査　(4)省略

**5** (1)イ　(2)ウ　(3)ア　(4)エ

**6** (1)①討　②撃　(2)①履　②吐
(3)①昇　②登

**7** (1)ア　(2)ア　(3)イ　(4)イ　(5)ア
(6)ア　(7)ア

### 解説

**1** (4)「遂げる」の送りがなを正しく覚えること。
(5)「摘」は似た字の「適」「滴」と区別する。

**2** 漢字の音《おん》を表す部分が共通する漢字でも，音読みの異なるものがあるので注意して覚えること。

**3** 複数の訓読みがある漢字は，その訓読みの表す意味を含《ふく》んだ熟語とあわせて覚えること。
(3)「著す」＝「著述」，「著しい」＝「顕著《けんちょ》」など。

**6** 同訓異字は近い意味の熟語とあわせて覚えるようにするとよい。(1)①「討伐《とうばつ》」，②「射撃《しゃげき》」
(2)①「草履《ぞうり》」，②「吐息《といき》」

覚えておこう　**送りがなのきまり**

①活用のある語は，活用語尾《ごび》を送る。

例　築かない　築きます　築く　築けば
短かろう　短かった　短い　短ければ

例外　美しかった　美しい
（「～しい」の形容詞）
穏《おだ》やかに　穏やか
（「～やか」の形容動詞）
細い　細かい　明るい　明らむ
少ない　少し（読み誤りを防ぐために）
勇ましい―勇む（仲間の語に合わせる）

②名詞には送りがなを付けない。

例　鋼《はがね》・物語

例外　便《びん》―便《たよ》り・幸《さち》―幸《しあわ》せ（区別する場合）
動き　寒さ　楽しさ（転成名詞）

③副詞は最後の音節を送る。
例 全く・最も　例外 決して

## 第2日 文　法 ―――――――― p.101～p.100

**1** (1)谷川・水・とても・冷たかっ
(2)白い・テーブル・いかにも・清潔だ
(3)健康・ため・毎日・駅・歩く
(4)山・上・一本・大木・あり
(5)金賞・選ば・兄・絵
(6)今日・学校・外国人・先生・来
**2** (1)晴れる・青い　(2)鳴り響く・急ぐ
(3)降る・休める
**3** (1)ウ　(2)オ　(3)イ
**4** (1)イ　(2)カ　(3)エ　(4)ア　(5)エ
**5** (1)ウ　(2)ア
**6** (1)エ　(2)イ　(3)ア
**7** (1)ア　(2)イ　(3)ウ　(4)エ　(5)ア

### 解説

**1** 文節の初めは必ず自立語なので，自立語の数は文節の数と同じである。
**2** (3)「休める」は可能動詞（下一段活用）。
**3** 動詞の活用の種類は，助動詞「ない」に続く形で判定できる。ア段なら五段活用，イ段なら上一段活用，エ段なら下一段活用である。
**4** 動詞の活用形は，あとに続く言葉で見分ける。代表的なものは以下の通りである。「ない」「よう」「う」があとに続くのは未然形，「た」「だ」「ます」があとに続くのは連用形，「。」が続くのは終止形，「とき」「こと」が続くのは連体形，「ば」が続くのは仮定形である。また命令形は，相手に命令をしている。
**5** 連体詞は体言を修飾《しゅうしょく》し，副詞は主に用言を修飾する。
**7** 助詞の種類の見分け方は，その助詞のはたらきから考えるとよい。また，代表的な助詞については，丸暗記しておくのもよい。

覚えておこう **代表的な助詞**

**格助詞**　「を」「に」「が」「の」「より」「と」「へ」「や」「から」「で」
**副助詞**　「は」「も」「こそ」「さえ」「でも」「しか」「まで」「ばかり」「だけ」「ほど」「など」「くらい」「きり」「なり」「やら」「か」「だの」
**接続助詞**　「ば」「と」「ても」「けれど」「が」「のに」「ので」「から」「し」「て」「ながら」「たり」「ものの」「ところで」
**終助詞**　「か」「な」「や」「ぞ」「とも」「よ」「の」「わ」「ね」「さ」

## 第3日 小　説 ―――――――― p.99～p.98

**1** (1)例 魚とりに行きたいという気持ちで，心がいっぱいになっている（こと）（28字）
(2)「いた！」と叫ぶ儀式　(3)ウ
(4)①エ　②心平と魚は

### 解説

**1** (1)頭の中が川ですることでいっぱいになっていることを表している。心平《しんぺい》は，川で何をしたかったのか。　(2)「いつもしている」ことを「儀式《ぎしき》」と表現している点に注目する。　(3)「ぼうっとしていた」状態から我に返ったので，「手に力が入ってい」ることや「震《ふる》えている」ことに気づいたのである。アは「心細く」の部分が不適。イの「焦《あせ》りを覚えた」，エの「闘志《とうし》をみなぎらせて」などを読み取ることはできない。　(4)①普通《ふつう》は魚の口が「眼《め》の前いっぱいに」ならないことから考える。②ユミが「互《たが》いに深くかかわり合っていく」と述べているので，心平と魚が互いにどうしていたのかがわかる部分を探せばよい。

覚えておこう **小説の読み方**

**①あらすじをとらえる**
・いつ，だれが，どこで，何をしたかを押《お》さえながら読む。
**②心情をとらえる**
a 直接心情を表現した部分を押さえる。
b 言動や情景描写《びょうしゃ》から心情を読み取る。
**③主題をとらえる**
・作者がその小説を通して読者に訴《うった》えようとしている内容をつかむ。
**④表現を味わう**
・比喩法《ひゆほう》
a 直喩法…「～ようだ」などを用いてあるものを他のものにたとえる。

b 隠喩《いんゆ》法…「〜ようだ」などを用いずに，あるものを他のものにたとえる。

c 擬人《ぎじん》法…人でないものを人にたとえる。

・反復法…同じ語を繰《く》り返すことで，その後を強調する。

・倒置《とうち》法…通常の語順と入れかえることで強調する。

・体言止め…文末を名詞で終え，力強さや余情を与《あた》える。

## 第4日 随筆 —— p.97〜p.96

**1** (1)イ (2)ウ (3)ア
(4)人が手を入れないと (5)エ

### 解説

**1** (1)あとに続く「滅《ほろ》びるものは……なくなってゆく」から，条件に合うものしか生き残れないというのが自然の法則だとわかる。 (2)「支度《したく》」は，いつでも取りかかれるように，必要なものを準備すること。 (3)——線②を含《ふく》む「謙虚《けんきょ》に自然をみとってきた」は，前の「人間がかわいがって大切にしてきた」を言いかえたものである。したがって，自然を「大切に」するとは具体的にはどうすることかを考える。 (4)「九字で」という制限字数や，第2段落にある「必ずしも美しいとは限らぬものだな」というよく似た表現を手がかりにして探す。 (5)アは第1段落に「美しい秋晴れの日」に，「古くからの日本紙，純粋《じゅんすい》な和紙をすいている村があると聞いて」出かけたとあるので不適。イも第2段落に「京都をかこむ野山の美しさは，やはり作られたものだからである」とあるので不適。ウも第4段落に「保存して美しいものにしてあるのは人間の働きである」とあるので不適。エは第5段落の内容と一致《いっち》するので適切である。

## 第5日 説明文・論説文 —— p.95〜p.94

**1** (1)ア (2)あるからです。 (3)ウ
(4)①例 動物がためこむえさ（9字）
③例 植物のタネにためられている栄養（15字）

### 解説

**1** (1)「大きな芽生えをつくって競争でも優位に立」てるが，「大きなドングリをつくるのは……負担が大きい」と，前とあとが反対の内容になっている。 (2)「だから」とあるので，ドングリの「数を犠牲《ぎせい》にしなければならない」理由が書かれた文のあとに入る。 (3)直前の「そこ」は，「動物たちが忘れたり……お返しをしてくれます」という一文を指している。これと一致《いっち》するのは，ウである。 (4)①は直前に「動物たちの冬の」とあるので，彼らにとって何にあたるのか，と考える。③は何が十分にあれば，植物は「大きな芽生え」をつくることができるのか，と考える。

覚えておこう **論説文の構成**

**①二段式構成**
a 本論（説明・意見）→結論（まとめ）
b 結論（まとめ）→本論（説明・意見）

**②三段式構成**
・序論（問題提起）→本論（説明・意見）
→結論（まとめ・主張）

**③四段式構成**
・起（問題提起）→承（説明・検討）
→転（別の話題）→結（まとめ）

## 第6日 図表・資料などの読み取り —— p.93〜p.92

**1** 例 資料を見て気づいたことは，友達の話や意見を聞くことができる人が九割以上いるのに，自分の考えや意見を発表するのが得意な人は約五割しかいないことである。

考えや意見を発表するのをはずかしいと思ったり緊張したりする人がいるのかもしれないが，友達は聞く姿勢をもっているのだから，思い切って自分の考えを発表した方がよいと思う。それによって見方や考え方がさらに深まるし，より充実した話し合いになると考える。（197字）

**2** 例 報告書やレポートを書く場合は，情報を正確に伝えることが重視されるが，手紙やメールを書く場合は，自分や相手の気持ちを重んじていることがわかる。

あることで落ちこんでいた友人をはげ

ますつもりで送ったメールで，かえって相手をおこらせてしまったことがある。改めて読み直すと，落ちこんでいるときにこの文面だけを読めばおこることもあるだろうと反省した。直接顔を合わせて話さないときには，いつも以上に相手の気持ちに配慮しなければいけないと考える。(15行)

**解説**

**1** 前段の「気づいたこと」については，グラフを見て大きな差がある内容を示すとよい。ⅠとⅢの質問に対する回答のみを取り上げてもよいし，Ⅱの質問も含《ふく》めて，Ⅰ～Ⅲの順に「当てはまる」と回答した人の割合が減っていることを示してもよい。後段では「気づいたこと」に対して，自分はどうしたらよいと考えているのかを明確にまとめる。

**2** 資料Aと資料Bで割合に大きな違《ちが》いがあるのは，「情報を正確に伝えること」「読み手の気持ちに配慮《はいりょ》して伝えること」「自分の気持ちをはっきりと伝えること」の三項目《こうもく》である。この点に着目して前段で「読み取ったこと」を示し，後段では自分の体験をふまえた考えをまとめる。

## 第7日 詩・短歌 p.91～p.90

**1** (1)イ (2)ア (3)エ
**2** (1)B (2)ア (3)停車場の人ごみの中

**解説**

**1** (1)口語で書かれており，各連や行の音数に一定のきまりがないので，口語自由詩である。
(2)子どもの「あまりにちいさいその肩《かた》」に，「重たさ」や「輝《かがや》きと暗やみ」をのせようとすることから，ゆっくり進めていこうとする大人の気持ちを読み取る。 (3)「肩は」という表現の繰《く》り返しによって，肩のつながった，空間的な広がりを読み取ることができる。また「きのうからきょうへと」「きょうからあしたを」という部分に使われている対句《ついく》表現から，時間の移り変わりを読み取ることができる。アは「先導」してはいないので誤り。

**2** (1)擬人法《ぎじんほう》とは，人間でないものを人間のようにたとえる技法。Bの「ふるさと(＝人間でないもの)は眠《ねむ》りてありけり(＝人間の動作)」の部分に用いられている。 (2)Fはふるさとに帰った作者が，そこで普通《ふつう》に見聞きする会話や笑顔《えがお》を見て，やっぱりふるさとはいいなあと思って作ったもの。そのため，アが適切。 (3)第二段落から，言葉についてうたったDの鑑賞文《かんしょうぶん》だとわかる。したがって，Dの短歌から作者が寂《さび》しさを慰《なぐさ》めるために向かった「ふるさとの訛《なまり》」が聞ける場所を抜《ぬ》き出す。

覚えておこう **詩の形式**

**①形式上の分類**
a 自由詩…音数・行数に制約がない詩。
b 定型詩…音数・行数が決まっている詩。
c 散文詩…普通の文章のように書かれた詩。

**②用語上の分類**
a 口語詩…現代の言葉(口語)が使われている詩。自由詩に多い。
b 文語詩…昔の言葉(文語)が使われている詩。定型詩に多い。

**③内容上の分類**
a 叙情詩《じょじょうし》…作者の感動が中心になった詩。
b 叙事詩…歴史上の出来事や伝説をうたった詩。
c 叙景詩…風景を中心にうたった詩。

## 第8日 古典①(古文) p.89～p.88

**1** (1)①をかし ②エ (2)ア
(3)作者…清少納言 作品…ウ
(1)きりまわしつつ (2)イ (3)ウ
**2** (4)a…こわれている b…修理(修繕)
(5)エ

**解説**

**1** (1)①それぞれ「趣《おもむき》がある」という意味の言葉があてはまる。 (2)「適切でないもの」を選ぶ点に注意する。筆者は四季それぞれの趣があるものを列挙しているが，ア「無常観(万物は常に移り変わって，とどまらないという仏教思想)」は描《えが》かれていないので不適。

**2** (2)2行目の「禅尼《ぜんに》みづから……張られければ」に着目する。 (3)「皆《みな》」は「すべて，全部」という意味。 (4)禅尼が言った「物は破れたる所ばかりを修理して用ゐる事ぞ」が，伝えたいことである。　(5)松下禅尼がしたことに対する筆者の感想としてふさわしいものを選ぶ。

## 第9日　古　典　②(漢詩) ——— p.87～p.86

**1** (1)暁・鳥・少　(2)ウ
**2** (1)高台に臨めば　(2)行人　(3)ア
**3** (1)かいして　(2)遺《おくリテ》㆑母《ニ》報《ズ》㆓含《がん》飴《いヲ》㆒
(3)ア　(4)イ

### 解説

**1** (1)各行の最後の字を音読みすると，「暁《ぎょう》」「鳥《ちょう》」「声《せい》」「少《しょう》」。この中で，響《ひび》きが似ているものを選ぶ。　(2)転句と結句から，昨夜の風雨で花が散ったのだろうと作者が推測していることは読み取れるが，**ウ**「花が散っていることを期待している」ことは読み取れないので不適。

**2** (2)解説文に「最後に友人の姿を追っている」とあるので，結句から探す。　(3)もう二度と会えないかもしれない友人と別れるときの心情として適当なものを選ぶ。

**3** (1)「くわ」は「か」に置き換《か》える。　(2)下から一字返って読む場合にはレ点，一字以上返って読む場合には一・二点を用いる。　(3)会話文の後に「と」がくることに着目する。　(4)ここでは，すぐれているという意味で用いられている。

**覚えておこう　漢詩の形式**

| | 一行が五字 | 一行が七字 |
|---|---|---|
| 絶句《ぜっく》(四行から成る) | 五言《ごごん》絶句 | 七言《しちごん》絶句 |
| 律詩《りっし》(八行から成る) | 五言律詩 | 七言律詩 |

## 第10日　仕上げテスト ——— p.85～p.84

**1** (1)a…非常　b…洪水　c…焼
d…がいとう　e…じんい
(2)ウ　(3)肩
(4)例 国土面積の森林被覆率が高く，樹種も多く，森の回復力も強い(28字)
(5)人々は自然　(6)ア

### 解説

**1** (2)「被覆《ひふく》」は，「被《かぶ》せる＝覆《おお》う」と似た意味の漢字を組み合わせたもの。**ア**は主語・述語の関係の漢字を，**イ**は反対の意味の漢字を，**エ**は修飾《しゅうしょく》語・被修飾語の関係の漢字を組み合わせたものである。　(3)「匹敵《ひってき》する」とは，ほかのものと比べて，それと同じくらいであるという意味。　(4)「日本の自然」について書かれた1・2段落の言葉を中心にまとめること。
(5)日本人の自然観について述べられた4段落から探す。　(6)**イ**「自然を取り戻《もど》さなくてはならない」は，「自然保護と愛好の思想を育てなければならない」という筆者の主張と合わないので不適。親鸞《しんらん》の言葉は日本人の「自然」認識《にんしき》について説明したものなので，**ウ**も不適。5段落から「ヨーロッパの自然認識」では自然破《は》壊《かい》を引き起こすことになるとわかるので，**エ**も不適。